JLPT N2

日本語能力試験

この一冊で
合格する

日本語の森

JLPT N2について 🔍

◦ JLPT N2とは

JLPTはJapanese-Language Proficiency Testの略です。意味は「日本語能力試験」です。「日本語能力試験」は日本語を母語としない人の日本語能力を測定し、認定する試験です。N2のNは「Nihongo（日本語）」を表します。N2の2はレベルを表します。N5からN1まで5段階あり、N1が最も高いレベルです。

レベル	科目	時間
N2	言語知識（文字・語彙・文法）読解	105分
	聴解	50分
	合計	155分

👉 必要な能力

読む能力

一般的な話題について書かれた新聞や雑誌の記事、または論説文の内容を理解し、筆者の意図を理解する能力。

聞く能力

日常会話やニュースなどを聞いて、全体的な内容と大事なポイントを理解する能力。

参考：日本語能力試験公式ウェブサイト『N1～N5：認定の目安』

<https://www.jlpt.jp/about/levelsummary.html> （最終アクセス 2023年4月12日）

◦ JLPT N2の得点区分

レベル	得点区分	得点範囲
N2	言語知識（文字・語彙・文法）	0～60点
	読解	0～60点
	聴解	0～60点
	合計	0～180点

◦ JLPT N2に合格するために必要な点数

レベル	得点区分	得点範囲
N2	言語知識（文字・語彙・文法）	19点以上
	読解	19点以上
	聴解	19点以上
	合計	90点以上

※一つの科目でも点数が19点未満だと、不合格

◦ JLPT N2に合格するために必要な点数の例

レベル	得点区分	得点範囲
N2	言語知識（文字・語彙・文法）	40 / 60（19点以上）
	読解	20 / 60（19点以上）
	聴解	40 / 60（19点以上）
	合計	100 / 180（90点以上）

参考：日本語能力試験公式ウェブサイト『得点区分・合否判定・結果通知』

<https://www.jlpt.jp/guideline/results.html>（最終アクセス 2023年4月12日）

本書の構成と活用方法

1.本書の構成

第1章 文字語彙

「第1章 文字語彙」では、約3500個の単語を勉強します。その後、JLPT N2に出題される6種類の問題を426問練習します。

第2章 文法

「第2章 文法」では、JLPT N2で出題される文法135個の意味・接続・例文を勉強します。

ここでは、近い意味の文法同士がまとめられています。全部で15章あり、1章ごとにその章で学習した文法の練習問題があります。

第3章 読解

「第3章 読解」では、まず読解問題を解くコツを学びます。その後、実際に問題を解いていきます。

第4章 聴解

「第4章 聴解」では、まず聴解問題を解くコツを学びます。その後、実際に問題を解いていきます。

付録 模擬試験 最後に、実際のJLPTと同じ形式の問題を解いて力を試してみましょう!

2.活用方法

①試験まで時間がたくさんある人

本の最初から順番通り学習し、特に語彙・文法はしっかり理解・暗記しながら全ての問題を解いてください。

②試験まで時間があまりない人

先に模擬試験二回分を解き、採点した後、点数が低いパートから勉強してください。また、読解と聴解の練習
時間がない場合は、単語・文法だけでも理解、暗記しましょう。

目次

（もくじ）

・第1章 文字語彙・

語彙リスト

まずはこれを覚えよう！

これを覚えれば合格！

練習問題
れんしゅうもんだい

第3章 読解

第4章 聴解

付録1 聴解音声

模擬試験第1回

模擬試験第2回

正答表 / 採点表 / 聴解スクリプト / マークシート

付録2 聴解音声

QRコードから練習問題と模擬試験の音声をダウンロードできます。

第1章

文字語彙

1 | 語彙リスト

JLPT N2の基本は単語です。単語をしっかり覚えてから「第2章 文法」に移りましょう。この章では、約3500個の単語を勉強します。品詞ごとに単語を整理しました。語彙リストで単語を覚えてから、JLPT N2に出題される6種類の問題を426問練習します。

▶ "モリタン"を使って単語を勉強しよう！

☞ まずは日本語の森アプリをダウンロード！

☞ モリタンの使い方

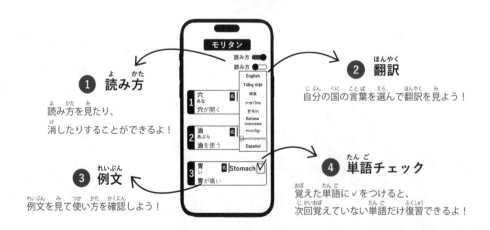

① 読み方
読み方を見たり、
消したりすることができるよ！

② 翻訳
自分の国の言葉を選んで翻訳を見よう！

③ 例文
例文を見て使い方を確認しよう！

④ 単語チェック
覚えた単語に ✓ をつけると、
次回覚えていない単語だけ復習できるよ！

| モリタン 1日目 | 1~100 / 3434 | 名詞(1文字)・名詞(2文字) | 日本語の森アプリで翻訳を見よう！ | |

英語　中国語　インドネシア語
韓国語　ベトナム語　ミャンマー語

まずはこれを覚えよう！

1	穴	あな		24	城	しろ
2	油	あぶら		25	隅	すみ
3	胃	い		26	咳	せき
4	息	いき		27	底	そこ
5	裏	うら		28	像	ぞう
6	噂	うわさ		29	旅	たび
7	餌	えさ		30	妻	つま
8	枝	えだ		31	毒	どく
9	襟	えり		32	謎	なぞ
10	奥	おく		33	鍋	なべ
11	親	おや		34	波	なみ
12	課	か		35	涙	なみだ
13	数	かず		36	庭	にわ
14	形	かたち		37	熱	ねつ
15	壁	かべ		38	箸	はし
16	雷	かみなり		39	畑	はたけ
17	皮	かわ		40	羽	はね
18	缶	かん		41	幅	はば
19	曲	きょく		42	膝	ひざ
20	雲	くも		43	袋	ふくろ
21	煙	けむり		44	骨	ほね
22	塩	しお		45	棒	ぼう
23	島	しま		46	孫	まご

47	街	まち	74	宇宙	うちゅう
48	湖	みずうみ	75	影響	えいきょう（する）
49	娘	むすめ	76	営業	えいぎょう（する）
50	胸	むね	77	栄養	えいよう
51	床	ゆか	78	笑顔	えがお
52	夢	ゆめ	79	延期	えんき（する）
53	寮	りょう	80	演奏	えんそう（する）
54	量	りょう	81	遠慮	えんりょ（する）
55	列	れつ	82	往復	おうふく（する）
56	合図	あいず（する）	83	応募	おうぼ（する）
57	青空	あおぞら	84	応用	おうよう（する）
58	以外	いがい	85	大勢	おおぜい
59	以後	いご	86	親子	おやこ
60	以降	いこう	87	温泉	おんせん
61	維持	いじ（する）	88	会員	かいいん
62	意識	いしき（する）	89	絵画	かいが
63	以前	いぜん	90	会議	かいぎ（する）
64	位置	いち（する）	91	会計	かいけい（する）
65	一流	いちりゅう	92	解決	かいけつ（する）
66	一般	いっぱん	93	回収	かいしゅう（する）
67	移動	いどう（する）	94	開始	かいし（する）
68	以内	いない	95	開場	かいじょう（する）
69	田舎	いなか	96	回数	かいすう
70	印刷	いんさつ（する）	97	解説	かいせつ（する）
71	印象	いんしょう	98	階段	かいだん
72	飲料	いんりょう	99	開店	かいてん（する）
73	内側	うちがわ	100	価格	かかく

1	各地	かくち	24	完成	かんせい（する）
2	確認	かくにん（する）	25	乾燥	かんそう（する）
3	過去	かこ	26	感想	かんそう
4	火災	かさい	27	感動	かんどう（する）
5	花壇	かだん	28	館内	かんない
6	価値	かち	29	外出	がいしゅつ（する）
7	課長	かちょう	30	外食	がいしょく（する）
8	各国	かっこく	31	画家	がか
9	活動	かつどう（する）	32	学部	がくぶ
10	家庭	かてい	33	学期	がっき
11	花瓶	かびん	34	楽器	がっき
12	髪型	かみがた	35	我慢	がまん（する）
13	観客	かんきゃく	36	気温	きおん
14	環境	かんきょう	37	機械	きかい
15	関係	かんけい（する）	38	期間	きかん
16	歓迎	かんげい（する）	39	企業	きぎょう
17	感激	かんげき（する）	40	期限	きげん
18	観光	かんこう（する）	41	帰国	きこく（する）
19	看護	かんご（する）	42	記事	きじ
20	観察	かんさつ（する）	43	基礎	きそ
21	感謝	かんしゃ（する）	44	規則	きそく
22	感心	かんしん（する）	45	期待	きたい（する）
23	関心	かんしん	46	北側	きたがわ

47	帰宅	きたく（する）	74	結局	けっきょく
48	切符	きっぷ	75	結構	けっこう
49	記念	きねん（する）	76	結婚	けっこん（する）
50	基本	きほん	77	欠点	けってん
51	希望	きぼう（する）	78	健康	けんこう
52	競争	きょうそう（する）	79	検査	けんさ（する）
53	共通	きょうつう（する）	80	建設	けんせつ（する）
54	協力	きょうりょく（する）	81	建築	けんちく（する）
55	距離	きょり	82	芸術	げいじゅつ
56	記録	きろく	83	原因	げんいん
57	近所	きんじょ	84	原稿	げんこう
58	技術	ぎじゅつ	85	言語	げんご
59	草花	くさばな	86	減少	げんしょう（する）
60	工夫	くふう（する）	87	講演	こうえん（する）
61	区別	くべつ（する）	88	高温	こうおん
62	苦労	くろう（する）	89	効果	こうか
63	訓練	くんれん（する）	90	交換	こうかん（する）
64	偶然	ぐうぜん	91	後期	こうき
65	経営	けいえい（する）	92	講義	こうぎ（する）
66	計画	けいかく（する）	93	公共	こうきょう
67	警官	けいかん	94	工業	こうぎょう
68	経験	けいけん（する）	95	航空	こうくう
69	経済	けいざい	96	広告	こうこく（する）
70	警察	けいさつ	97	工事	こうじ（する）
71	携帯	けいたい（する）	98	紅茶	こうちゃ
72	経由	けいゆ（する）	99	交通	こうつう
73	景色	けしき	100	行動	こうどう（する）

モリタン 3日目

201～300 / 3434　名詞(2文字)

1	後半	こうはん
2	後方	こうほう
3	交流	こうりゅう（する）
4	国語	こくご
5	国際	こくさい
6	個人	こじん
7	混雑	こんざつ（する）
8	合格	ごうかく（する）
9	合計	ごうけい（する）
10	最終	さいしゅう
11	最初	さいしょ
12	財布	さいふ
13	作業	さぎょう（する）
14	作者	さくしゃ
15	作品	さくひん
16	昨夜	さくや
17	作家	さっか
18	算数	さんすう
19	賛成	さんせい（する）
20	材料	ざいりょう
21	雑誌	ざっし
22	試験	しけん（する）
23	資源	しげん
24	指示	しじ（する）
25	姿勢	しせい
26	自然	しぜん
27	市長	しちょう
28	失敗	しっぱい（する）
29	指定	してい（する）
30	支店	してん
31	指導	しどう（する）
32	始発	しはつ
33	芝生	しばふ
34	市民	しみん
35	氏名	しめい
36	車内	しゃない
37	習慣	しゅうかん
38	就職	しゅうしょく（する）
39	集中	しゅうちゅう（する）
40	収入	しゅうにゅう
41	終了	しゅうりょう（する）
42	祝日	しゅくじつ
43	手術	しゅじゅつ（する）
44	手段	しゅだん
45	主張	しゅちょう（する）
46	出勤	しゅっきん（する）

47	出身	しゅっしん	74	自信	じしん
48	種類	しゅるい	75	時代	じだい
49	使用	しよう（する）	76	自宅	じたく
50	紹介	しょうかい（する）	77	実家	じっか
51	招待	しょうたい（する）	78	実験	じっけん（する）
52	消費	しょうひ（する）	79	実行	じっこう（する）
53	商品	しょうひん	80	実用	じつよう
54	証明	しょうめい（する）	81	実力	じつりょく
55	正面	しょうめん	82	自慢	じまん（する）
56	将来	しょうらい	83	事務	じむ
57	食欲	しょくよく	84	渋滞	じゅうたい（する）
58	食器	しょっき	85	受験	じゅけん（する）
59	書類	しょるい	86	需要	じゅよう
60	資料	しりょう	87	順番	じゅんばん
61	進学	しんがく（する）	88	準備	じゅんび（する）
62	進行	しんこう（する）	89	上司	じょうし
63	申請	しんせい（する）	90	乗車	じょうしゃ（する）
64	心臓	しんぞう	91	状態	じょうたい
65	心配	しんぱい（する）	92	冗談	じょうだん
66	進歩	しんぽ（する）	93	女性	じょせい
67	森林	しんりん	94	神社	じんじゃ
68	時期	じき	95	人生	じんせい
69	時給	じきゅう	96	人体	じんたい
70	事件	じけん	97	睡眠	すいみん
71	時刻	じこく	98	数学	すうがく
72	持参	じさん（する）	99	数字	すうじ
73	事情	じじょう	100	正解	せいかい（する）

モリタン 4日目

301~400 / 3434　名詞(2文字)

1	制限	せいげん（する）	24	体操	たいそう（する）
2	清掃	せいそう（する）	25	大量	たいりょう
3	制服	せいふく	26	体力	たいりょく
4	設備	せつび	27	単語	たんご
5	先日	せんじつ	28	誕生	たんじょう（する）
6	洗濯	せんたく（する）	29	代金	だいきん
7	宣伝	せんでん（する）	30	代表	だいひょう（する）
8	先輩	せんぱい	31	団体	だんたい
9	専門	せんもん	32	地下	ちか
10	全員	ぜんいん	33	遅刻	ちこく（する）
11	前後	ぜんご（する）	34	知識	ちしき
12	前半	ぜんはん	35	中心	ちゅうしん
13	倉庫	そうこ	36	中旬	ちゅうじゅん
14	掃除	そうじ（する）	37	注文	ちゅうもん（する）
15	送信	そうしん（する）	38	調査	ちょうさ（する）
16	想像	そうぞう（する）	39	調子	ちょうし
17	早朝	そうちょう	40	頂上	ちょうじょう
18	相当	そうとう（する）	41	通学	つうがく（する）
19	送料	そうりょう	42	通勤	つうきん（する）
20	外側	そとがわ	43	通訳	つうやく（する）
21	尊敬	そんけい（する）	44	通路	つうろ
22	増加	ぞうか（する）	45	定員	ていいん
23	滞在	たいざい（する）	46	低下	ていか（する）

47	定期	ていき	
48	停電	ていでん（する）	
49	手帳	てちょう	
50	鉄道	てつどう	
51	手袋	てぶくろ	
52	転勤	てんきん（する）	
53	天井	てんじょう	
54	店長	てんちょう	
55	電球	でんきゅう	
56	伝言	でんごん（する）	
57	当日	とうじつ	
58	登場	とうじょう（する）	
59	到着	とうちゃく（する）	
60	都会	とかい	
61	特徴	とくちょう	
62	登山	とざん（する）	
63	土地	とち	
64	途中	とちゅう	
65	徒歩	とほ	
66	同時	どうじ	
67	独立	どくりつ（する）	
68	努力	どりょく（する）	
69	内容	ないよう	
70	仲間	なかま	
71	中身	なかみ	
72	納得	なっとく（する）	
73	日時	にちじ	

74	日常	にちじょう	
75	日光	にっこう	
76	日程	にってい	
77	荷物	にもつ	
78	入門	にゅうもん（する）	
79	入力	にゅうりょく（する）	
80	人気	にんき	
81	人間	にんげん	
82	人数	にんずう	
83	値段	ねだん	
84	寝坊	ねぼう（する）	
85	年齢	ねんれい	
86	農業	のうぎょう	
87	配達	はいたつ（する）	
88	発音	はつおん（する）	
89	発生	はっせい（する）	
90	発展	はってん（する）	
91	発売	はつばい（する）	
92	売店	ばいてん	
93	比較	ひかく（する）	
94	非常	ひじょう	
95	否定	ひてい（する）	
96	人々	ひとびと	
97	避難	ひなん（する）	
98	秘密	ひみつ	
99	表紙	ひょうし	
100	表面	ひょうめん	

モリタン
5日目

401~500 / 3434

名詞（2文字）・名詞（その他）

英語　中国語　インドネシア語
韓国語　ベトナム語　ミャンマー語
会員登録をして翻訳を見よう！

1	昼間	ひるま
2	夫婦	ふうふ
3	複数	ふくすう
4	服装	ふくそう
5	腹痛	ふくつう
6	不足	ふそく（する）
7	古着	ふるぎ
8	部下	ぶか
9	部品	ぶひん
10	部分	ぶぶん
11	分類	ぶんるい（する）
12	変化	へんか（する）
13	弁当	べんとう
14	方向	ほうこう
15	報告	ほうこく（する）
16	包丁	ほうちょう
17	方法	ほうほう
18	訪問	ほうもん（する）
19	保存	ほぞん（する）
20	歩道	ほどう
21	本日	ほんじつ
22	本棚	ほんだな
23	本当	ほんとう
24	貿易	ぼうえき（する）
25	帽子	ぼうし
26	募集	ぼしゅう（する）
27	窓口	まどぐち
28	満員	まんいん
29	満足	まんぞく（する）
30	見方	みかた
31	見本	みほん
32	虫歯	むしば
33	息子	むすこ
34	無料	むりょう
35	名刺	めいし
36	命令	めいれい（する）
37	免許	めんきょ
38	面接	めんせつ（する）
39	目標	もくひょう
40	文字	もじ
41	物語	ものがたり
42	文句	もんく
43	夜間	やかん
44	野球	やきゅう
45	役割	やくわり
46	家賃	やちん

47	屋根	やね	74	運転手	うんてんしゅ
48	優勝	ゆうしょう（する）	75	絵の具	えのぐ
49	友情	ゆうじょう	76	お祝い	おいわい
50	友人	ゆうじん	77	お菓子	おかし
51	郵送	ゆうそう（する）	78	お知らせ	おしらせ
52	有料	ゆうりょう	79	落とし物	おとしもの
53	輸入	ゆにゅう（する）	80	お年寄り	おとしより
54	容器	ようき	81	お腹	おなか
55	用紙	ようし	82	お願い	おねがい
56	翌日	よくじつ	83	お見舞い	おみまい
57	予想	よそう（する）	84	お土産	おみやげ
58	来店	らいてん（する）	85	思い出	おもいで
59	流行	りゅうこう（する）	86	お礼	おれい
60	料金	りょうきん	87	改札口	かいさつぐち
61	旅館	りょかん	88	かび	
62	留守	るす	89	環境問題	かんきょうもんだい
63	廊下	ろうか	90	看護師	かんごし
64	若者	わかもの	91	喫茶店	きっさてん
65	和食	わしょく	92	曇り	くもり
66	割合	わりあい	93	車椅子	くるまいす
67	割引	わりびき（する）	94	警察官	けいさつかん
68	空き家	あきや	95	携帯電話	けいたいでんわ
69	辺り	あたり	96	結婚式	けっこんしき
70	当たり前	あたりまえ	97	高速道路	こうそくどうろ
71	暗証番号	あんしょうばんごう	98	交通安全	こうつうあんぜん
72	生き物	いきもの	99	国際交流	こくさいこうりゅう
73	腕時計	うでどけい	100	個人情報	こじんじょうほう

モリタン 6日目	501~600/3434	名詞(その他)・動詞(一般)

英語　中国語　インドネシア語
韓国語　ベトナム語　ミャンマー語
会員登録をして翻訳を見よう！

1	言葉遣い	ことばづかい	24	人間関係	にんげんかんけい
2	ご趣味	ごしゅみ	25	人数分	にんずうぶん
3	ご自身	ごじしん	26	外れ	はずれ
4	ご相談	ごそうだん	27	話し声	はなしごえ
5	幸せ	しあわせ	28	はんこ	
6	自分自身	じぶんじしん	29	一人暮らし	ひとりぐらし
7	市役所	しやくしょ	30	美容院	びよういん
8	商品名	しょうひんめい	31	不動産	ふどうさん
9	新入社員	しんにゅうしゃいん	32	保育園	ほいくえん
10	新入生	しんにゅうせい	33	祭り	まつり
11	全て	すべて	34	周り	まわり
12	専門店	せんもんてん	35	山登り	やまのぼり
13	掃除機	そうじき	36	郵便局	ゆうびんきょく
14	卒業論文	そつぎょうろんぶん	37	冷蔵庫	れいぞうこ
15	祖父母	そふぼ	38	愛する	あいする
16	それぞれ		39	飽きる	あきる
17	大学院	だいがくいん	40	空く	あく / すく
18	食べ放題	たべほうだい	41	空ける	あける
19	段ボール箱	だんぼーるばこ	42	憧れる	あこがれる
20	長時間	ちょうじかん	43	預ける	あずける
21	調味料	ちょうみりょう	44	与える	あたえる
22	流れ	ながれ	45	温める	あたためる
23	夏祭り	なつまつり	46	扱う	あつかう

47	浴びる	あびる		74	描く	かく / えがく
48	溢れる	あふれる		75	隠す	かくす
49	余る	あまる		76	重ねる	かさねる
50	謝る	あやまる		77	稼ぐ	かせぐ
51	表す	あらわす		78	構う	かまう
52	現れる	あらわれる		79	枯れる	かれる
53	合わせる	あわせる		80	感じる	かんじる
54	植える	うえる		81	聴く	きく
55	動かす	うごかす		82	気付く	きづく
56	疑う	うたがう		83	配る	くばる
57	移る	うつる		84	組む	くむ
58	映る	うつる		85	暮らす	くらす
59	生む	うむ		86	比べる	くらべる
60	埋める	うめる		87	加える	くわえる
61	贈る	おくる		88	超える	こえる
62	遅れる	おくれる		89	凍る	こおる
63	怒る	おこる		90	断る	ことわる
64	抑える	おさえる		91	困る	こまる
65	押す	おす		92	転ぶ	ころぶ
66	落とす	おとす		93	捜す	さがす
67	驚く	おどろく		94	探す	さがす
68	折る	おる		95	沈む	しずむ
69	替える	かえる		96	従う	したがう
70	換える	かえる		97	支払う	しはらう
71	香る	かおる		98	絞る	しぼる
72	輝く	かがやく		99	締める	しめる
73	関わる	かかわる		100	閉める	しめる

モリタン
7日目

601~700／3434　動詞(一般)・動詞(複合)

英語　中国語　インドネシア語
韓国語　ベトナム語　ミャンマー語
会員登録をして翻訳を見よう！

1	喋る	しゃべる
2	過ぎる	すぎる
3	過ごす	すごす
4	勧める	すすめる
5	進める	すすめる
6	滑る	すべる
7	済む	すむ
8	座る	すわる
9	育つ	そだつ
10	対する	たいする
11	倒れる	たおれる
12	抱く	だく / いだく
13	助ける	たすける
14	尋ねる	たずねる
15	戦う	たたかう
16	畳む	たたむ
17	楽しむ	たのしむ
18	頼む	たのむ
19	溜まる	たまる
20	頼る	たよる
21	黙る	だまる
22	捕まえる	つかまえる
23	つかむ	

24	包む	つつむ
25	務める	つとめる
26	勤める	つとめる
27	通す	とおす
28	解く	とく
29	届く	とどく
30	飛ぶ	とぶ
31	停める	とめる
32	慰める	なぐさめる
33	悩む	なやむ
34	鳴る	なる
35	慣れる	なれる
36	似合う	にあう
37	握る	にぎる
38	似る	にる
39	抜ける	ぬける
40	塗る	ぬる
41	眠る	ねむる
42	寝る	ねる
43	残す	のこす
44	残る	のこる
45	乗せる	のせる
46	伸ばす	のばす

47	伸びる	のびる	
48	生える	はえる	
49	測る	はかる	
50	掃く	はく	
51	履く	はく	
52	外す	はずす	
53	離す	はなす	
54	払う	はらう	
55	貼る	はる	
56	広がる	ひろがる	
57	増える	ふえる	
58	拭く	ふく	
59	吹く	ふく	
60	防ぐ	ふせぐ	
61	降る	ふる	
62	ぶつける		
63	減らす	へらす	
64	減る	へる	
65	干す	ほす	
66	褒める	ほめる	
67	間違う	まちがう	
68	まとめる		
69	学ぶ	まなぶ	
70	迷う	まよう	
71	磨く	みがく	
72	見つめる	みつめる	
73	迎える	むかえる	

74	向ける	むける	
75	結ぶ	むすぶ	
76	目覚める	めざめる	
77	戻す	もどす	
78	破る	やぶる	
79	辞める	やめる	
80	許す	ゆるす	
81	揺れる	ゆれる	
82	汚す	よごす	
83	呼ぶ	よぶ	
84	寄る	よる	
85	喜ぶ	よろこぶ	
86	沸く	わく	
87	分ける	わける	
88	受け取る	うけとる	
89	追い越す	おいこす	
90	追いつく	おいつく	
91	落ち着く	おちつく	
92	思いつく	おもいつく	
93	買い替える	かいかえる	
94	貸し出す	かしだす	
95	聞き取る	ききとる	
96	切り替える	きりかえる	
97	繰り返す	くりかえす	
98	締め切る	しめきる	
99	知り合う	しりあう	
100	付き合う	つきあう	

モリタン
8日目　701~800／3434　動詞(複合)・い形容詞・
な形容詞・副詞(一般)

| 英語 | 中国語 | インドネシア語 |
| 韓国語 | ベトナム語 | ミャンマー語 |
会員登録をして翻訳を見よう！

1	作り直す	つくりなおす
2	出会う	であう
3	取り替える	とりかえる
4	取り消す	とりけす
5	話し合う	はなしあう
6	話し掛ける	はなしかける
7	引き受ける	ひきうける
8	引き出す	ひきだす
9	引っ越す	ひっこす
10	引っ張る	ひっぱる
11	振り込む	ふりこむ
12	巻き込む	まきこむ
13	向かい合う	むかいあう
14	申し込む	もうしこむ
15	持ち帰る	もちかえる
16	呼びかける	よびかける
17	浅い	あさい
18	厚い	あつい
19	甘い	あまい
20	怪しい	あやしい
21	忙しい	いそがしい
22	痛い	いたい
23	薄い	うすい

24	うらやましい	
25	おとなしい	
26	賢い	かしこい
27	硬い	かたい
28	かゆい	
29	かわいらしい	
30	きつい	
31	厳しい	きびしい
32	苦しい	くるしい
33	濃い	こい
34	細かい	こまかい
35	怖い	こわい
36	仕方ない	しかたない
37	親しい	したしい
38	しつこい	
39	酸っぱい	すっぱい
40	だらしない	
41	情けない	なさけない
42	懐かしい	なつかしい
43	細長い	ほそながい
44	珍しい	めずらしい
45	もったいない	
46	柔らかい	やわらかい

47	意外な	いがいな		74	大事な	だいじな
48	意地悪な	いじわるな		75	確かな	たしかな
49	一般的な	いっぱんてきな		76	短気な	たんきな
50	いろんな			77	単純な	たんじゅんな
51	お洒落な	おしゃれな		78	丁寧な	ていねいな
52	確実な	かくじつな		79	得意な	とくいな
53	可能な	かのうな		80	苦手な	にがてな
54	かわいそうな			81	熱心な	ねっしんな
55	簡単な	かんたんな		82	派手な	はでな
56	危険な	きけんな		83	話し上手な	はなしじょうずな
57	基礎的な	きそてきな		84	不安な	ふあんな
58	気の毒な	きのどくな		85	複雑な	ふくざつな
59	基本的な	きほんてきな		86	不思議な	ふしぎな
60	具体的な	ぐたいてきな		87	不便な	ふべんな
61	盛んな	さかんな		88	真面目な	まじめな
62	様々な	さまざまな		89	身近な	みぢかな
63	残念な	ざんねんな		90	迷惑な	めいわくな
64	主要な	しゅような		91	面倒な	めんどうな
65	正直な	しょうじきな		92	楽な	らくな
66	新鮮な	しんせんな		93	あちこち	
67	地味な	じみな		94	いまにも	
68	自由な	じゆうな		95	主に	おもに
69	重要な	じゅうような		96	逆に	ぎゃくに
70	上品な	じょうひんな		97	決して	けっして
71	正常な	せいじょうな		98	早速	さっそく
72	積極的な	せっきょくてきな		99	慎重に	しんちょうに
73	退屈な	たいくつな		100	実は	じつは

モリタン
9日目

801~900／3434

副詞(一般)・
副詞(オノマトペ)・カタカナ

英語　中国語　インドネシア語
韓国語　ベトナム語　ミャンマー語
会員登録をして翻訳を見よう！

1	実際に	じっさいに	24	がらがら	
2	既に	すでに	25	きらきら	
3	互いに	たがいに	26	ぐっすり	
4	確かに	たしかに	27	しっかり	
5	多少	たしょう	28	すっかり	
6	つい		29	せっかく	
7	次々	つぎつぎ	30	だぶだぶ	
8	当然	とうぜん	31	ばらばら	
9	とうとう		32	ぴったり	
10	どうか		33	ふらふら	
11	突然	とつぜん	34	ぺこぺこ	
12	なかなか		35	アイデア	
13	普段	ふだん	36	アクセス（する）	
14	別々に	べつべつに	37	アジア	
15	まあまあ		38	アップ（する）	
16	全く	まったく	39	アドバイス（する）	
17	まるで		40	アナウンサー	
18	最も	もっとも	41	アナウンス（する）	
19	やっぱり		42	アルバイト / バイト（する）	
20	やはり		43	アレルギー	
21	ようやく		44	アンケート	
22	うっかり		45	イベント	
23	うろうろ		46	イメージ（する）	

47	インク	74	スープ
48	インタビュー（する）	75	ストーリー
49	ウイルス	76	セール
50	エネルギー	77	セット（する）
51	エプロン	78	セミナー
52	オープン（する）	79	センター
53	オフィス	80	ゼミ
54	オリンピック	81	チェックイン（する）
55	カップ	82	チラシ
56	カフェ	83	Ｔシャツ
57	カラオケ	84	テーマ
58	カルチャー	85	トレーニング（する）
59	カロリー	86	ハイキング
60	ガソリンスタンド	87	バスケット
61	クイズ	88	バスケットボール
62	クッキー	89	パーセント
63	クラブ	90	ハンバーグ
64	グラウンド	91	ヒント
65	グループ	92	ビタミン
66	コマーシャル	93	ピクニック
67	コンビニ	94	ファスナー
68	ゴール（する）	95	ファックス（する）
69	サークル	96	ファッション
70	サイト	97	ファン
71	サンプル	98	ブランコ
72	ジャケット	99	プラスチック
73	ジャム	100	プリンター

モリタン
10日目

901~1000 / 3434

カタカナ・
名詞（1文字）・名詞（2文字）

英語　中国語　インドネシア語
韓国語　ベトナム語　ミャンマー語
会員登録をして翻訳を見よう！

1	プログラム			
2	プロフェッショナル / プロ			
3	ヘルメット			
4	ベランダ			
5	ペットボトル			
6	ペンキ			
7	ホームステイ			
8	ホームページ			
9	ホール			
10	ポイント			
11	ポスター			
12	マイク			
13	マナー			
14	メッセージ			
15	メンバー			
16	ヨーグルト			
17	ラーメン			
18	ランチ			
19	リスト			
20	リットル			
21	レシピ			
22	レッスン			
23	ロケット			
24	ロッカー			

これを覚えれば合格！

25	汗	あせ
26	宛	あて
27	板	いた
28	運	うん
29	縁	えん
30	沖	おき
31	可	か
32	革	かわ
33	勘	かん
34	害	がい
35	絹	きぬ
36	客	きゃく
37	毛	け
38	件	けん
39	券	けん
40	劇	げき
41	暦	こよみ
42	頃	ころ
43	鮭	さけ
44	札	さつ / ふだ
45	舌	した
46	質	しつ

47	賞	しょう
48	芯	しん
49	情	じょう
50	姿	すがた
51	裾	すそ
52	説	せつ
53	損	そん
54	種	たね
55	玉	たま
56	蝶	ちょう
57	翼	つばさ
58	粒	つぶ
59	敵	てき
60	鉄	てつ
61	梨	なし
62	布	ぬの
63	根	ね
64	脳	のう
65	端	はし
66	恥	はじ
67	鉢	はち
68	蜂	はち
69	判	はん
70	便	びん／べん
71	幕	まく
72	溝	みぞ
73	紫	むらさき

74	元	もと
75	桃	もも
76	役	やく
77	約	やく
78	奴	やつ
79	欄	らん
80	愛飲	あいいん（する）
81	相性	あいしょう
82	愛情	あいじょう
83	愛着	あいちゃく
84	愛用	あいよう（する）
85	赤字	あかじ
86	悪意	あくい
87	足腰	あしこし
88	足元	あしもと
89	悪化	あっか（する）
90	安定	あんてい（する）
91	意義	いぎ
92	育児	いくじ（する）
93	移行	いこう（する）
94	意志	いし
95	意思	いし
96	医師	いし
97	移住	いじゅう（する）
98	衣装	いしょう
99	異常	いじょう
100	市場	いちば／しじょう

モリタン
11日目

1001~1100／3434

名詞（2文字）

英語　中国語　インドネシア語
韓国語　ベトナム語　ミャンマー語
会員登録をして翻訳を見よう！

1	一部	いちぶ
2	一面	いちめん
3	一両	いちりょう
4	一例	いちれい
5	一家	いっか
6	一種	いっしゅ
7	一瞬	いっしゅん
8	一生	いっしょう
9	一致	いっち（する）
10	一定	いってい
11	一転	いってん（する）
12	一歩	いっぽ
13	意図	いと（する）
14	違反	いはん（する）
15	以来	いらい
16	依頼	いらい（する）
17	医療	いりょう
18	衣類	いるい
19	印鑑	いんかん
20	引退	いんたい（する）
21	植木	うえき
22	有無	うむ
23	運営	うんえい（する）

24	映像	えいぞう
25	演技	えんぎ（する）
26	園芸	えんげい
27	演劇	えんげき
28	演説	えんぜつ（する）
29	沿線	えんせん
30	遠足	えんそく
31	延長	えんちょう（する）
32	園内	えんない
33	大型	おおがた
34	大声	おおごえ
35	大手	おおて
36	屋外	おくがい
37	温室	おんしつ
38	介護	かいご（する）
39	開催	かいさい（する）
40	解釈	かいしゃく（する）
41	解消	かいしょう（する）
42	改正	かいせい（する）
43	改善	かいぜん（する）
44	回答	かいとう（する）
45	開発	かいはつ（する）
46	回復	かいふく（する）

47	解放	かいほう（する）
48	開放	かいほう（する）
49	解約	かいやく（する）
50	改良	かいりょう（する）
51	係長	かかりちょう
52	下記	かき
53	覚悟	かくご（する）
54	拡大	かくだい（する）
55	確信	かくしん（する）
56	各自	かくじ
57	拡張	かくちょう（する）
58	確定	かくてい（する）
59	獲得	かくとく（する）
60	確保	かくほ（する）
61	確率	かくりつ
62	家計	かけい
63	加減	かげん（する）
64	歌詞	かし
65	家事	かじ
66	果実	かじつ
67	箇所	かしょ
68	数々	かずかず
69	加速	かそく（する）
70	課題	かだい
71	方々	かたがた
72	肩幅	かたはば
73	活気	かっき

74	格好	かっこう
75	活躍	かつやく（する）
76	活用	かつよう（する）
77	活力	かつりょく
78	過程	かてい
79	加熱	かねつ（する）
80	壁紙	かべがみ
81	紙袋	かみぶくろ
82	鑑賞	かんしょう（する）
83	感情	かんじょう
84	観戦	かんせん（する）
85	観測	かんそく（する）
86	監督	かんとく
87	完備	かんび（する）
88	看病	かんびょう（する）
89	完了	かんりょう（する）
90	関連	かんれん（する）
91	外観	がいかん
92	外見	がいけん
93	外部	がいぶ
94	概要	がいよう
95	学業	がくぎょう
96	学者	がくしゃ
97	学習	がくしゅう（する）
98	学年	がくねん
99	学問	がくもん
100	画像	がぞう

1	合唱	がっしょう（する）
2	画面	がめん
3	願望	がんぼう
4	記憶	きおく（する）
5	飢餓	きが
6	企画	きかく（する）
7	機器	きき
8	器具	きぐ
9	機嫌	きげん
10	気候	きこう
11	生地	きじ
12	期日	きじつ
13	記者	きしゃ
14	機種	きしゅ
15	基準	きじゅん
16	機内	きない
17	記入	きにゅう（する）
18	機能	きのう（する）
19	寄付	きふ（する）
20	規模	きぼ
21	客席	きゃくせき
22	休暇	きゅうか
23	吸収	きゅうしゅう（する）
24	球場	きゅうじょう
25	求人	きゅうじん
26	給水	きゅうすい（する）
27	急増	きゅうぞう（する）
28	休息	きゅうそく（する）
29	休養	きゅうよう（する）
30	教員	きょういん
31	強化	きょうか（する）
32	協会	きょうかい
33	競技	きょうぎ
34	供給	きょうきゅう（する）
35	教材	きょうざい
36	強弱	きょうじゃく
37	教授	きょうじゅ
38	強調	きょうちょう（する）
39	恐怖	きょうふ
40	強風	きょうふう
41	共有	きょうゆう（する）
42	教養	きょうよう
43	許可	きょか（する）
44	金額	きんがく
45	金魚	きんぎょ
46	金庫	きんこ

47	近代	きんだい	74	形式	けいしき
48	筋肉	きんにく	75	掲示	けいじ（する）
49	近年	きんねん	76	軽傷	けいしょう
50	勤務	きんむ（する）	77	形成	けいせい（する）
51	金融	きんゆう	78	継続	けいぞく（する）
52	議員	ぎいん	79	系統	けいとう
53	義務	ぎむ	80	経費	けいひ
54	疑問	ぎもん	81	警備	けいび（する）
55	行事	ぎょうじ	82	契約	けいやく（する）
56	業務	ぎょうむ	83	決意	けつい（する）
57	行列	ぎょうれつ（する）	84	欠陥	けっかん
58	議論	ぎろん（する）	85	決勝	けっしょう
59	空間	くうかん	86	決着	けっちゃく（する）
60	空席	くうせき	87	決定	けってい（する）
61	空洞	くうどう	88	結論	けつろん
62	苦情	くじょう	89	気配	けはい
63	苦戦	くせん（する）	90	検索	けんさく（する）
64	苦痛	くつう	91	研修	けんしゅう（する）
65	区分	くぶん（する）	92	検診	けんしん（する）
66	暗闇	くらやみ	93	検討	けんとう（する）
67	愚痴	ぐち	94	県内	けんない
68	契機	けいき	95	憲法	けんぽう
69	景気	けいき	96	劇場	げきじょう
70	傾向	けいこう	97	下校	げこう（する）
71	警告	けいこく（する）	98	下旬	げじゅん
72	掲載	けいさい（する）	99	限界	げんかい
73	軽視	けいし（する）	100	原作	げんさく

英語	中国語	インドネシア語
韓国語	ベトナム語	ミャンマー語
会員登録をして翻訳を見よう！		

1	現実	げんじつ
2	現象	げんしょう
3	現状	げんじょう
4	現代	げんだい
5	現地	げんち
6	限定	げんてい（する）
7	減点	げんてん（する）
8	現場	げんば
9	行為	こうい
10	公演	こうえん（する）
11	硬貨	こうか
12	後悔	こうかい（する）
13	公開	こうかい（する）
14	郊外	こうがい
15	工学	こうがく
16	好感	こうかん
17	高級	こうきゅう
18	貢献	こうけん（する）
19	攻撃	こうげき（する）
20	口座	こうざ
21	講座	こうざ
22	工作	こうさく（する）
23	考察	こうさつ（する）

24	講師	こうし
25	後者	こうしゃ
26	校舎	こうしゃ
27	公衆	こうしゅう
28	交渉	こうしょう（する）
29	向上	こうじょう（する）
30	更新	こうしん（する）
31	香水	こうすい
32	構成	こうせい（する）
33	構造	こうぞう
34	肯定	こうてい（する）
35	購入	こうにゅう（する）
36	高熱	こうねつ
37	候補	こうほ
38	項目	こうもく
39	校門	こうもん
40	紅葉	こうよう（する）
41	公立	こうりつ
42	考慮	こうりょ（する）
43	高齢	こうれい
44	小型	こがた
45	呼吸	こきゅう（する）
46	故郷	こきょう

47	克服	こくふく（する）		74	採用	さいよう（する）
48	個々	ここ		75	再来	さいらい（する）
49	小雨	こさめ		76	作成	さくせい（する）
50	個性	こせい		77	撮影	さつえい（する）
51	骨折	こっせつ（する）		78	作法	さほう
52	固定	こてい（する）		79	左右	さゆう（する）
53	粉薬	こなぐすり		80	参観	さんかん（する）
54	小麦	こむぎ		81	産業	さんぎょう
55	小物	こもの		82	参考	さんこう（する）
56	根気	こんき		83	参照	さんしょう（する）
57	混乱	こんらん（する）		84	産地	さんち
58	合同	ごうどう		85	山頂	さんちょう
59	誤解	ごかい（する）		86	在籍	ざいせき（する）
60	語学	ごがく		87	座席	ざせき
61	娯楽	ごらく		88	雑草	ざっそう
62	再開	さいかい（する）		89	支援	しえん（する）
63	災害	さいがい		90	歯科	しか
64	最強	さいきょう		91	司会	しかい（する）
65	採集	さいしゅう（する）		92	視界	しかい
66	最新	さいしん		93	資格	しかく
67	再生	さいせい（する）		94	四季	しき
68	最善	さいぜん		95	刺激	しげき（する）
69	最速	さいそく		96	思考	しこう（する）
70	最長	さいちょう		97	視察	しさつ（する）
71	才能	さいのう		98	支持	しじ（する）
72	栽培	さいばい（する）		99	支出	ししゅつ（する）
73	再発	さいはつ（する）		100	試食	ししょく（する）

1	施設	しせつ
2	湿度	しつど
3	失望	しつぼう （する）
4	指摘	してき （する）
5	視点	してん
6	支配	しはい （する）
7	芝居	しばい （する）
8	市販	しはん
9	志望	しぼう （する）
10	脂肪	しぼう
11	使命	しめい
12	視野	しや
13	車窓	しゃそう
14	周囲	しゅうい
15	集会	しゅうかい （する）
16	収穫	しゅうかく （する）
17	収集	しゅうしゅう （する）
18	修正	しゅうせい （する）
19	集団	しゅうだん
20	習得	しゅうとく （する）
21	収納	しゅうのう （する）
22	周辺	しゅうへん
23	主義	しゅぎ

24	宿泊	しゅくはく （する）
25	主催	しゅさい （する）
26	取材	しゅざい （する）
27	出演	しゅつえん （する）
28	出社	しゅっしゃ （する）
29	出場	しゅつじょう （する）
30	出世	しゅっせ （する）
31	出版	しゅっぱん （する）
32	首都	しゅと
33	取得	しゅとく （する）
34	主役	しゅやく
35	瞬間	しゅんかん
36	仕様	しよう
37	障害	しょうがい
38	将棋	しょうぎ
39	証拠	しょうこ
40	詳細	しょうさい
41	承知	しょうち （する）
42	衝突	しょうとつ （する）
43	勝敗	しょうはい
44	照明	しょうめい
45	消耗	しょうもう （する）
46	勝利	しょうり （する）

47	省略	しょうりゃく（する）	74	新築	しんちく（する）
48	少量	しょうりょう	75	新品	しんぴん
49	初回	しょかい	76	深夜	しんや
50	初期	しょき	77	信頼	しんらい（する）
51	職員	しょくいん	78	心理	しんり
52	職業	しょくぎょう	79	次回	じかい
53	職人	しょくにん	80	事業	じぎょう
54	職場	しょくば	81	自己	じこ
55	食品	しょくひん	82	事実	じじつ
56	食物	しょくもつ	83	持続	じぞく（する）
57	食料	しょくりょう	84	自体	じたい
58	所属	しょぞく（する）	85	実感	じっかん（する）
59	所長	しょちょう	86	実現	じつげん（する）
60	書店	しょてん	87	実施	じっし（する）
61	書道	しょどう	88	実質	じっしつ
62	初日	しょにち	89	実習	じっしゅう（する）
63	処理	しょり（する）	90	実績	じっせき
64	視力	しりょく	91	実践	じっせん（する）
65	素人	しろうと	92	実態	じったい
66	新刊	しんかん	93	辞典	じてん
67	神経	しんけい	94	児童	じどう
68	診察	しんさつ（する）	95	事物	じぶつ
69	進出	しんしゅつ（する）	96	地面	じめん
70	心身	しんしん	97	地元	じもと
71	親戚	しんせき	98	邪魔	じゃま（する）
72	新設	しんせつ（する）	99	重視	じゅうし（する）
73	診断	しんだん（する）			

モリタン 15日目

1400〜1499 / 3434　名詞(2文字)

1	従事	じゅうじ（する）	24	水準	すいじゅん
2	充実	じゅうじつ（する）	25	水分	すいぶん
3	住宅	じゅうたく	26	数値	すうち
4	充満	じゅうまん（する）	27	砂浜	すなはま
5	住民	じゅうみん	28	隅々	すみずみ
6	重役	じゅうやく	29	声援	せいえん
7	受講	じゅこう（する）	30	成果	せいか
8	受賞	じゅしょう（する）	31	世紀	せいき
9	受診	じゅしん（する）	32	請求	せいきゅう（する）
10	順序	じゅんじょ	33	生計	せいけい
11	上位	じょうい	34	制作	せいさく（する）
12	状況	じょうきょう	35	製作	せいさく（する）
13	情景	じょうけい	36	生産	せいさん（する）
14	条件	じょうけん	37	精算	せいさん（する）
15	錠剤	じょうざい	38	性質	せいしつ
16	常識	じょうしき	39	青春	せいしゅん
17	上昇	じょうしょう（する）	40	製造	せいぞう（する）
18	上達	じょうたつ（する）	41	生態	せいたい
19	蒸発	じょうはつ（する）	42	成長	せいちょう（する）
20	常備	じょうび（する）	43	性能	せいのう
21	事例	じれい	44	整備	せいび（する）
22	人材	じんざい	45	政府	せいふ
23	人類	じんるい	46	成分	せいぶん

47	成立	せいりつ（する）	74	全身	ぜんしん
48	石炭	せきたん	75	前提	ぜんてい
49	責任	せきにん	76	全般	ぜんぱん
50	世代	せだい	77	全力	ぜんりょく
51	説教	せっきょう（する）	78	騒音	そうおん
52	設計	せっけい（する）	79	総額	そうがく
53	接続	せつぞく（する）	80	早期	そうき
54	設置	せっち（する）	81	送迎	そうげい（する）
55	設定	せってい（する）	82	創作	そうさく（する）
56	節電	せつでん（する）	83	装置	そうち
57	説得	せっとく（する）	84	送付	そうふ（する）
58	節約	せつやく（する）	85	総務	そうむ
59	台詞	せりふ	86	創立	そうりつ（する）
60	選挙	せんきょ（する）	87	速達	そくたつ
61	専攻	せんこう（する）	88	測定	そくてい（する）
62	選考	せんこう（する）	89	速度	そくど
63	選出	せんしゅつ（する）	90	側面	そくめん
64	専属	せんぞく	91	素材	そざい
65	先端	せんたん	92	組織	そしき（する）
66	先着	せんちゃく	93	卒論	そつろん
67	専念	せんねん（する）	94	存在	そんざい（する）
68	選別	せんべつ（する）	95	尊重	そんちょう（する）
69	先方	せんぽう	96	続出	ぞくしゅつ（する）
70	専用	せんよう	97	続行	ぞっこう（する）
71	戦略	せんりゃく	98	体型	たいけい
72	洗練	せんれん（する）	99	体験	たいけん（する）
73	前回	ぜんかい	100	太鼓	たいこ

モリタン
16日目

1500~1599／3434　名詞(2文字)

英語　中国語　インドネシア語
韓国語　ベトナム語　ミャンマー語
会員登録をして翻訳を見よう！

1	対抗	たいこう（する）	24	大臣	だいじん
2	対策	たいさく（する）	25	台数	だいすう
3	退社	たいしゃ（する）	26	題名	だいめい
4	体重	たいじゅう	27	代理	だいり（する）
5	対処	たいしょ（する）	28	脱出	だっしゅつ（する）
6	対象	たいしょう	29	段階	だんかい
7	退職	たいしょく（する）	30	団結	だんけつ（する）
8	体制	たいせい	31	段差	だんさ
9	体調	たいちょう	32	地位	ちい
10	態度	たいど	33	地域	ちいき
11	対面	たいめん（する）	34	知恵	ちえ
12	対立	たいりつ（する）	35	知人	ちじん
13	宅配	たくはい（する）	36	地点	ちてん
14	他社	たしゃ	37	地方	ちほう
15	他者	たしゃ	38	中華	ちゅうか
16	立場	たちば	39	抽選	ちゅうせん（する）
17	達成	たっせい（する）	40	中断	ちゅうだん（する）
18	他人	たにん	41	注目	ちゅうもく（する）
19	多用	たよう（する）	42	長期	ちょうき
20	短所	たんしょ	43	彫刻	ちょうこく（する）
21	単身	たんしん	44	長所	ちょうしょ
22	担当	たんとう（する）	45	調整	ちょうせい（する）
23	大小	だいしょう	46	町民	ちょうみん

47	調理	ちょうり（する）	74	手元	てもと
48	直前	ちょくぜん	75	展開	てんかい（する）
49	直径	ちょっけい	76	転換	てんかん（する）
50	治療	ちりょう（する）	77	点検	てんけん（する）
51	追加	ついか（する）	78	天候	てんこう
52	追求	ついきゅう（する）	79	転校	てんこう（する）
53	通常	つうじょう	80	転職	てんしょく（する）
54	通知	つうち（する）	81	添付	てんぷ（する）
55	通用	つうよう（する）	82	弟子	でし
56	梅雨	つゆ	83	電子	でんし
57	強火	つよび	84	伝染	でんせん（する）
58	手足	てあし	85	伝達	でんたつ（する）
59	提案	ていあん（する）	86	伝統	でんとう
60	定価	ていか	87	伝票	でんぴょう
61	抵抗	ていこう（する）	88	陶器	とうき
62	提示	ていじ（する）	89	陶芸	とうげい
63	提出	ていしゅつ（する）	90	登校	とうこう（する）
64	定着	ていちゃく（する）	91	倒産	とうさん（する）
65	程度	ていど	92	当時	とうじ
66	定年	ていねん	93	当社	とうしゃ
67	手品	てじな	94	当初	とうしょ
68	哲学	てつがく	95	到達	とうたつ（する）
69	徹底	てってい（する）	96	登録	とうろく（する）
70	徹夜	てつや（する）	97	討論	とうろん（する）
71	手本	てほん	98	特集	とくしゅう（する）
72	手間	てま	99	特色	とくしょく
73	手前	てまえ	100	特定	とくてい（する）

1	都市	とし	24	入金	にゅうきん（する）
2	都心	としん	25	入賞	にゅうしょう（する）
3	隣町	となりまち	26	入場	にゅうじょう（する）
4	動機	どうき	27	根元	ねもと
5	同士	どうし	28	年間	ねんかん
6	同情	どうじょう（する）	29	年金	ねんきん
7	道中	どうちゅう	30	年度	ねんど
8	導入	どうにゅう（する）	31	粘土	ねんど
9	同封	どうふう（する）	32	農家	のうか
10	動揺	どうよう（する）	33	納品	のうひん（する）
11	同僚	どうりょう	34	農薬	のうやく
12	道路	どうろ	35	能率	のうりつ
13	読者	どくしゃ	36	能力	のうりょく
14	読書	どくしょ（する）	37	廃止	はいし（する）
15	土台	どだい	38	配送	はいそう（する）
16	長靴	ながぐつ	39	俳優	はいゆう
17	中庭	なかにわ	40	白衣	はくい
18	並木	なみき	41	拍手	はくしゅ（する）
19	日課	にっか	42	蜂蜜	はちみつ
20	日数	にっすう	43	発揮	はっき（する）
21	日中	にっちゅう	44	発言	はつげん（する）
22	入会	にゅうかい（する）	45	発行	はっこう（する）
23	入居	にゅうきょ（する）	46	発車	はっしゃ（する）

47	発想	はっそう（する）	74	筆者	ひっしゃ
48	発送	はっそう（する）	75	必着	ひっちゃく
49	発達	はったつ（する）	76	一言	ひとこと
50	花柄	はながら	77	人前	ひとまえ
51	花束	はなたば	78	一目	ひとめ
52	花畑	はなばたけ	79	非難	ひなん（する）
53	花屋	はなや	80	批判	ひはん（する）
54	破片	はへん	81	日々	ひび
55	早口	はやくち	82	批評	ひひょう（する）
56	春先	はるさき	83	皮膚	ひふ
57	範囲	はんい	84	費用	ひよう
58	反映	はんえい（する）	85	評価	ひょうか（する）
59	半額	はんがく	86	表現	ひょうげん（する）
60	半減	はんげん（する）	87	標準	ひょうじゅん
61	反抗	はんこう（する）	88	表情	ひょうじょう
62	繁盛	はんじょう（する）	89	評判	ひょうばん
63	半数	はんすう	90	広場	ひろば
64	反省	はんせい（する）	91	品質	ひんしつ
65	判断	はんだん（する）	92	風景	ふうけい
66	反応	はんのう（する）	93	封筒	ふうとう
67	販売	はんばい（する）	94	普及	ふきゅう（する）
68	反面	はんめん	95	福祉	ふくし
69	反論	はんろん（する）	96	負担	ふたん（する）
70	場面	ばめん	97	不平	ふへい
71	被害	ひがい	98	武器	ぶき
72	日陰	ひかげ	99	無事	ぶじ
73	日頃	ひごろ	100	部数	ぶすう

1700~1799 / 3434　　名詞（2文字）

1	舞台	ぶたい
2	物資	ぶっし
3	物質	ぶっしつ
4	分解	ぶんかい（する）
5	分割	ぶんかつ（する）
6	文具	ぶんぐ
7	文系	ぶんけい
8	文献	ぶんけん
9	分析	ぶんせき（する）
10	分担	ぶんたん（する）
11	分別	ぶんべつ（する）
12	文面	ぶんめん
13	分野	ぶんや
14	分量	ぶんりょう
15	閉店	へいてん（する）
16	平面	へいめん
17	返却	へんきゃく（する）
18	返金	へんきん（する）
19	変形	へんけい（する）
20	変更	へんこう（する）
21	編集	へんしゅう（する）
22	返信	へんしん（する）
23	返答	へんとう（する）

24	返品	へんぴん（する）
25	別件	べっけん
26	別室	べっしつ
27	方針	ほうしん
28	包装	ほうそう（する）
29	方面	ほうめん
30	法律	ほうりつ
31	保険	ほけん
32	保護	ほご（する）
33	補助	ほじょ（する）
34	保証	ほしょう（する）
35	舗装	ほそう（する）
36	本業	ほんぎょう
37	本校	ほんこう
38	本社	ほんしゃ
39	本人	ほんにん
40	本物	ほんもの
41	防災	ぼうさい
42	防犯	ぼうはん
43	窓際	まどぎわ
44	真似	まね（する）
45	満点	まんてん
46	密着	みっちゃく（する）

47	密閉	みっぺい（する）		74	屋台	やたい
48	身分	みぶん		75	野鳥	やちょう
49	未満	みまん		76	薬局	やっきょく
50	魅力	みりょく		77	勇気	ゆうき
51	民家	みんか		78	優先	ゆうせん（する）
52	民族	みんぞく		79	輸送	ゆそう（する）
53	昔話	むかしばなし		80	油断	ゆだん（する）
54	無限	むげん		81	油分	ゆぶん
55	無視	むし（する）		82	要求	ようきゅう（する）
56	無数	むすう		83	用件	ようけん
57	無線	むせん		84	容姿	ようし
58	明示	めいじ（する）		85	幼児	ようじ
59	名所	めいしょ		86	様式	ようしき
60	名簿	めいぼ		87	用心	ようじん（する）
61	名門	めいもん		88	養成	ようせい（する）
62	目上	めうえ		89	要素	ようそ
63	目印	めじるし		90	腰痛	ようつう
64	目線	めせん		91	要点	ようてん
65	面会	めんかい（する）		92	用途	ようと
66	面積	めんせき		93	容量	ようりょう
67	木材	もくざい		94	予期	よき（する）
68	木造	もくぞう		95	翌朝	よくあさ
69	物事	ものごと		96	翌年	よくとし／よくねん
70	焼肉	やきにく		97	予算	よさん
71	夜勤	やきん		98	予選	よせん
72	薬品	やくひん		99	予測	よそく（する）
73	役目	やくめ		100	欲求	よっきゅう

モリタン
19日目

1800〜1899／3434

名詞（2文字）・
名詞（その他）

英語　中国語　インドネシア語
韓国語　ベトナム語　ミャンマー語
会員登録をして翻訳を見よう！

1	予防	よぼう（する）		24	脇道	わきみち
2	余裕	よゆう		25	和室	わしつ
3	来室	らいしつ（する）		26	話題	わだい
4	来場	らいじょう（する）		27	我々	われわれ
5	来日	らいにち（する）		28	アウトドア用品	あうとどあようひん
6	利益	りえき		29	仰向け	あおむけ
7	理解	りかい（する）		30	悪天候	あくてんこう
8	陸上	りくじょう		31	味付け	あじつけ
9	理系	りけい		32	味わい	あじわい
10	理想	りそう		33	遊び相手	あそびあいて
11	利点	りてん		34	宛て名	あてな
12	了解	りょうかい（する）		35	後押し	あとおし（する）
13	両者	りょうしゃ		36	いい加減	いいかげん
14	了承	りょうしょう（する）		37	息抜き	いきぬき（する）
15	両端	りょうたん		38	囲碁	いご
16	緑茶	りょくちゃ		39	急ぎ	いそぎ
17	林業	りんぎょう		40	居眠り	いねむり（する）
18	礼儀	れいぎ		41	居場所	いばしょ
19	恋愛	れんあい（する）		42	医療機関	いりょうきかん
20	連続	れんぞく（する）		43	色鉛筆	いろえんぴつ
21	労働	ろうどう（する）		44	動き	うごき
22	論争	ろんそう（する）		45	打ち合わせ	うちあわせ（する）
23	論理	ろんり		46	売り上げ	うりあげ

47	売れ行き	うれゆき	74	係り	かかり
48	運送会社	うんそうがいしゃ	75	かかりつけ	
49	運動不足	うんどうぶそく	76	書き言葉	かきことば
50	英会話	えいかいわ	77	学生寮	がくせいりょう
51	映画監督	えいがかんとく	78	駆け引き	かけひき（する）
52	映画祭	えいがさい	79	菓子袋	かしぶくろ
53	栄養分	えいようぶん	80	風邪薬	かぜぐすり
54	大型バイク	おおがたばいく	81	角部屋	かどべや
55	大盛り	おおもり	82	株式会社	かぶしきがいしゃ
56	お気に入り	おきにいり	83	川遊び	かわあそび
57	贈り物	おくりもの	84	観光産業	かんこうさんぎょう
58	お札	おさつ	85	勘違い	かんちがい（する）
59	おしゃべり（する）		86	企画案	きかくあん
60	お勧め	おすすめ（する）	87	気配り	きくばり（する）
61	お歳暮	おせいぼ	88	記者会見	きしゃかいけん（する）
62	お揃い	おそろい	89	基礎固め	きそがため
63	落ち葉	おちば	90	基礎研究	きそけんきゅう
64	お手入れ	おていれ（する）	91	記念写真	きねんしゃしん
65	思い通り	おもいどおり	92	気分転換	きぶんてんかん
66	折り紙	おりがみ	93	教育機関	きょういくきかん
67	折り畳み傘	おりたたみがさ	94	教育現場	きょういくげんば
68	海外出張	かいがいしゅっちょう	95	筋トレ	きんとれ
69	解決策	かいけつさく	96	くしゃみ	
70	介護施設	かいごしせつ	97	果物農園	くだもののうえん
71	海水浴	かいすいよく	98	クラブ活動	くらぶかつどう
72	回答者	かいとうしゃ	99	経験豊富	けいけんほうふ
73	飼い主	かいぬし	100	蛍光灯	けいこうとう

モリタン
20日目

1900~1999／3434

名詞（その他）

英語　中国語　インドネシア語
韓国語　ベトナム語　ミャンマー語
会員登録をして翻訳を見よう！

1	蛍光ペン	けいこうぺん
2	計算機	けいさんき
3	結果発表	けっかはっぴょう
4	健康診断	けんこうしんだん
5	県大会	けんたいかい
6	芸能事務所	げいのうじむしょ
7	現代社会	げんだいしゃかい
8	現代人	げんだいじん
9	好感度	こうかんど
10	高校時代	こうこうじだい
11	交通機関	こうつうきかん
12	高齢化社会	こうれいかしゃかい
13	コーヒー豆	こーひーまめ
14	個々人	ここじん
15	心当たり	こころあたり
16	子育て	こそだて
17	こつ	
18	国会議員	こっかいぎいん
19	こないだ	
20	この度	このたび
21	小麦粉	こむぎこ
22	ご案内	ごあんない（する）
23	ご依頼	ごいらい（する）

24	合格通知	ごうかくつうち
25	ご馳走	ごちそう（する）
26	ご来場	ごらいじょう
27	最終段階	さいしゅうだんかい
28	最小限	さいしょうげん
29	最新機種	さいしんきしゅ
30	最新作	さいしんさく
31	最低気温	さいていきおん
32	最低限	さいてんげん
33	魚釣り	さかなつり
34	先延ばし	さきのばし
35	昨年度	さくねんど
36	差し入れ	さしいれ（する）
37	差出人	さしだしにん
38	皿洗い	さらあらい（する）
39	座席番号	ざせきばんごう
40	支援活動	しえんかつどう
41	試験官	しけんかん
42	試行錯誤	しこうさくご（する）
43	試作品	しさくひん
44	自然災害	しぜんさいがい
45	下書き	したがき（する）
46	志望動機	しぼうどうき

47	市民講座	しみんこうざ	74	乗車料金	じょうしゃりょうきん
48	社会貢献	しゃかいこうけん	75	自律神経	じりつしんけい
49	就職活動	しゅうしょくかつどう	76	推薦状	すいせんじょう
50	修理工場	しゅうりこうじょう	77	好き嫌い	すききらい
51	主人公	しゅじんこう	78	滑り止め	すべりどめ
52	出版社	しゅっぱんしゃ	79	精一杯	せいいっぱい
53	商学部	しょうがくぶ	80	生活環境	せいかつかんきょう
54	商業施設	しょうぎょうしせつ	81	生活支援	せいかつしえん
55	招待状	しょうたいじょう	82	制限時間	せいげんじかん
56	小中学生	しょうちゅうがくせい	83	生産体制	せいさんたいせい
57	小児科	しょうにか	84	製造過程	せいぞうかてい
58	消費活動	しょうひかつどう	85	製造工場	せいぞうこうじょう
59	食品メーカー	しょくひんめーかー	86	世界一	せかいいち
60	初対面	しょたいめん	87	世界各国	せかいかっこく
61	処理場	しょりじょう	88	選手時代	せんしゅじだい
62	しわ		89	宣伝効果	せんでんこうか
63	進行役	しんこうやく	90	扇風機	せんぷうき
64	信頼関係	しんらいかんけい	91	全国大会	ぜんこくたいかい
65	時間指定	じかんしてい	92	全体像	ぜんたいぞう
66	時間帯	じかんたい	93	総合文化	そうごうぶんか
67	自己紹介	じこしょうかい（する）	94	総務課長	そうむかちょう
68	自己評価	じこひょうか	95	粗大ごみ	そだいごみ
69	慈善事業	じぜんじぎょう	96	卒業式	そつぎょうしき
70	自治体	じちたい	97	退職祝い	たいしょくいわい
71	実行委員	じっこういいん	98	他者評価	たしゃひょうか
72	事務局	じむきょく	99	短期間	たんきかん
73	柔軟体操	じゅうなんたいそう	100	単純作業	たんじゅんさぎょう

モリタン
21日目

2000~2099 / 3434　名詞（その他）

英語　中国語　インドネシア語
韓国語　ベトナム語　ミャンマー語
会員登録をして翻訳を見よう！

1	担当者	たんとうしゃ
2	たんぱく質	たんぱくしつ
3	台無し	だいなし
4	団体旅行	だんたいりょこう
5	段取り	だんどり（する）
6	地域経済	ちいきけいざい
7	地球環境問題	ちきゅうかんきょうもんだい
8	中古品	ちゅうこひん
9	長期間	ちょうきかん
10	彫刻作品	ちょうこくさくひん
11	追加料金	ついかりょうきん
12	定期利用	ていきりよう
13	手入れ	ていれ（する）
14	手作業	てさぎょう
15	手すり	てすり
16	手違い	てちがい
17	手作り	てづくり（する）
18	手続き	てつづき（する）
19	テレビ局	てれびきょく
20	手渡し	てわたし（する）
21	出来事	できごと
22	電気製品	でんきせいひん
23	電子辞書	でんしじしょ

24	伝統文化	でんとうぶんか
25	登場人物	とうじょうじんぶつ
26	遠回り	とおまわり（する）
27	特別席	とくべつせき
28	登山道	とざんどう
29	取っ手	とって
30	共働き	ともばたらき（する）
31	同年代	どうねんだい
32	長い間	ながいあいだ
33	生クリーム	なまくりーむ
34	並木道	なみきみち
35	習い事	ならいごと
36	二階建て	にかいだて
37	入学式	にゅうがくしき
38	入学予定者	にゅうがくよていしゃ
39	ぬいぐるみ	
40	ぬるま湯	ぬるまゆ
41	ねじ	
42	根っこ	ねっこ
43	値引き	ねびき（する）
44	農作物	のうさくぶつ
45	上り坂	のぼりざか
46	墓参り	はかまいり

47	吐き気	はきけ		74	回り道	まわりみち
48	張り紙	はりがみ		75	満足度	まんぞくど
49	販売店	はんばいてん		76	見た目	みため
50	日当たり	ひあたり		77	身の回り	みのまわり
51	日帰り	ひがえり		78	身振り	みぶり
52	比較検討	ひかくけんとう（する）		79	民族音楽	みんぞくおんがく
53	引き続き	ひきつづき		80	向かい	むかい
54	筆記試験	ひっきしけん		81	無理やり	むりやり
55	筆記用具	ひっきようぐ		82	目当て	めあて
56	一通り	ひととおり		83	名産品	めいさんひん
57	ひまわり			84	名物料理	めいぶつりょうり
58	ひも			85	申込み用紙	もうしこみようし
59	百科事典	ひゃっかじてん		86	目標設定	もくひょうせってい
60	品質管理	ひんしつかんり		87	持ち主	もちぬし
61	ふた			88	最寄り	もより
62	美術作品	びじゅつさくひん		89	やぎ	
63	ビニール袋	びにーるぶくろ		90	野生動物	やせいどうぶつ
64	不良品	ふりょうひん		91	やりがい	
65	雰囲気	ふんいき		92	やり取り	やりとり（する）
66	文学作品	ぶんがくさくひん		93	やる気	やるき
67	文化祭	ぶんかさい		94	有料道路	ゆうりょうどうろ
68	法学部	ほうがくぶ		95	幼児期	ようじき
69	放課後	ほうかご		96	世の中	よのなか
70	ほこり			97	予想外	よそうがい
71	本年度	ほんねんど		98	料理人	りょうりにん
72	生中継	なまちゅうけい		99	料理本	りょうりぼん
73	マラソン大会	まらそんたいかい		100	留守番	るすばん

モリタン 22日目	2100~2199 / 3434	名詞(その他)・動詞(一般)	英語　中国語　インドネシア語 韓国語　ベトナム語　ミャンマー語 会員登録をして翻訳を見よう！

1	レトルト食品	れとるとしょくひん		24	傷む	いたむ
2	練習不足	れんしゅうぶそく		25	至る	いたる
3	和菓子	わがし		26	嫌がる	いやがる
4	我が社	わがしゃ		27	祝う	いわう
5	別れ際	わかれぎわ		28	浮かぶ	うかぶ
6	挙げる	あげる		29	浮かべる	うかべる
7	揚げる	あげる		30	移す	うつす
8	味わう	あじわう		31	映す	うつす
9	預かる	あずかる		32	訴える	うったえる
10	焦る	あせる		33	うつむく	
11	当てる	あてる		34	うなずく	
12	暴く	あばく		35	奪う	うばう
13	操る	あやつる		36	埋まる	うまる
14	誤る	あやまる		37	敬う	うやまう
15	歩む	あゆむ		38	裏切る	うらぎる
16	争う	あらそう		39	占う	うらなう
17	改まる	あらたまる		40	上回る	うわまわる
18	改める	あらためる		41	得る	える
19	荒れる	あれる		42	演じる	えんじる
20	慌てる	あわてる		43	追う	おう
21	活かす	いかす		44	応じる	おうじる
22	生かす	いかす		45	終える	おえる
23	いじる			46	覆う	おおう

47	補う	おぎなう		74	乾かす	かわかす
48	起こす	おこす		75	関する	かんする
49	起こる	おこる		76	効く	きく
50	おごる			77	築く	きずく
51	収まる	おさまる		78	競う	きそう
52	納まる	おさまる		79	鍛える	きたえる
53	納める	おさめる		80	区切る	くぎる
54	恐れる	おそれる		81	崩す	くずす
55	教わる	おそわる		82	崩れる	くずれる
56	訪れる	おとずれる		83	くっつく	
57	劣る	おとる		84	悔やむ	くやむ
58	驚かす	おどろかす		85	加わる	くわわる
59	思いやる	おもいやる		86	焦げる	こげる
60	抱える	かかえる		87	試みる	こころみる
61	かがむ			88	腰かける	こしかける
62	限る	かぎる		89	越す	こす
63	嗅ぐ	かぐ		90	応える	こたえる
64	隠れる	かくれる		91	こだわる	
65	重なる	かさなる		92	異なる	ことなる
66	かじる			93	好む	このむ
67	課す	かす		94	怖がる	こわがる
68	偏る	かたよる		95	探る	さぐる
69	語る	かたる		96	避ける	さける
70	格好つける	かっこうつける		97	支える	ささえる
71	兼ねる	かねる		98	刺す	さす
72	絡む	からむ		99	定める	さだめる
73	刈る	かる		100	さびる	

モリタン
23日目

2200～2298／3434

動詞（一般）

英語　中国語　インドネシア語
韓国語　ベトナム語　ミャンマー語
会員登録をして翻訳を見よう！

1	妨げる	さまたげる		24	耐える	たえる
2	仕上げる	しあげる		25	倒す	たおす
3	親しむ	したしむ		26	高まる	たかまる
4	縛る	しばる		27	高める	たかめる
5	絞まる	しまる		28	炊く	たく
6	しみる			29	助かる	たすかる
7	湿る	しめる		30	達する	たっする
8	占める	しめる		31	束ねる	たばねる
9	生じる	しょうじる		32	試す	ためす
10	記す	しるす		33	保つ	たもつ
11	救う	すくう		34	近付く	ちかづく
12	優れる	すぐれる		35	縮める	ちぢめる
13	ずらす			36	散らかす	ちらかす
14	接する	せっする		37	散る	ちる
15	迫る	せまる		38	通じる	つうじる
16	責める	せめる		39	尽きる	つきる
17	沿う	そう		40	就く	つく
18	添う	そう		41	創る	つくる
19	備える	そなえる		42	伝わる	つたわる
20	染まる	そまる		43	努める	つとめる
21	染める	そめる		44	繋がる	つながる
22	揃う	そろう		45	繋ぐ	つなぐ
23	揃える	そろえる		46	潰れる	つぶれる

47	詰まる	つまる	74	計る	はかる
48	積む	つむ	75	挟む	はさむ
49	詰める	つめる	76	外れる	はずれる
50	適する	てきする	77	果たす	はたす
51	問う	とう	78	放す	はなす
52	溶かす	とかす	79	放つ	はなつ
53	整う	ととのう	80	離れる	はなれる
54	整える	ととのえる	81	省く	はぶく
55	飛ばす	とばす	82	はみだす	
56	止まる / 留まる	とまる / とどまる	83	流行る	はやる
57	止める / 留める	とめる / とどめる	84	張る	はる
58	伴う	ともなう	85	惹く	ひく
59	捉える	とらえる	86	弾く	ひく / はじく
60	眺める	ながめる	87	浸す	ひたす
61	撫でる	なでる	88	響く	ひびく
62	匂う	におう	89	広げる	ひろげる
63	憎む	にくむ	90	広まる	ひろまる
64	濁る	にごる	91	深まる	ふかまる
65	にらむ		92	含む	ふくむ
66	抜く	ぬく	93	含める	ふくめる
67	盗む	ぬすむ	94	膨らむ	ふくらむ
68	練る	ねる	95	増やす	ふやす
69	除く	のぞく	96	触れる	ふれる
70	のぞく		97	誇る	ほこる
71	望む	のぞむ	98	欲する	ほっする
72	述べる	のべる	99	任せる	まかせる
73	載る	のる			

1	撒く	まく		24	雇う	やとう
2	混じる	まじる		25	破れる	やぶれる
3	招く	まねく		26	譲る	ゆずる
4	真似る	まねる		27	寄せる	よせる
5	満たす	みたす		28	弱まる	よわまる
6	乱れる	みだれる		29	略す	りゃくす
7	導く	みちびく		30	湧く	わく
8	認める	みとめる		31	当てはまる	あてはまる
9	診る	みる		32	溢れ出す	あふれだす
10	向かう	むかう		33	歩み寄る	あゆみよる
11	むかつく			34	洗い出す	あらいだす
12	命じる	めいじる		35	言い切る	いいきる
13	恵む	めぐむ		36	言い忘れる	いいわすれる
14	めくる			37	行き着く	いきつく
15	目指す	めざす		38	生き残る	いきのこる
16	目立つ	めだつ		39	入れ替わる	いれかわる
17	面する	めんする		40	受け入れる	うけいれる
18	潜る	もぐる		41	受け答える	うけこたえる
19	用いる	もちいる		42	受け付ける	うけつける
20	基づく	もとづく		43	受け渡す	うけわたす
21	求める	もとめる		44	打ち上げる	うちあげる
22	催す	もよおす		45	打ち消す	うちけす
23	養う	やしなう		46	打ち直す	うちなおす

47	移し替える	うつしかえる	74	切り取る	きりとる
48	映し込む	うつしこむ	75	組み合わせる	くみあわせる
49	生み出す	うみだす	76	繰り上がる	くりあがる
50	埋め込む	うめこむ	77	繰り上げる	くりあげる
51	売り上げる	うりあげる	78	探し出す	さがしだす
52	売り切れる	うりきれる	79	探し求める	さがしもとめる
53	売り出す	うりだす	80	差し伸べる	さしのべる
54	選び出す	えらびだす	81	差し引く	さしひく
55	追い返す	おいかえす	82	染み込む	しみこむ
56	追い抜く	おいぬく	83	信じ込む	しんじこむ
57	追い求める	おいもとめる	84	すれ違う	すれちがう
58	補い合う	おぎないあう	85	助け合う	たすけあう
59	落ち込む	おちこむ	86	立ち上がる	たちあがる
60	思い切る	おもいきる	87	立ち止まる	たちどまる
61	思い込む	おもいこむ	88	立て替える	たてかえる
62	思い立つ	おもいたつ	89	たどり着く	たどりつく
63	折り返す	おりかえす	90	使い分ける	つかいわける
64	折り畳む	おりたたむ	91	作り出す	つくりだす
65	書き換える	かきかえる	92	付け加える	つけくわえる
66	書き加える	かきくわえる	93	積み重なる	つみかさなる
67	書き込む	かきこむ	94	詰め込む	つめこむ
68	書き間違える	かきまちがえる	95	出来上がる	できあがる
69	駆け上がる	かけあがる	96	問い合わせる	といあわせる
70	語りかける	かたりかける	97	届け出る	とどけでる
71	考え出す	かんがえだす	98	飛び上がる	とびあがる
72	考え直す	かんがえなおす	99	飛び降りる	とびおりる
73	切り上げる	きりあげる	100	飛び立つ	とびたつ

モリタン
25日目

2399〜2499／3434

動詞(複合)・
い形容詞・な形容詞

英語　中国語　インドネシア語
韓国語　ベトナム語　ミャンマー語
会員登録をして翻訳を見よう！

1	飛び散る	とびちる
2	飛び回る	とびまわる
3	捉え直す	とらえなおす
4	取り合う	とりあう
5	取り上げる	とりあげる
6	取り扱う	とりあつかう
7	取り入れる	とりいれる
8	取り掛かる	とりかかる
9	取り組む	とりくむ
10	取り壊す	とりこわす
11	取り付ける	とりつける
12	取り除く	とりのぞく
13	取り寄せる	とりよせる
14	流れ去る	ながれさる
15	名付ける	なづける
16	並べ替える	ならべかえる
17	成り立つ	なりたつ
18	慣れ親しむ	なれしたしむ
19	寝転がる	ねころがる
20	乗り遅れる	のりおくれる
21	乗り換える	のりかえる
22	乗り越える	のりこえる
23	乗り継ぐ	のりつぐ
24	運び入れる	はこびいれる

25	走り回る	はしりまわる
26	払い戻す	はらいもどす
27	張り切る	はりきる
28	引き返す	ひきかえす
29	引き締まる	ひきしまる
30	引き止める・引き留める	ひきとめる／ひきとどめる
31	引き取る	ひきとる
32	引き離す	ひきはなす
33	振り返る	ふりかえる
34	振り向く	ふりむく
35	触れ合う	ふれあう
36	見下ろす	みおろす
37	見積もる	みつもる
38	見直す	みなおす
39	見逃す	みのがす
40	見守る	みまもる
41	見分ける	みわける
42	見渡す	みわたす
43	向き合う	むきあう
44	結び付ける	むすびつける
45	持ち込む	もちこむ
46	持ち運ぶ	もちはこぶ
47	持ち寄る	もちよる

48	盛り上がる	もりあがる	75	渋い	しぶい
49	役立つ	やくだつ	76	ずるい	
50	やり過ごす	やりすごす	77	騒々しい	そうぞうしい
51	やり直す	やりなおす	78	そそっかしい	
52	呼び込む	よびこむ	79	たくましい	
53	読み返す	よみかえす	80	頼もしい	たのもしい
54	読み込む	よみこむ	81	たまらない	
55	割り込む	わりこむ	82	力強い	ちからづよい
56	厚かましい	あつかましい	83	ちっちゃい	
57	荒い	あらい	84	乏しい	とぼしい
58	慌ただしい	あわただしい	85	鈍い	にぶい
59	勇ましい	いさましい	86	望ましい	のぞましい
60	著しい	いちじるしい	87	激しい	はげしい
61	怒りっぽい	おこりっぽい	88	等しい	ひとしい
62	幼い	おさない	89	相応しい	ふさわしい
63	恐ろしい	おそろしい	90	蒸し暑い	むしあつい
64	思いがけない	おもいがけない	91	物足りない	ものたりない
65	欠かせない	かかせない	92	やむを得ない	やむをえない
66	数え切れない	かぞえきれない	93	弱々しい	よわよわしい
67	辛い	からい／つらい	94	若々しい	わかわかしい
68	興味深い	きょうみぶかい	95	曖昧な	あいまいな
69	くだらない		96	鮮やかな	あざやかな
70	くどい		97	圧倒的な	あっとうてきな
71	快い	こころよい	98	新たな	あらたな
72	好ましい	このましい	99	ありがちな	
73	恐い	こわい	100	あわれな	
74	騒がしい	さわがしい	101	安易な	あんいな

モリタン 26日目	2500〜2599 / 3434	な形容詞	英語　中国語　インドネシア語 韓国語　ベトナム語　ミャンマー語 会員登録をして翻訳を見よう！

1	安価な	あんかな	
2	一方的な	いっぽうてきな	
3	意図的な	いとてきな	
4	円満な	えんまんな	
5	大げさな	おおげさな	
6	大幅な	おおはばな	
7	大まかな	おおまかな	
8	臆病な	おくびょうな	
9	穏やかな	おだやかな	
10	お得な	おとくな	
11	温暖な	おんだんな	
12	快適な	かいてきな	
13	開放的な	かいほうてきな	
14	格別な	かくべつな	
15	過激な	かげきな	
16	過剰な	かじょうな	
17	かすかな		
18	勝手な	かってな	
19	活発な	かっぱつな	
20	過度な	かどな	
21	簡潔な	かんけつな	
22	完璧な	かんぺきな	
23	頑丈な	がんじょうな	

24	奇抜な	きばつな	
25	機敏な	きびんな	
26	客観的な	きゃっかんてきな	
27	急激な	きゅうげきな	
28	急速な	きゅうそくな	
29	強力な	きょうりょくな	
30	巨大な	きょだいな	
31	気楽な	きらくな	
32	謙虚な	けんきょな	
33	好調な	こうちょうな	
34	肯定的な	こうていてきな	
35	幸福な	こうふくな	
36	個性的な	こせいてきな	
37	細やかな	こまやかな	
38	困難な	こんなんな	
39	強引な	ごういんな	
40	豪華な	ごうかな	
41	最悪な	さいあくな	
42	最適な	さいてきな	
43	ささやかな		
44	爽やかな	さわやかな	
45	質的な	しつてきな	
46	集中的な	しゅうちゅうてきな	

47	主体的な	しゅたいてきな	74	手軽な	てがるな
48	消極的な	しょうきょくてきな	75	的確な	てきかくな
49	象徴的な	しょうちょうてきな	76	適切な	てきせつな
50	深刻な	しんこくな	77	適当な	てきとうな
51	自己中心的な	じこちゅうしんてきな	78	手頃な	てごろな
52	時事的な	じじてきな	79	でたらめな	
53	柔軟な	じゅうなんな	80	伝統的な	でんとうてきな
54	充分な	じゅうぶんな	81	透明な	とうめいな
55	垂直な	すいちょくな	82	特殊な	とくしゅな
56	素直な	すなおな	83	同一な	どういつな
57	正確な	せいかくな	84	同等な	どうとうな
58	正式な	せいしきな	85	同様な	どうような
59	精神的な	せいしんてきな	86	独特な	どくとくな
60	前途多難な	ぜんとたなんな	87	鈍感な	どんかんな
61	全面的な	ぜんめんてきな	88	和やかな	なごやかな
62	相対的な	そうたいてきな	89	なだらかな	
63	率直な	そっちょくな	90	滑らかな	なめらかな
64	平らな	たいらな	91	濃厚な	のうこうな
65	多彩な	たさいな	92	卑怯な	ひきょうな
66	多種多様な	たしゅたような	93	必死な	ひっしな
67	多様な	たような	94	否定的な	ひていてきな
68	多量な	たりょうな	95	非凡な	ひぼんな
69	短期的な	たんきてきな	96	微妙な	びみょうな
70	妥当な	だとうな	97	敏感な	びんかんな
71	段階的な	だんかいてきな	98	不調な	ふちょうな
72	着実な	ちゃくじつな	99	不満な	ふまんな
73	抽象的な	ちゅうしょうてきな	100	物騒な	ぶっそうな

1	平凡な	へいぼんな	24	愉快な	ゆかいな
2	法的な	ほうてきな	25	豊かな	ゆたかな
3	豊富な	ほうふな	26	緩やかな	ゆるやかな
4	本格的な	ほんかくてきな	27	容易な	よういな
5	膨大な	ぼうだいな	28	陽気な	ようきな
6	間近な	まぢかな	29	欲張りな	よくばりな
7	真っ赤な	まっかな	30	余計な	よけいな
8	真っ白な	まっしろな	31	弱気な	よわきな
9	見事な	みごとな	32	利口な	りこうな
10	妙な	みょうな	33	論理的な	ろんりてきな
11	魅力的な	みりょくてきな	34	わがままな	
12	民主的な	みんしゅてきな	35	わずかな	
13	無縁な	むえんな	36	あいにく	
14	無口な	むくちな	37	あえて	
15	夢中な	むちゅうな	38	明らかに	あきらかに
16	無力な	むりょくな	39	予め	あらかじめ
17	明確な	めいかくな	40	案外	あんがい
18	柔らかな	やわらかな	41	いきなり	
19	有意義な	ゆういぎな	42	いずれ	
20	有効な	ゆうこうな	43	いちいち	
21	優秀な	ゆうしゅうな	44	一段と	いちだんと
22	有利な	ゆうりな	45	一気に	いっきに
23	有力な	ゆうりょくな	46	一斉に	いっせいに

47	一層	いっそう	74	直ちに	ただちに
48	一体	いったい	75	たっぷり	
49	いつの間に	いつのまに	76	たびたび	
50	いつまでも		77	たまたま	
51	いまいち		78	単に	たんに
52	今一つ	いまひとつ	79	大分	だいぶ / だいぶん
53	いよいよ		80	近々	ちかぢか
54	いわば		81	ちなみに	
55	永久に	えいきゅうに	82	着々と	ちゃくちゃくと
56	おそらく		83	常に	つねに
57	かえって		84	当分	とうぶん
58	かつて		85	とっくに	
59	仮に	かりに	86	とにかく	
60	再度	さいど	87	ともかく	
61	さすが		88	とりあえず	
62	さらに		89	なんとか	
63	至急	しきゅう	90	のんびり	
64	自然に	しぜんに	91	早めに	はやめに
65	しばしば		92	はるかに	
66	直に	じかに	93	比較的に	ひかくてきに
67	事前に	じぜんに	94	広々	ひろびろ
68	実に	じつに	95	再び	ふたたび
69	せめて		96	ふと	
70	鮮明に	せんめいに	97	本来	ほんらい
71	即座に	そくざに	98	ぼんやり	
72	それなりに		99	誠に	まことに
73	存分に	ぞんぶんに	100	まさか	

モリタン
28日目

2700〜2799／3434

副詞(一般)・
副詞(オノマトペ)・カタカナ

英語　中国語　インドネシア語
韓国語　ベトナム語　ミャンマー語
会員登録をして翻訳を見よう！

1	ますます	
2	まもなく	
3	稀に	まれに
4	自ら	みずから
5	やがて	
6	要するに	ようするに
7	よほど	
8	わざと	
9	わざわざ	
10	割に	わりに
11	あっさり	
12	生き生き	いきいき
13	うきうき	
14	うとうと	
15	きちっと	
16	きっちり	
17	きっぱり	
18	きょろきょろ	
19	ぎざぎざ	
20	ぎっしり	
21	ぎゅうぎゅう	
22	ぎりぎり	
23	ぐったり	

24	ぐっと
25	ぐんぐん
26	ごちゃごちゃ
27	さっぱり
28	ざっと
29	ざわざわ
30	しょんぼり
31	じたばた
32	じっくり
33	じっと
34	すっきり
35	にこにこ
36	にっこり
37	にやにや
38	はらはら
39	ばたばた
40	ばっさり
41	ばったり
42	ばっちり
43	ばりばり
44	ぱったり
45	ぱっと
46	ひそひそ

47	びっしょり	74	オン
48	ぴかぴか	75	カウンセラー
49	ほかほか	76	カウンター
50	ほっと	77	カラフル
51	ゆったり	78	カルシウム
52	アイロン	79	キャプテン
53	アウト	80	キャンペーン
54	アシスタント	81	ギャップ
55	アピール（する）	82	クリア（する）
56	アプローチ（する）	83	グッズ
57	アマチュア	84	ケア（する）
58	アルファベット	85	ゲームソフト
59	アレンジ（する）	86	ゲスト
60	Eメール	87	コーチ
61	イラスト	88	コーヒーカップ
62	インストール（する）	89	コーラス
63	インストラクター	90	コスト
64	インテリア	91	コメント（する）
65	インパクト	92	コロッケ
66	ウィンドウショッピング	93	コンクール
67	ウェブ	94	コンセント
68	エラー	95	コンテスト
69	オートバイ	96	コントロール（する）
70	オーナー	97	コンプレックス
71	オーバー（する）	98	サポート（する）
72	オフ	99	サラリーマン
73	オリエンテーション	100	シーズン

モリタン
29日目

2800~2899 / 3434　カタカナ

英語　中国語　インドネシア語
韓国語　ベトナム語　ミャンマー語
会員登録をして翻訳を見よう！

1	シート	24	スポーツカー
2	シール	25	スポーツジム
3	シーン	26	スムーズ
4	システム	27	セルフ
5	シニア	28	ソフトウェア
6	シュレッダー	29	ターゲット
7	ショック	30	タイプ
8	ショップ	31	タイマー
9	ショルダーバッグ	32	タイミング
10	シリーズ	33	タイム
11	シングルルーム	34	タイヤ
12	シンプル	35	ダイナミック
13	シンポジウム	36	ダイヤ
14	スーツケース	37	ダウン（する）
15	スカーフ	38	ダウンロード（する）
16	スキル	39	ダメージ
17	スクール	40	チームリーダー
18	スケート	41	チャージ（する）
19	スター	42	ツアー
20	スタッフ	43	ツアーガイド
21	ステージ	44	テクニック
22	スニーカー	45	ディスカッション（する）
23	スペース	46	デザート

47	デジタルカメラ	74	フロア
48	デメリット	75	ブーム
49	トータル	76	ブレーキ
50	トップ	77	プライド
51	トンネル	78	プライバシー
52	ドキュメンタリー	79	プラス（する）
53	ドライブ（する）	80	プラン
54	ナイター	81	プレー（する）
55	ニーズ	82	プレゼンテーション / プレゼン（する）
56	ノートパソコン	83	プレッシャー
57	ハード	84	プロセス
58	バーコード	85	ヘアスタイル
59	バーベキュー	86	ベテラン
60	バザー	87	ベンチ
61	バランス	88	ペース
62	バレーボール	89	ホームセンター
63	パスタ	90	ホット
64	ビジネス	91	ボウリング
65	ビジネスマナー	92	ボトル
66	ビュッフェ	93	ボランティア
67	ピックアップ（する）	94	ボリューム
68	ファイル	95	ポット
69	フェア	96	マーケット
70	フォルダー	97	マイナス（する）
71	フライ	98	マニュアル
72	フルーツ	99	マネージャー
73	フレッシュ	100	ミーティング

モリタン
30日目

2900~2999／3434

カタカナ・
接続詞・接頭語

英語　中国語　インドネシア語
韓国語　ベトナム語　ミャンマー語
会員登録をして翻訳を見よう！

1	ミス（する）
2	ミニ
3	ムード
4	メーカー
5	モデル
6	ユニーク
7	ヨーロッパ
8	ライト
9	ライバル
10	ラスト
11	ラベル
12	ランチタイム
13	ランニング（する）
14	リクエスト（する）
15	リサイクルショップ
16	リズム
17	リハーサル
18	リラックス（する）
19	レクリエーション
20	レシート
21	レベル
22	レポーター
23	レンタル（する）

24	ワイパー	
25	あるいは	
26	一方	いっぽう
27	及び	および
28	しかも	
29	したがって	
30	すなわち	
31	そこで	
32	それでも	
33	ただ	
34	ただし	
35	ところが	
36	悪影響	あくえいきょう
37	悪条件	あくじょうけん
38	異世界	いせかい
39	異文化	いぶんか
40	薄暗い	うすぐらい
41	薄化粧	うすげしょう
42	薄笑い	うすわらい
43	各課	かくか
44	各家庭	かくかてい
45	各グループ	かくぐるーぷ
46	各施設	かくしせつ

47	各支店	かくしてん	74	最優先	さいゆうせん
48	各条件	かくじょうけん	75	主原料	しゅげんりょう
49	仮採用	かりさいよう	76	主成分	しゅせいぶん
50	仮免許	かりめんきょ	77	準グランプリ	じゅんぐらんぷり
51	仮予約	かりよやく	78	準決勝	じゅんけっしょう
52	旧校舎	きゅうこうしゃ	79	準優勝	じゅんゆうしょう
53	旧正月	きゅうしょうがつ	80	諸外国	しょがいこく
54	旧制度	きゅうせいど	81	諸事情	しょじじょう
55	現時点	げんじてん	82	諸問題	しょもんだい
56	現住所	げんじゅうしょ	83	初年度	しょねんど
57	現段階	げんだんかい	84	初上陸	はつじょうりく
58	好印象	こういんしょう	85	初訪問	はつほうもん
59	好景気	こうけいき	86	新学期	しんがっき
60	好都合	こうつごう	87	新企画	しんきかく
61	高水準	こうすいじゅん	88	新時代	しんじだい
62	高性能	こうせいのう	89	新車	しんしゃ
63	高収入	こうしゅうにゅう	90	新商品	しんしょうひん
64	再開発	さいかいはつ	91	新製品	しんせいひん
65	再検討	さいけんとう	92	前社長	ぜんしゃちょう
66	再就職	さいしゅうしょく	93	前大統領	ぜんだいとうりょう
67	再修理	さいしゅうり	94	前町長	ぜんちょうちょう
68	再設定	さいせってい	95	全自動	ぜんじどう
69	再調査	さいちょうさ	96	全商品	ぜんしょうひん
70	再提出	さいていしゅつ	97	全製品	ぜんせいひん
71	再放送	さいほうそう	98	総売上	そううりあげ
72	最高級	さいこうきゅう	99	総人口	そうじんこう
73	最年少	さいねんしょう	100	総選挙	そうせんきょ

1	低価格	ていかかく		24	真新しい	まあたらしい
2	低カロリー	ていかろりー		25	真後ろ	まうしろ
3	低気圧	ていきあつ		26	真夜中	まよなか
4	半永久	はんえいきゅう		27	未回答	みかいとう
5	半透明	はんとうめい		28	未経験	みけいけん
6	半開き	はんびらき		29	未使用	みしよう
7	非公開	ひこうかい		30	無計画	むけいかく
8	非公式	ひこうしき		31	無責任	むせきにん
9	非常識	ひじょうしき		32	無農薬	むのうやく
10	不安定	ふあんてい		33	元医師	もといし
11	不可能	ふかのう		34	元首相	もとしゅしょう
12	不具合	ふぐあい		35	元同僚	もとどうりょう
13	不公平	ふこうへい		36	来学期	らいがっき
14	不採用	ふさいよう		37	来シーズン	らいしーずん
15	不自然	ふしぜん		38	来年度	らいねんど
16	不自由	ふじゆう		39	徹夜明け	てつやあけ
17	不十分	ふじゅうぶん		40	年明け	としあけ
18	不正確	ふせいかく		41	夏休み明け	なつやすみあけ
19	不都合	ふつごう		42	お祭りムード一色	おまつりむーどいっしょく
20	不必要	ふひつよう		43	従業員	じゅうぎょういん
21	副社長	ふくしゃちょう		44	乗務員	じょうむいん
22	副大臣	ふくだいじん		45	販売員	はんばいいん
23	副リーダー	ふくりーだー		46	一日おきに	いちにちおきに

47	一週間おきに	いっしゅうかんおきに	74	交流会	こうりゅうかい
48	4年おきに	よねんおきに	75	試食会	ししょくかい
49	機械化	きかいか	76	食事会	しょくじかい
50	高齢化	こうれいか	77	新年会	しんねんかい
51	国際化	こくさいか	78	説明会	せつめいかい
52	情報化	じょうほうか	79	抽選会	ちゅうせんかい
53	西洋化	せいようか	80	勉強会	べんきょうかい
54	多様化	たようか	81	医学界	いがくかい
55	作曲家	さっきょくか	82	産業界	さんぎょうかい
56	写真家	しゃしんか	83	自然界	しぜんかい
57	政治家	せいじか	84	価値観	かちかん
58	専門家	せんもんか	85	結婚観	けっこんかん
59	彫刻家	ちょうこくか	86	世界観	せかいかん
60	登山家	とざんか	87	映画館	えいがかん
61	評論家	ひょうろんか	88	写真館	しゃしんかん
62	管理下	かんりか	89	体育館	たいいくかん
63	支配下	しはいか	90	博物館	はくぶつかん
64	指揮下	しきか	91	美術館	びじゅつかん
65	会計課	かいけいか	92	一体感	いったいかん
66	学生課	がくせいか	93	開放感	かいほうかん
67	国際交流課	こくさいこうりゅうか	94	緊張感	きんちょうかん
68	総務課	そうむか	95	高級感	こうきゅうかん
69	秘書課	ひしょか	96	幸福感	こうふくかん
70	演奏会	えんそうかい	97	充実感	じゅうじつかん
71	歓迎会	かんげいかい	98	達成感	たっせいかん
72	研修会	けんしゅうかい	99	満足感	まんぞくかん
73	講演会	こうえんかい	100	温泉街	おんせんがい

モリタン
32日目

3100～3199／3434

接尾語

英語　中国語　インドネシア語
韓国語　ベトナム語　ミャンマー語
会員登録をして翻訳を見よう！

1	住宅街	じゅうたくがい		24	風邪気味	かぜぎみ
2	商店街	しょうてんがい		25	疲れ気味	つかれぎみ
3	経済学	けいざいがく		26	太り気味	ふとりぎみ
4	言語学	げんごがく		27	観光業	かんこうぎょう
5	心理学	しんりがく		28	水産業	すいさんぎょう
6	血液型	けつえきがた		29	旅行業	りょこうぎょう
7	最新型	さいしんがた		30	乗車券	じょうしゃけん
8	参加型	さんかがた		31	定期券	ていきけん
9	観光客	かんこうきゃく		32	割引券	わりびきけん
10	見物客	けんぶつきゃく		33	気温差	きおんさ
11	招待客	しょうたいきゃく		34	時代差	じだいさ
12	花見客	はなみきゃく		35	地域差	ちいきさ
13	利用客	りようきゃく		36	宛先	あてさき
14	売り切れ	うりきれ		37	行き先	いきさき / ゆきさき
15	期限切れ	きげんぎれ		38	応募先	おうぼさき
16	時間切れ	じかんぎれ		39	勤務先	きんむさき
17	奨学金	しょうがくきん		40	玄関先	げんかんさき
18	税金	ぜいきん		41	宿泊先	しゅくはくさき
19	入会金	にゅうかいきん		42	連絡先	れんらくさき
20	入学金	にゅうがくきん		43	組み立て式	くみたてしき
21	作業着	さぎょうぎ		44	選択式	せんたくしき
22	普段着	ふだんぎ		45	日本式	にほんしき
23	部屋着	へやぎ		46	応接室	おうせつしつ

47	管理室	かんりしつ	74	見積書	みつもりしょ
48	研修室	けんしゅうしつ	75	申込書	もうしこみしょ
49	自習室	じしゅうしつ	76	領収書	りょうしゅうしょ
50	実験室	じっけんしつ	77	履歴書	りれきしょ
51	事務室	じむしつ	78	事務所	じむしょ
52	診察室	しんさつしつ	79	保育所	ほいくしょ
53	相談室	そうだんしつ	80	観光案内所	かんこうあんないじょ
54	海外在住者	かいがいざいじゅうしゃ	81	研究所	けんきゅうじょ
55	高齢者	こうれいしゃ	82	停留所	ていりゅうじょ
56	作成者	さくせいしゃ	83	運転免許証	うんてんめんきょしょう
57	出演者	しゅつえんしゃ	84	会員証	かいいんしょう
58	上級者	じょうきゅうしゃ	85	学生証	がくせいしょう
59	初心者	しょしんしゃ	86	許可証	きょかしょう
60	設計者	せっけいしゃ	87	登録証	とうろくしょう
61	対象者	たいしょうしゃ	88	保険証	ほけんしょう
62	当事者	とうじしゃ	89	金賞	きんしょう
63	登録者	とうろくしゃ	90	文学賞	ぶんがくしょう
64	報道関係者	ほうどうかんけいしゃ	91	優秀賞	ゆうしゅうしょう
65	労働者	ろうどうしゃ	92	国際色	こくさいしょく
66	作品集	さくひんしゅう	93	政治色	せいじしょく
67	資料集	しりょうしゅう	94	アルファベット順	あるふぁべっとじゅん
68	単語集	たんごしゅう	95	年代順	ねんだいじゅん
69	企画書	きかくしょ	96	名簿順	めいぼじゅん
70	計画書	けいかくしょ	97	安全上	あんぜんじょう
71	証明書	しょうめいしょ	98	教育上	きょういくじょう
72	申請書	しんせいしょ	99	事実上	じじつじょう
73	報告書	ほうこくしょ	100	液体状	えきたいじょう

モリタン
33日目

3200〜3299／3434

接尾語

英語　中国語　インドネシア語
韓国語　ベトナム語　ミャンマー語
会員登録をして翻訳を見よう！

1	クリーム状	くりーむじょう
2	粒状	つぶじょう
3	スキー場	すきーじょう
4	駐輪場	ちゅうりんじょう
5	野球場	やきゅうじょう
6	調理場	ちょうりば
7	会員制	かいいんせい
8	会費制	かいひせい
9	予約制	よやくせい
10	安全性	あんぜんせい
11	可能性	かのうせい
12	危険性	きけんせい
13	柔軟性	じゅうなんせい
14	重要性	じゅうようせい
15	生産性	せいさんせい
16	多様性	たようせい
17	必要性	ひつようせい
18	方向性	ほうこうせい
19	音楽全般	おんがくぜんぱん
20	学問全般	がくもんぜんぱん
21	日本人全般	にほんじんぜんぱん
22	海沿い	うみぞい
23	海岸沿い	かいがんぞい

24	線路沿い	せんろぞい
25	教科書代	きょうかしょだい
26	電気代	でんきだい
27	プレゼント代	ぷれぜんとだい
28	応援団	おうえんだん
29	劇団	げきだん
30	選手団	せんしゅだん
31	空き地	あきち
32	観光地	かんこうち
33	現在地	げんざいち
34	候補地	こうほち
35	住宅地	じゅうたくち
36	目的地	もくてきち
37	リゾート地	りぞーとち
38	外出中	がいしゅつちゅう
39	期間中	きかんちゅう
40	休業中	きゅうぎょうちゅう
41	建築中	けんちくちゅう
42	今週中	こんしゅうちゅう
43	在学中	ざいがくちゅう
44	旅行中	りょこうちゅう
45	利用中	りようちゅう
46	電車賃	でんしゃちん

47	英語漬け	えいごづけ	74	案内板	あんないばん
48	勉強漬け	べんきょうづけ	75	ガラス板	がらすばん／がらすいた
49	練習漬け	れんしゅうづけ	76	掲示板	けいじばん
50	親子連れ	おやこづれ	77	建設費	けんせつひ
51	家族連れ	かぞくづれ	78	光熱費	こうねつひ
52	子ども連れ	こどもづれ	79	材料費	ざいりょうひ
53	書き手	かきて	80	修理費	しゅうりひ
54	聞き手	ききて	81	食費	しょくひ
55	働き手	はたらきて	82	郵送費	ゆうそうひ
56	話し手	はなして	83	寮費	りょうひ
57	読み手	よみて	84	座席表	ざせきひょう
58	絵画展	かいがてん	85	日程表	にっていひょう
59	写真展	しゃしんてん	86	予定表	よていひょう
60	特別展	とくべつてん	87	会社員風	かいしゃいんふう
61	疑問点	ぎもんてん	88	ビジネスマン風	びじねすまんふう
62	出発点	しゅっぱつてん	89	和風	わふう
63	注意点	ちゅういてん	90	営業部	えいぎょうぶ
64	変更点	へんこうてん	91	企画部	きかくぶ
65	問題点	もんだいてん	92	陸上部	りくじょうぶ
66	想定内	そうていない	93	印刷物	いんさつぶつ
67	データ内	でーたない	94	建築物	けんちくぶつ
68	予算内	よさんない	95	人工物	じんこうぶつ
69	9時発	くじはつ	96	対象物	たいしょうぶつ
70	東京駅発	とうきょうえきはつ	97	郵送物	ゆうそうぶつ
71	親離れ	おやばなれ	98	学年別	がくねんべつ
72	現実離れ	げんじつばなれ	99	種類別	しゅるいべつ
73	読書離れ	どくしょばなれ	100	地域別	ちいきべつ

モリタン
34日目

3300〜3399／3434

接尾語・慣用表現

英語　中国語　インドネシア語
韓国語　ベトナム語　ミャンマー語
会員登録をして翻訳を見よう！

1	健康法	けんこうほう		24	手数料	てすうりょう
2	操作法	そうさほう		25	影響力	えいきょうりょく
3	対処法	たいしょほう		26	学力	がくりょく
4	調理法	ちょうりほう		27	記憶力	きおくりょく
5	多め	おおめ		28	語学力	ごがくりょく
6	小さめ	ちいさめ		29	集中力	しゅうちゅうりょく
7	太め	ふとめ		30	主戦力	しゅせんりょく
8	引用元	いんようもと		31	生命力	せいめいりょく
9	送信元	そうしんもと		32	説得力	せっとくりょく
10	発信元	はっしんもと		33	読解力	どっかいりょく
11	就職率	しゅうしょくりつ		34	表現力	ひょうげんりょく
12	進学率	しんがくりつ		35	理解力	りかいりょく
13	成功率	せいこうりつ		36	労働力	ろうどうりょく
14	投票率	とうひょうりつ		37	食器類	しょっきるい
15	アメリカ流	あめりかりゅう		38	プラスチック類	ぷらすちっくるい
16	自分流	じぶんりゅう		39	割れ物類	われものるい
17	日本流	にほんりゅう		40	明日に回す	あしたにまわす
18	運動量	うんどうりょう		41	頭が下がる	あたまがさがる
19	作業量	さぎょうりょう		42	頭にくる	あたまにくる
20	消費量	しょうひりょう		43	頭に入る	あたまにはいる
21	生産量	せいさんりょう		44	あらゆる	
22	受講料	じゅこうりょう		45	一石二鳥	いっせきにちょう
23	使用料	しようりょう		46	腕に自信がある	うでにじしんがある

47	お金が絡む	おかねがからむ	74	単なる	たんなる
48	お金を下ろす	おかねをおろす	75	手一杯	ていっぱい
49	お金を崩す	おかねをくずす	76	手が空く	てがあく
50	感じが悪い	かんじがわるい	77	手に入れる	てにいれる
51	気が重くなる	きがおもくなる	78	手にする	てにする
52	気が利く	きがきく	79	手に付く	てにつく
53	気が済む	きがすむ	80	手に取る	てにとる
54	気がする	きがする	81	手に入る	てにはいる
55	気が散る	きがちる	82	手早い	てばやい
56	気が向く	きがむく	83	手を貸す	てをかす
57	気に入る	きにいる	84	長い目で見る	ながいめでみる
58	気にする	きにする	85	荷物を見る	にもつをみる
59	気になる	きになる	86	肌で感じる	はだでかんじる
60	興味を引く	きょうみをひく	87	話が合う	はなしがあう
61	気を使う	きをつかう	88	話が進む	はなしがすすむ
62	気を取られる	きをとられる	89	話を詰める	はなしをつめる
63	気を悪くする	きをわるくする	90	腹が立つ	はらがたつ
64	声を掛ける	こえをかける	91	一段落する	いちだんらくする
65	心を打つ	こころをうつ	92	古くから	ふるくから
66	午後一番	ごごいちばん	93	放っておく	ほうっておく
67	差し支えない	さしつかえない	94	ほんの	
68	しんとする		95	間が持つ	まがもつ
69	時間をつぶす	じかんをつぶす	96	幕を下ろす	まくをおろす
70	時間を取る	じかんをとる	97	間に合う	まにあう
71	席を外す	せきをはずす	98	身が入る	みがはいる
72	相談に乗る	そうだんにのる	99	見違える	みちがえる
73	大した	たいした	100	身に付く	みにつく

1	身に付ける	みにつける
2	耳にする	みみにする
3	耳に入る	みみにはいる
4	耳を傾ける	みみをかたむける
5	目にする	めにする
6	目に付く	めにつく
7	目に触れる	めにふれる
8	目の付け所	めのつけどころ
9	目を付ける	めをつける
10	目を通す	めをとおす
11	油断大敵	ゆだんたいてき
12	足を運ぶ	あしをはこぶ
13	いらっしゃる	
14	伺う	うかがう
15	お預かりする	おあずかりする
16	お構いなく。	おかまいなく。
17	お気持ち	おきもち
18	お客様各位	おきゃくさまかくい
19	お越しになる	おこしになる
20	恐れ入りますが、	おそれいりますが、
21	お返事をいだたく	おへんじをいただく
22	お待ちです。	おまちです。
23	お見えになる	おみえになる

24	貴店	きてん
25	恐縮です。	きょうしゅくです。
26	ご遠慮いただきます。	ごえんりょいただきます。
27	ご存じです。	ごぞんじです。
28	ご担当者様	ごたんとうしゃさま
29	ご覧になる	ごらんになる
30	先ほど	さきほど
31	大変失礼いたしました。	たいへんしつれいいたしました。
32	弊社	へいしゃ
33	参る	まいる
34	召し上がる	めしあがる
35	申し上げる	もうしあげる

問題の形式は、全部で6種類あります。（問題数は変動する可能性があります。）

問題1 もんだい	漢字読み かんじよ	5問 もん
問題2 もんだい	表記 ひょうき	5問 もん
問題3 もんだい	語形成 ごけいせい	3問 もん
問題4 もんだい	文脈規定 ぶんみゃくきてい	7問 もん
問題5 もんだい	言い換え類義 いかるいぎ	5問 もん
問題6 もんだい	用法 ようほう	5問 もん

1 漢字読み

○問題1（例）

> 問題1　_____の言葉の読み方として最もよいものを、1・2・3・4から一つ選びなさい。
>
> 1 支払いを証明できるものをお持ちください。
>
> 　1　せめい　　　　　2　しょうめい　　　　3　せいめい　　　　4　しょめい
>
> 2 教室に人を集める。
>
> 　1　もとめる　　　　2　まとめる　　　　　3　あつめる　　　　4　おさめる

正答　①2　②3

問題1では、漢字の読み方を答える問題が5問出題されます。選択肢の中には、迷うものがたくさんあると思います。音読みや訓読み、長音（ー）促音（っ）濁音（゛）半濁音（゜）などに注意しながら、読み方を確認していきましょう。

○間違いやすい例

・証明→しょうめい（○）、しょめい（×）　　・上級→じょうきゅう（○）、しょうきゅう（×） ・実際→じっさい（○）、じつさい（×）　　　・完璧→かんぺき（○）、かんへき（×） ・花束→はなたば（○）、かそく（×）

問題1 _____の言葉の読み方として最もよいものを、1・2・3・4から一つ選びなさい。

1 彼の作品は必ず賞を取るだろう。

1 じょう 　　　　 2 しょ 　　　　 3 しょう 　　　　 4 じょ

2 彼はミスをしないように、注意してお札を数えた。

1 さつ 　　　　 2 ざつ 　　　　 3 れい 　　　　 4 らい

3 彼女が歩いている姿が窓から見えた。

1 すかた 　　　　 2 すがた 　　　　 3 すがだ 　　　　 4 すかだ

4 草は根から抜かないと、すぐに生えてきてしまう。

1 は 　　　　 2 みき 　　　　 3 ね 　　　　 4 くき

5 週末、彼女と劇を観に行く予定だ。

1 げぐ 　　　　 2 げく 　　　　 3 げぎ 　　　　 4 げき

6 木造のアパートは家賃が安い。

1 もくそう 　　　　 2 きぞう 　　　　 3 もくぞう 　　　　 4 きそう

7 自分のかさがどれかわかるように目印をつけた。

1 めしるし 　　　　 2 めじるし 　　　　 3 もくいん 　　　　 4 ぼくいん

8 彼女はオリンピック出場選手の候補に選ばれた。

1 こうほ 　　　　 2 こうほう 　　　　 3 こほう 　　　　 4 こほ

9 ガラスの破片で指を切ってしまった。

1 はぺん 　　　　 2 はべん 　　　　 3 はへん 　　　　 4 はっぺん

10 かぜを予防するために、マスクを買った。

1 ようほう 　　　　 2 よほう 　　　　 3 ようぼう 　　　　 4 よぼう

正答 　①3 　②1 　③2 　④3 　⑤4 　⑥3 　⑦2 　⑧1 　⑨3 　⑩4

問題1　＿＿＿＿の言葉の読み方として最もよいものを、1・2・3・4から一つ選びなさい。

1 公共の場ではマナーを守りましょう。
1　こきょう　　　　2　こうきょう　　　3　こうきょ　　　　4　こきょ

2 昔聴いていた曲を聴くと、そのころの情景が目に浮かぶ。
1　じょけ　　　　　2　じょうけ　　　　3　じょうけい　　　4　じょけい

3 飛行機には安全を守るための装置がある。
1　そうち　　　　　2　そち　　　　　　3　そうぢ　　　　　4　そぢ

4 涼しい日が続き、秋の気配が感じられる。
1　きはい　　　　　2　けはい　　　　　3　きくばり　　　　4　けくばり

5 使われていない民家をレストランとして利用する。
1　たみいえ　　　　2　みんけ　　　　　3　みんか　　　　　4　たみか

6 上司に仕事の現状を報告した。
1　げんしょう　　　2　げんじょう　　　3　げんじょ　　　　4　げんしょ

7 すぐ入居できる部屋を探しています。
1　にゅうきょ　　　2　にゅうこ　　　　3　にゅきょ　　　　4　にゅこ

8 お金が入った封筒を彼に渡した。
1　ふとう　　　　　2　ふうとう　　　　3　ほうとう　　　　4　ほと

9 この調査は女性を対象に行っています。
1　だいしょ　　　　2　たいしょ　　　　3　だいしょう　　　4　たいしょう

10 家の近くで火災が起きたようだ。
1　かさい　　　　　2　かざい　　　　　3　ひさい　　　　　4　ひざい

正答　①2　②3　③1　④2　⑤3　⑥2　⑦1　⑧2　⑨4　⑩1

問題1 _____の言葉の読み方として最もよいものを、1・2・3・4から一つ選びなさい。

1 大学では文学を<u>専攻</u>していました。
　　1　すんこう　　　　2　せんこう　　　　3　せんこ　　　　4　すんこ

2 おなかの調子が悪いので、内科を<u>受診</u>した。
　　1　しゅじん　　　　2　じゅうしん　　　3　じゅしん　　　4　しゅうじん

3 新しく工場を建てる場所へ<u>視察</u>に行った。
　　1　しさつ　　　　　2　しさい　　　　　3　けんさつ　　　4　けんさい

4 昼食は<u>持参</u>してください。
　　1　じせん　　　　　2　たいさん　　　　3　じさん　　　　4　たいせん

5 スピードの出しすぎは危険だと<u>警告</u>された。
　　1　かんこく　　　　2　けいこく　　　　3　けいごく　　　4　かんごく

6 彼女は小さな部品を<u>製造</u>する工場で働いている。
　　1　せいぞ　　　　　2　せぞ　　　　　　3　せぞう　　　　4　せいぞう

7 新しい働き方について<u>講演</u>する。
　　1　こうえん　　　　2　こえん　　　　　3　ごうえん　　　4　ごえん

8 国の人口が<u>増加</u>している。
　　1　じょうか　　　　2　ぞか　　　　　　3　ぞうか　　　　4　じょか

9 次のページにあるグラフを<u>参照</u>してください。
　　1　さんじょ　　　　2　さんしょ　　　　3　さんじょう　　4　さんしょう

10 寒くなってきたので夏服を箱に<u>収納</u>する。
　　1　しゅうのう　　　2　しゅうの　　　　3　しゅのう　　　4　しゅの

正答　①2　②3　③1　④3　⑤2　⑥4　⑦1　⑧3　⑨4　⑩1

問題1　＿＿＿＿の言葉の読み方として最もよいものを、1・2・3・4から一つ選びなさい。

1 二人で協力してテントを張る。

1　きる　　　　　　2　はる　　　　　　3　ふる　　　　　　4　おる

2 運動しているときは、十分な水分を補うと良い。

1　うしなう　　　　2　まかなう　　　　3　おぎなう　　　　4　やしなう

3 お気に入りの服が破れてしまった。

1　こわれて　　　　2　よごれて　　　　3　みだれて　　　　4　やぶれて

4 事故を防ぐための方法を考える。

1　ふさぐ　　　　　2　つなぐ　　　　　3　かせぐ　　　　　4　ふせぐ

5 この内容は一部を除いて全て真実です。

1　のぞいて　　　　2　はぶいて　　　　3　のいて　　　　　4　ぬいて

6 うっかり服を汚してしまった。

1　なくして　　　　2　よごして　　　　3　つぶして　　　　4　はなして

7 小学生に限り、入場料は無料です。

1　くぎり　　　　　2　はまり　　　　　3　かぎり　　　　　4　わたり

8 部長の送別会を催す。

1　しるす　　　　　2　ためす　　　　　3　もよおす　　　　4　はなす

9 駅前でチラシを配っている。

1　くばって　　　　2　やぶって　　　　3　しまって　　　　4　はらって

10 友達に勧められて、ランニングを始めた。

1　みとめられて　　2　すすめられて　　3　ほめられて　　　4　もとめられて

正答 ①2　②3　③4　④4　⑤1　⑥2　⑦3　⑧3　⑨1　⑩2

問題1 ＿＿＿＿の言葉の読み方として最もよいものを、1・2・3・4から一つ選びなさい。

1 事実に基づいて記事を書く。

    1　かんづいて　　　　2　ひもづいて　　　　3　もとづいて　　　　4　きづいて

2 親の期待に応えるために努力する。

    1　そえる　　　　　　2　たえる　　　　　　3　ひかえる　　　　　4　こたえる

3 私と妹は、顔はそっくりだが性格は異なる。

    1　つらなる　　　　　2　かさなる　　　　　3　さらなる　　　　　4　ことなる

4 組織のルールを改める。

    1　あつめる　　　　　2　さだめる　　　　　3　あらためる　　　　4　まとめる

5 国に税金を納める。

    1　ためる　　　　　　2　おさめる　　　　　3　もとめる　　　　　4　ふくめる

6 彼は言葉づかいが荒い。

    1　つよい　　　　　　2　わるい　　　　　　3　あらい　　　　　　4　きつい

7 ストレッチをしないと体が硬くなる。

    1　にぶく　　　　　　2　かたく　　　　　　3　つらく　　　　　　4　おもく

8 このお茶は渋くて飲めない。

    1　あまくて　　　　　2　くどくて　　　　　3　しぶくて　　　　　4　まずくて

9 最近怖い夢ばかり見る。

    1　わるい　　　　　　2　こわい　　　　　　3　くらい　　　　　　4　ひどい

10 資料を印刷したが、文字が薄くて読めない。

    1　あさくて　　　　　2　ほそくて　　　　　3　よわくて　　　　　4　うすくて

正答 ①3　②4　③4　④3　⑤2　⑥3　⑦2　⑧3　⑨2　⑩4

90

問題1　＿＿＿の言葉の読み方として最もよいものを、1・2・3・4から一つ選びなさい。

1 頭が<u>激しく</u>痛むので、病院へ行った。

　　1　めずらしく　　　2　あやしく　　　　3　はげしく　　　4　いそがしく

2 彼女ほどリーダーに<u>相応しい</u>人はいない。

　　1　くわしい　　　　2　ふさわしい　　　3　したしい　　　4　このましい

3 彼らはこの一年で<u>著しく</u>成長した。

　　1　かわいらしく　　2　うらやましく　　3　いちじるしく　　4　すばらしく

4 今週は<u>厳しい</u>暑さが続くでしょう。

　　1　くるしい　　　　2　きびしい　　　　3　おかしい　　　4　めずらしい

5 全力で走ったので、息が<u>苦しい</u>。

　　1　まずしい　　　　2　とぼしい　　　　3　あやしい　　　4　くるしい

6 スタッフが<u>柔軟</u>に対応してくれた。

　　1　じょうねん　　　2　じょうなん　　　3　じゅうなん　　　4　じゅうねん

7 皆様の<u>率直</u>な意見を聞かせてください。

　　1　そっちく　　　　2　そっちょく　　　3　りっちょく　　　4　りっちく

8 そばもラーメンも食べたいなんて、<u>欲張り</u>なことを言うな。

　　1　ようばり　　　　2　よくはり　　　　3　よくばり　　　4　ようはり

9 このラーメン屋さんは<u>濃厚</u>なスープが有名らしい。

　　1　のうこう　　　　2　のこう　　　　　3　のうごう　　　4　のごう

10 こんな<u>単純</u>な計算も間違えるなんて恥ずかしい。

　　1　だんじゅん　　　2　たんじゅん　　　3　たんじゅ　　　4　だんじゅ

正答　①3　②2　③3　④2　⑤4　⑥3　⑦2　⑧3　⑨1　⑩2

問題1 ＿＿＿＿の言葉の読み方として最もよいものを、1・2・3・4から一つ選びなさい。

1 出発時間が、大幅に変更された。
  1　だいふく　　　　2　だいはば　　　　3　おおはば　　　　4　おおふく

2 今年は雨が少なく、深刻な水不足となった。
  1　じんこく　　　　2　しんごく　　　　3　しんこく　　　　4　じんごく

3 海で遊んでいたら、巨大なたこが現れた。
  1　きょうだい　　　2　きょだい　　　　3　きょうたい　　　4　きょたい

4 この地域は、魚や貝が豊富にとれることで有名だ。
  1　ほうぶ　　　　　2　ほふ　　　　　　3　ほうふ　　　　　4　ほぶ

5 安価な食材を使って、おいしい料理を作るのが得意だ。
  1　やすね　　　　　2　やすか　　　　　3　あんね　　　　　4　あんか

6 久しぶりの旅行を存分に楽しみたい。
  1　そんぶん　　　　2　ぞんぶん　　　　3　ぞんふん　　　　4　そんふん

7 伊藤さんは、食べ物に全く関心がない。
  1　しばらく　　　　2　ひどく　　　　　3　まったく　　　　4　あいにく

8 今回の調査で、実におもしろい発見があった。
  1　みつ　　　　　　2　み　　　　　　　3　じつ　　　　　　4　じ

9 では早速、作業を始めましょう。
  1　さっそく　　　　2　そっそく　　　　3　そっそう　　　　4　さっそう

10 祖母からもらった指輪を常に身に着けている。
  1　じょう　　　　　2　つね　　　　　　3　じゅう　　　　　4　づね

正答　①3　②3　③2　④3　⑤4　⑥2　⑦3　⑧3　⑨1　⑩2

2 表記
ひょうき

○問題2（例）
もんだい　れい

問題2　＿＿＿＿の言葉を漢字で書くとき、最もよいものを1・2・3・4から一つ選びなさい。

[1] 新しいきかくを考えた。

　　1　企画　　　　　　2　止画　　　　　　3　企各　　　　　　4　止各

正答　1

問題2では、漢字の形を答える問題が5問出題されます。選択肢の中には、似ている形の漢字や読み方
が同じで意味が違う漢字がよく出されます。きちんと漢字の形と意味を覚えましょう。

問題2 _____の言葉を漢字で書くとき、最もよいものを1・2・3・4から一つ選びなさい。

1 自分でやると決めたからには、もう<u>まよい</u>はない。

    1 避い   2 運い   3 追い   4 迷い

2 この卵は大自然の<u>めぐみ</u>の中で育ちました。

    1 怠み   2 志み   3 恵み   4 患み

3 たくさん食べて<u>おなか</u>がいっぱいになった。

    1 お腹   2 お復   3 お福   4 お服

4 食生活の<u>みだれ</u>は、様々な体調不良を引き起こす。

    1 舐れ   2 乱れ   3 礼れ   4 舌れ

5 <u>あしこし</u>を強くするために、毎日5キロ歩いている。

    1 足腰   2 足脚   3 足腕   4 足腹

6 かぜをひいたので、<u>しはん</u>の薬を飲んだ。

    1 市版   2 市反   3 市阪   4 市販

7 家から学校までの<u>きょり</u>はどのくらいですか。

    1 距里   2 拒離   3 距離   4 拒里

8 有名な<u>きぎょう</u>に就職することになった。

    1 企行   2 企業   3 企迎   4 企形

9 この<u>ちいき</u>には、めずらしい動物がたくさんいる。

    1 地域   2 池或   3 地或   4 池域

10 新しくできたケーキ屋さんは<u>ひょうばん</u>が良い。

    1 評半   2 平半   3 評判   4 平判

正答 ①4 ②3 ③1 ④2 ⑤1 ⑥4 ⑦3 ⑧2 ⑨1 ⑩3

問題2 　　　　の言葉を漢字で書くとき、最もよいものを1・2・3・4から一つ選びなさい。

1 台風のひがいはそれほど受けなかった。

1　被割　　　　　　2　費害　　　　　　3　費割　　　　　　4　被害

2 きんにくをつけるため、ジムに通っている。

1　肋肉　　　　　　2　筋肉　　　　　　3　肌肉　　　　　　4　節肉

3 勉強に集中できるかんきょうを整える。

1　観境　　　　　　2　環響　　　　　　3　環境　　　　　　4　観響

4 えいようをたくさんとって、たくさん寝ましょう。

1　蛍養　　　　　　2　栄養　　　　　　3　栄義　　　　　　4　蛍義

5 うそをついている人は、たいどでわかる。

1　態度　　　　　　2　熊度　　　　　　3　態渡　　　　　　4　熊渡

6 ここに名前とねんれいを書いてください。

1　年例　　　　　　2　年令　　　　　　3　年齢　　　　　　4　年列

7 クラスメイトのせいえんが聞こえる。

1　声暖　　　　　　2　声援　　　　　　3　声授　　　　　　4　声緩

8 毎日5キロ走ることがもくひょうだ。

1　目評　　　　　　2　目票　　　　　　3　目表　　　　　　4　目標

9 何をするにも、けんこうが一番大切だ。

1　健糠　　　　　　2　建康　　　　　　3　健康　　　　　　4　建糠

10 この学校のでんとうは今も守られている。

1　伝統　　　　　　2　伝承　　　　　　3　云統　　　　　　4　云承

正答 ①4　②2　③3　④2　⑤1　⑥3　⑦2　⑧4　⑨3　⑩1

問題2 _____の言葉を漢字で書くとき、最もよいものを1・2・3・4から一つ選びなさい。

1 この島の<u>しゅうい</u>は砂浜で囲まれている。
  1 週井   2 周囲   3 週囲   4 周井

2 研究者のおかげで、<u>いりょう</u>が進歩した。
  1 医僚   2 医寮   3 医療   4 医潦

3 地球上の<u>しげん</u>は限られている。
  1 賢原   2 資原   3 賢源   4 資源

4 歩いていたら、<u>けいさつ</u>に声をかけられた。
  1 警察   2 警擦   3 刑察   4 刑擦

5 昨日、薬を飲んだ<u>きおく</u>がない。
  1 気憶   2 記憶   3 気億   4 記億

6 会社から少し遠いけど、<u>りょうひ</u>は無料です。
  1 寮批   2 僚批   3 僚費   4 寮費

7 家で犬と遊んでいるとき、<u>こうふく</u>を感じる。
  1 幸副   2 幸福   3 辛福   4 辛副

8 会社で<u>そうむ</u>として4年間勤務した。
  1 装努   2 装務   3 総務   4 総努

9 様々な<u>してん</u>から、物事を考えてみる。
  1 視点   2 規点   3 親点   4 観点

10 商品の<u>きんがく</u>を確認する。
  1 金格   2 金額   3 金閣   4 金絡

正答　①2　②3　③4　④1　⑤2　⑥4　⑦2　⑧3　⑨1　⑩2

問題2　＿＿＿＿の言葉を漢字で書くとき、最もよいものを1・2・3・4から一つ選びなさい。

1 兄と自分の給料を<u>ひかく</u>する。

1　批較　　　　　2　比絞　　　　　3　比較　　　　　4　批絞

2 使ったお金を全て<u>せいさん</u>する。

1　静算　　　　　2　精算　　　　　3　情算　　　　　4　請算

3 大阪支社で<u>きんむ</u>しています。
<small>おおさか</small>

1　働矛　　　　　2　働務　　　　　3　勤矛　　　　　4　勤務

4 相手の気持ちを<u>そうぞう</u>する。

1　相像　　　　　2　想象　　　　　3　想像　　　　　4　相象

5 部長はみんなから<u>しんらい</u>されている。

1　信頼　　　　　2　信瀬　　　　　3　価頼　　　　　4　価瀬

6 新しい社員を<u>やとう</u>ことにした。

1　顧う　　　　　2　雇う　　　　　3　遍う　　　　　4　偏う

7 先生の言葉が心に<u>ひびいた</u>。

1　韻いた　　　　2　鳴いた　　　　3　響いた　　　　4　吹いた

8 良い大学を卒業して良い仕事に<u>つきたい</u>。

1　仕きたい　　　2　職きたい　　　3　就きたい　　　4　従きたい

9 困ったらいつでも<u>たよって</u>ください。

1　額って　　　　2　項って　　　　3　預って　　　　4　頼って

10 家の前の落ち葉をほうきで<u>はく</u>。

1　払く　　　　　2　掃く　　　　　3　拭く　　　　　4　拍く

正答 ①3　②2　③4　④3　⑤1　⑥2　⑦3　⑧3　⑨4　⑩2

問題2 ＿＿＿＿の言葉を漢字で書くとき、最もよいものを1・2・3・4から一つ選びなさい。

1 いちごはビタミンを多く<u>ふくむ</u>果物だ。

1 加む　　　　　2 込む　　　　　3 含む　　　　　4 混む

2 誕生日パーティーに<u>まねかれた</u>。

1 昭かれた　　　2 召かれた　　　3 紹かれた　　　4 招かれた

3 上司の命令には<u>したがう</u>べきだ。

1 徒う　　　　　2 促う　　　　　3 従う　　　　　4 縦う

4 友達とテストの点数を<u>きそう</u>。

1 争う　　　　　2 競う　　　　　3 戦う　　　　　4 抗う

5 学校帰りにコンビニに<u>よる</u>。

1 拠る　　　　　2 奇る　　　　　3 処る　　　　　4 寄る

6 日本人でも漢字を<u>まちがう</u>ことはよくある。

1 間違う　　　　2 間偉う　　　　3 問違う　　　　4 問偉う

7 時間が<u>すぎる</u>のは早いものですね。

1 通ぎる　　　　2 込ぎる　　　　3 道ぎる　　　　4 過ぎる

8 外国での生活にやっと<u>なれて</u>きた。

1 慢れて　　　　2 惰れて　　　　3 慣れて　　　　4 情れて

9 30年以上、同じ会社に<u>つとめて</u>いる。

1 労めて　　　　2 勤めて　　　　3 働めて　　　　4 仕めて

10 雨の日は服がなかなか<u>かわかない</u>。

1 干かない　　　2 幹かない　　　3 乾かない　　　4 汗かない

正答 ①3　②4　③3　④2　⑤4　⑥1　⑦4　⑧3　⑨2　⑩3

問題2　＿＿＿の言葉を漢字で書くとき、最もよいものを1・2・3・4から一つ選びなさい。

1 近くの人に助けを<u>もとめた</u>。

1　救めた　　　　2　求めた　　　　3　氷めた　　　　4　泳めた

2 体重を<u>へらす</u>ために運動を始めた。

1　誠らす　　　　2　滅らす　　　　3　減らす　　　　4　憾らす

3 大切に育てていた花が<u>かれて</u>しまった。

1　杯れて　　　　2　朽れて　　　　3　朴れて　　　　4　枯れて

4 虫歯になって、歯が<u>ぬけて</u>しまった。

1　抜けて　　　　2　打けて　　　　3　扱けて　　　　4　技けて

5 この一年で、社員が二倍に<u>ふえた</u>。

1　憎えた　　　　2　増えた　　　　3　僧えた　　　　4　贈えた

6 <u>あまい</u>ものを食べすぎて太ってしまった。

1　甘い　　　　　2　苦い　　　　　3　渋い　　　　　4　濃い

7 犬は<u>かしこい</u>動物だ。

1　貢い　　　　　2　賢い　　　　　3　賀い　　　　　4　貨い

8 <u>おさない</u>ころからずっと歌手になるのが夢だった。

1　効い　　　　　2　功い　　　　　3　助い　　　　　4　幼い

9 家の近くで<u>おそろしい</u>事件が起きた。

1　怠ろしい　　　2　忌ろしい　　　3　恐ろしい　　　4　惑ろしい

10 彼女は困ったときに助けてくれる<u>たのもしい</u>存在だ。

1　預もしい　　　2　頼もしい　　　3　頂もしい　　　4　題もしい

正答　①2　②3　③4　④1　⑤2　⑥1　⑦2　⑧4　⑨3　⑩2

問題2 ＿＿＿の言葉を漢字で書くとき、最もよいものを1・2・3・4から一つ選びなさい。

1 この部屋は広くて<u>かいてき</u>だ。

1　決適　　　　　2　決滴　　　　　3　快滴　　　　　4　快適

2 娘が実家を出ることになり、<u>ふくざつ</u>な気持ちになった。

1　複雑　　　　　2　復雑　　　　　3　複酔　　　　　4　復酔

3 私は泳ぐのが<u>とくい</u>です。

1　得億　　　　　2　得意　　　　　3　特意　　　　　4　特億

4 子どもの前で<u>かげき</u>な発言はしないでください。

1　過劇　　　　　2　渦劇　　　　　3　過激　　　　　4　渦激

5 彼は頭も良くて性格も良い<u>かんぺき</u>な人だ。

1　完璧　　　　　2　完壁　　　　　3　完避　　　　　4　完癖

6 より<u>いっそう</u>努力して参ります。

1　一憎　　　　　2　一増　　　　　3　一層　　　　　4　一贈

7 パーティーなので、<u>ふだん</u>は着ない服を着た。

1　昔投　　　　　2　普段　　　　　3　普投　　　　　4　昔段

8 値段の<u>わり</u>に良い商品だ。

1　割　　　　　　2　別　　　　　　3　利　　　　　　4　制

9 問題が起きたら、<u>そくざ</u>に対応するべきだ。

1　印座　　　　　2　即座　　　　　3　即底　　　　　4　印底

10 <u>かり</u>に今回うまくいったとしても、次も成功(せいこう)するとは限らない。

1　返　　　　　　2　反　　　　　　3　仮　　　　　　4　板

正答　①4　②1　③2　④3　⑤1　⑥3　⑦2　⑧1　⑨2　⑩3

3 語形成
ご けい せい

○**問題3（例）**
もん だい　れい

問題3　（　　　）に入れるのに最もよいものを、1・2・3・4から一つ選びなさい。

1 リサイクルショップで（　　　）使用の携帯を買う。

1 無　　　　　2 未　　　　　3 非　　　　　4 準

正答　2

問題3では、単語の一部が（　　　）になっていて、そこに何が入るかが問われる問題です。上の例では「使用」という単語には「未」という漢字が付いて「未使用＝まだ使っていない」という意味の単語になります。このように、単語の前や後ろに漢字や言葉が付くとき、セットになるものが決まっています。このセットをきちんと覚えておきましょう。

問題3 （　　　）に入れるのに最もよいものを、1・2・3・4から一つ選びなさい。

1 職員会議で（　　　）校舎を取り壊すことが決まった。

1 古　　　　　　2 旧　　　　　　3 昔　　　　　　4 去

2 卵の（　　　）成分はタンパク質である。

1 本　　　　　　2 元　　　　　　3 主　　　　　　4 源

3 （　　　）町長は町のみんなから愛されていた。

1 古　　　　　　2 旧　　　　　　3 先　　　　　　4 前

4 レポートを修正して（　　　）提出してください。

1 再　　　　　　2 来　　　　　　3 最　　　　　　4 次

5 彼女は（　　　）新しい服を着て、うれしそうに出かけて行った。

1 本　　　　　　2 真　　　　　　3 正　　　　　　4 生

6 この仕事は、（　　　）経験の方でも簡単にできる仕事です。

1 不　　　　　　2 未　　　　　　3 無　　　　　　4 非

7 彼が遅刻してきたことは、私にとって（　　　）都合だった。

1 合　　　　　　2 良　　　　　　3 好　　　　　　4 上

8 （　　　）決勝で去年の優勝チームと戦うことになっている。

1 前　　　　　　2 準　　　　　　3 次　　　　　　4 副

9 （　　　）学期もオンライン授業が続くそうだ。

1 来　　　　　　2 次　　　　　　3 先　　　　　　4 後

10 彼はこの日本語クラスで（　　　）年少だが成績はトップだ。

1 最　　　　　　2 先　　　　　　3 主　　　　　　4 高

正答 ①2　②3　③4　④1　⑤2　⑥2　⑦3　⑧2　⑨1　⑩1

問題3　（　　　）に入れるのに最もよいものを、1・2・3・4から一つ選びなさい。

1 この村の（　　　）人口は約1000人だ。

　　1　高　　　　　　　2　総　　　　　　　3　各　　　　　　　4　合

2 この動画は昨日から（　　　）公開になっている。

　　1　不　　　　　　　2　前　　　　　　　3　非　　　　　　　4　無

3 （　　　）段階ではイベントを中止する予定です。

　　1　先　　　　　　　2　今　　　　　　　3　最　　　　　　　4　現

4 （　　　）自動の洗濯機を買ってから、家事が楽になった。

　　1　全　　　　　　　2　総　　　　　　　3　完　　　　　　　4　統

5 寝ているとき、目が（　　　）開きになってしまう。

　　1　短　　　　　　　2　中　　　　　　　3　半　　　　　　　4　無

6 （　　　）医師の先生が講演会を開いてくださった。

　　1　前　　　　　　　2　元　　　　　　　3　古　　　　　　　4　旧

7 彼は（　　　）笑いを浮かべてこちらを見ている。

　　1　小　　　　　　　2　少　　　　　　　3　薄　　　　　　　4　短

8 このカフェは、先月日本に（　　　）上陸した。

　　1　現　　　　　　　2　初　　　　　　　3　一　　　　　　　4　始

9 健康のために（　　　）カロリーの食品を買うようにしている。

　　1　短　　　　　　　2　小　　　　　　　3　少　　　　　　　4　低

10 このアニメは、主人公が（　　　）世界に行ってしまうという物語だ。

　　1　先　　　　　　　2　次　　　　　　　3　異　　　　　　　4　違

正答　①2　②3　③4　④1　⑤3　⑥2　⑦3　⑧2　⑨4　⑩3

問題3 （　　　）に入れるのに最もよいものを、1・2・3・4から一つ選びなさい。

1 こちらに勤務（　　　）の住所をご記入ください。

1　場　　　　　　2　元　　　　　　3　先　　　　　　4　部

2 資料には、データの引用（　　　）を必ず書いてください。

1　発　　　　　　2　元　　　　　　3　地　　　　　　4　原

3 組み立て（　　　）のベッドを買った。

1　式　　　　　　2　性　　　　　　3　質　　　　　　4　類

4 節約したおかげで、今月の光熱（　　　）を抑えることができた。

1　代　　　　　　2　費　　　　　　3　賃　　　　　　4　値

5 割れないように、食器（　　　）は包装してこの箱に入れてください。

1　式　　　　　　2　集　　　　　　3　種　　　　　　4　類

6 このレストランは店の雰囲気も味も和（　　　）だ。

1　類　　　　　　2　感　　　　　　3　風　　　　　　4　色

7 遊びのルールには、多少の地域（　　　）がある。

1　異　　　　　　2　差　　　　　　3　分　　　　　　4　違

8 液体（　　　）のものは、飛行機の中に持ち込むことはできない。

1　状　　　　　　2　形　　　　　　3　感　　　　　　4　質

9 電気（　　　）を払い忘れて、電気を止められてしまった。

1　金　　　　　　2　費　　　　　　3　代　　　　　　4　賃

10 ここにある本はアルファベット（　　　）に並んでいる。

1　版　　　　　　2　順　　　　　　3　制　　　　　　4　式

正答　①3　②2　③1　④2　⑤4　⑥3　⑦2　⑧1　⑨3　⑩2

問題3　（　　　　）に入れるのに最もよいものを、1・2・3・4から一つ選びなさい。

1　奨学（しょうがく）（　　　　）をもらいながら大学に通っている。

　　1　費　　　　　　　2　料　　　　　　　3　金　　　　　　　4　代

2　変更（　　　　）をいくつかお伝えします。

　　1　点　　　　　　　2　所　　　　　　　3　化　　　　　　　4　状

3　部屋（　　　　）のままコンビニへ行っておにぎりを買った。

　　1　服　　　　　　　2　着　　　　　　　3　被　　　　　　　4　付

4　彼の仕事の進め方は、いかにも日本（　　　　）だ。

　　1　観　　　　　　　2　順　　　　　　　3　流　　　　　　　4　法

5　この建物に入るときは、入場許可（　　　　）を提示（ていじ）してください。

　　1　賞　　　　　　　2　型　　　　　　　3　状　　　　　　　4　証

6　一週間以内に見積（　　　　）をお送りします。

　　1　書　　　　　　　2　券　　　　　　　3　章　　　　　　　4　物

7　全国のコンビニの数を地域（　　　　）にグラフにした。

　　1　差　　　　　　　2　別　　　　　　　3　部　　　　　　　4　界

8　聞き（　　　　）の興味（きょうみ）がわくような話をする。

　　1　耳　　　　　　　2　手　　　　　　　3　口　　　　　　　4　目

9　参加（　　　　）のイベントの方が盛り上がる。

　　1　型　　　　　　　2　流　　　　　　　3　状　　　　　　　4　類

10　この美容院は予約（　　　　）となっています。

　　1　業　　　　　　　2　決　　　　　　　3　限　　　　　　　4　制

正答　①3　②1　③2　④3　⑤4　⑥1　⑦2　⑧2　⑨1　⑩4

問題3 （　　　）に入れるのに最もよいものを、1・2・3・4から一つ選びなさい。

1 彼は病気で活動を休むと発表したが、これは事実（　　　）の引退だろう。

1　外　　　　　　　2　内　　　　　　　3　下　　　　　　　4　上

2 生徒は教師の管理（　　　）で、安全に登校しています。

1　下　　　　　　　2　上　　　　　　　3　中　　　　　　　4　内

3 京都府（きょうとふ）は日本で最もコーヒーの消費（　　　）が多いところです。

1　集　　　　　　　2　点　　　　　　　3　量　　　　　　　4　力

4 彼と決勝で戦うのは想定（　　　）だ。

1　元　　　　　　　2　内　　　　　　　3　発　　　　　　　4　状

5 価値（　　　）が合う人と結婚したい。

1　感　　　　　　　2　点　　　　　　　3　性　　　　　　　4　観

6 新しく入ってきたばかりなのに、もう売り（　　　）になってしまった。

1　切れ　　　　　　2　消え　　　　　　3　去り　　　　　　4　飛び

7 昨日からかぜ（　　　）で、食欲もない。

1　がち　　　　　　2　ぎれ　　　　　　3　気味（ぎみ）　　　　4　一色（いっしょく）

8 インターネットの発達による若者の読書（　　　）が問題になっている。

1　忘れ（わすれ）　　2　別れ（わかれ）　　3　逃げ（にげ）　　4　離れ（ばなれ）

9 宿題をしなかったので、夏休み（　　　）から先生にしかられてしまった。

1　明（あ）け　　　　2　入（い）り　　　　3　開（あ）け　　　　4　出（だ）し

10 海岸（　　　）に新しいレストランができた。

1　沿（ぞ）い　　　　2　並（な）み　　　　3　付（づ）き　　　　4　過（す）ぎ

正答　①4　②1　③3　④2　⑤4　⑥1　⑦3　⑧4　⑨1　⑩1

4 文脈規定

○問題4（例）

問題4　（　　　）に入れるのに最もよいものを、1・2・3・4から一つ選びなさい。

1 強い風で落ちた桜の花が川の上に（　　　）いる。

　　1 被って　　　　2 倒れて　　　　3 溶けて　　　　4 浮いて

正答　4

問題4では、（　　　）の中にぴったり当てはまる言葉を選ぶ問題が7問出題されます。4つの選択肢は意味が似ている言葉になっていることが多いです。単語一つ一つの意味をしっかりと理解しておきましょう。

問題4 （　　　）に入れるのに最もよいものを、1・2・3・4から一つ選びなさい。

1 プロのサッカー選手になって（　　　）を立てるのが私の夢だ。
1 家計　　　　　2 生活　　　　　3 設計　　　　　4 生計

2 芸能人には（　　　）のマネージャーがいることが一般的だ。
1 選出　　　　　2 所属　　　　　3 専属　　　　　4 関連

3 健康の（　　　）を作るためには、食事と運動が欠かせない。
1 屋根　　　　　2 土台　　　　　3 姿勢　　　　　4 外見

4 警察に事件の（　　　）について聞いた。
1 設計　　　　　2 専門　　　　　3 現象　　　　　4 詳細

5 社長は体調不良で外出できないため、私が（　　　）で会議に参加した。
1 変化　　　　　2 移行　　　　　3 代理　　　　　4 代用

6 （　　　）を込めて言ったわけではないことはわかっているが、彼の一言で私は落ち込んだ。
1 悪意　　　　　2 苦情　　　　　3 機嫌　　　　　4 欠点

7 （　　　）を身につけることは、いろんな人と関わる上で必要なことだと思う。
1 栄養　　　　　2 教養　　　　　3 説教　　　　　4 教材

8 この会社では、仕事の（　　　）に応じて給料を決めています。
1 効果　　　　　2 安定　　　　　3 成果　　　　　4 成立

9 これまでの（　　　）がなくても、やる気がある人を採用しよう。
1 実績　　　　　2 相性　　　　　3 記録　　　　　4 専門

正答　①4　②3　③2　④4　⑤3　⑥1　⑦2　⑧3　⑨1

問題4　（　　　）に入れるのに最もよいものを、1・2・3・4から一つ選びなさい。

1 頭の良さと性格の良さはどちらも大切だが、（　　　）の方が人として大切な要素<ruby>要素<rt>ようそ</rt></ruby>だと思う。
1 以後<rt>いご</rt>　　　　2 後方<rt>こうほう</rt>　　　　3 後者<rt>こうしゃ</rt>　　　　4 以降<rt>いこう</rt>

2 新作のスマホは、以前のものと（　　　）が少し変わっている。
1 衣装<rt>いしょう</rt>　　　　2 仕様<rt>しよう</rt>　　　　3 様子<rt>ようす</rt>　　　　4 物質<rt>ぶっしつ</rt>

3 あの問題があった会社は、（　　　）がある商品を全て回収し返金すると発表した。
1 油断<rt>ゆだん</rt>　　　　2 減点<rt>げんてん</rt>　　　　3 反面<rt>はんめん</rt>　　　　4 欠陥<rt>けっかん</rt>

4 若い人は少ないがこの村の住人はみんな元気で、なんだか街に（　　　）がある。
1 活気<rt>かっき</rt>　　　　2 活用<rt>かつよう</rt>　　　　3 活動<rt>かつどう</rt>　　　　4 活躍<rt>かつやく</rt>

5 （　　　）でとれた野菜を使った母の料理が一番おいしい。
1 地面<rt>じめん</rt>　　　　2 温暖<rt>おんだん</rt>　　　　3 地元<rt>じもと</rt>　　　　4 根元<rt>ねもと</rt>

6 大学でねずみの（　　　）について研究しています。
1 現象<rt>げんしょう</rt>　　　　2 生態<rt>せいたい</rt>　　　　3 生計<rt>せいけい</rt>　　　　4 人体<rt>じんたい</rt>

7 問題が起きたときは、チームみんなで話し合って（　　　）の解決方法を探すべきだ。
1 改良<rt>かいりょう</rt>　　　　2 大型<rt>おおがた</rt>　　　　3 最善<rt>さいぜん</rt>　　　　4 上位<rt>じょうい</rt>

8 天気が悪い日は（　　　）が悪く、事故<rt>じこ</rt>が起きる可能性が高くなる。
1 視界<rt>しかい</rt>　　　　2 視察<rt>しさつ</rt>　　　　3 視点<rt>してん</rt>　　　　4 視野<rt>しや</rt>

9 入社して3か月の彼は、まだ一人で営業に回れる（　　　）ではないと思います。
1 免許<rt>めんきょ</rt>　　　　2 設備<rt>せつび</rt>　　　　3 知識<rt>ちしき</rt>　　　　4 段階<rt>だんかい</rt>

正答 ①3　②2　③4　④1　⑤3　⑥2　⑦3　⑧1　⑨4

問題4 （　　　）に入れるのに最もよいものを、1・2・3・4から一つ選びなさい。

1 新しいウイルスが流行しているため、病院での（　　　）をお断りしています。
1 入会　　　　　2 訪問　　　　　3 面会　　　　　4 来場

2 今回の試合はなかなか（　　　）したが、なんとか勝つことができた。
1 観戦　　　　　2 苦戦　　　　　3 検討　　　　　4 克服

3 歌い足りないので、カラオケの利用時間を一時間（　　　）した。
1 延期　　　　　2 拡大　　　　　3 拡張　　　　　4 延長

4 ストレスを（　　　）するために、毎晩軽い運動をしている。
1 減点　　　　　2 発揮　　　　　3 解消　　　　　4 消耗

5 彼は今シーズンで、プロ野球選手を（　　　）することを発表した。
1 退職　　　　　2 引退　　　　　3 引用　　　　　4 早退

6 外国人のコメントを見て初めて、自分の動画が世界中の人に見られているということを
（　　　）した。
1 反応　　　　　2 伝達　　　　　3 実感　　　　　4 明示

7 反対されるのを（　　　）して、恋人を両親に紹介した。
1 決着　　　　　2 覚悟　　　　　3 考察　　　　　4 決意

8 けががだいぶ（　　　）し、補助なしでも歩けるようになった。
1 回復　　　　　2 往復　　　　　3 上達　　　　　4 展開

9 彼はまじめな人なので、多くの人からリーダーとして（　　　）されている。
1 批評　　　　　2 支持　　　　　3 確認　　　　　4 証明

正答　①3　②2　③4　④3　⑤2　⑥3　⑦2　⑧1　⑨2

問題4　（　　　　）に入れるのに最もよいものを、1・2・3・4から一つ選びなさい。

1　これまでの製品を（　　　　）し、新しいモデルとして発売することになった。
1　進歩（しんぽ）　　　2　向上（こうじょう）　　　3　新設（しんせつ）　　　4　改良（かいりょう）

2　初めて出場したテニスの試合で、賞金を（　　　　）することができた。
1　収穫（しゅうかく）　　　2　取得（しゅとく）　　　3　獲得（かくとく）　　　4　募集（ぼしゅう）

3　この辺りは事件が多いので、夜は特に（　　　　）して歩かなければならない。
1　用心（ようじん）　　　2　完備（かんび）　　　3　徹底（てってい）　　　4　抵抗（ていこう）

4　彼は言っていることとやっていることが（　　　　）していないので信用できない。
1　一転（いってん）　　　2　一致（いっち）　　　3　合唱（がっしょう）　　　4　同意（どうい）

5　マラソン大会を（　　　　）するために必要なお金を企業から集める。
1　建設（けんせつ）　　　2　発生（はっせい）　　　3　運営（うんえい）　　　4　支配（しはい）

6　図書館で借りた本は、2週間以内に（　　　　）してください。
1　出版（しゅっぱん）　　　2　納品（のうひん）　　　3　帰宅（きたく）　　　4　返却（へんきゃく）

7　古新聞（ふるしんぶん）を（　　　　）するトラックは、毎週土曜日の午前中に来る。
1　採集（さいしゅう）　　　2　獲得（かくとく）　　　3　回収（かいしゅう）　　　4　収穫（しゅうかく）

8　営業部を（　　　　）した理由は、この商品の良さを広めたいと思ったからです。
1　追求（ついきゅう）　　　2　同情（どうじょう）　　　3　志望（しぼう）　　　4　感心（かんしん）

9　新しいウイルスが流行したことにより、学生の学習環境のオンライン化が（　　　　）
した。
1　接近（せっきん）　　　2　加速（かそく）　　　3　伝達（でんたつ）　　　4　加工（かこう）

正答　①4　②3　③1　④2　⑤3　⑥4　⑦3　⑧3　⑨2

問題4 （　　　）に入れるのに最もよいものを、1・2・3・4から一つ選びなさい。

1 髪を染めたり、パーマをかけたりすると、髪が（　　　）。

    1　くさる　　　　　　2　さびる　　　　　　3　いたむ　　　　　　4　おとる

2 レポートの提出期限が明日に（　　　）いるので、徹夜で終わらせる。

    1　達して　　　　　　2　せまって　　　　　3　縮まって　　　　　4　つきて

3 薬が（　　　）のか、すっかり熱が下がった。

    1　効いた　　　　　　2　そまった　　　　　3　当たった　　　　　4　わいた

4 母が作ってくれる料理は、見た目は（　　　）が味はおいしい。

    1　遅れる　　　　　　2　おとる　　　　　　3　倒れる　　　　　　4　崩れる

5 彼は英語だけでなく他に3か国語を（　　　）ことができる。

    1　あやつる　　　　　2　えがく　　　　　　3　握る　　　　　　　4　満たす

6 日焼けをしないように、毎日肌にクリームを（　　　）。

    1　放っている　　　　2　履いている　　　　3　塗っている　　　　4　含んでいる

7 集中できないときは、時間を（　　　）勉強してみるとよい。

    1　裏切って　　　　　2　区切って　　　　　3　思い切って　　　　4　張り切って

8 このかばんには、定期券が（　　　）サイズのポケットが付いていて便利だ。

    1　いたる　　　　　　2　関わる　　　　　　3　重なる　　　　　　4　収まる

9 借金を（　　　）しまうなんて、予想もしていなかった。

    1　抱えて　　　　　　2　握って　　　　　　3　備えて　　　　　　4　責めて

正答 ①3　②2　③1　④2　⑤1　⑥3　⑦2　⑧4　⑨1

問題4　（　　　）に入れるのに最もよいものを、1・2・3・4から一つ選びなさい。

1 京都の映画村では、まるで違う世界に行ったような気分を（　　　）ことができるそうだ。

1　迎える　　　　　　2　用いる　　　　　　3　向ける　　　　　　4　味わう

2 日本の約7割を森林が（　　　）。

1　伸ばしている　　2　測っている　　　　3　占めている　　　　4　命じている

3 次の旅行先の候補をいくつか（　　　）。

1　積む　　　　　　2　挙げる　　　　　　3　放つ　　　　　　　4　はる

4 オープン初日は、予想を（　　　）人数の客が水族館に訪れた。

1　走り回る　　　　2　飛び回る　　　　　3　上回る　　　　　　4　見回る

5 周りの人のことを（　　　）ことができる人になりたい。

1　思いつく　　　　2　思い立つ　　　　　3　思い込む　　　　　4　思いやる

6 勝つと思っていたチームが一回戦で負け、予想を（　　　）結果となった。

1　裏切る　　　　　2　引っ張る　　　　　3　立て替える　　　　4　追い抜く

7 当店のメニューはどれも、店長が素材から（　　　）作りました。

1　かじって　　　　2　こだわって　　　　3　めぐって　　　　　4　きずいて

8 学生たちは、先生の話を（　　　）ながら聞いている。

1　とらえ　　　　　2　うかがい　　　　　3　うなずき　　　　　4　ことわり

9 不合格の通知を見て、彼はがっかりして（　　　）。

1　きがすんだ　　　2　はみだした　　　　3　きがむいた　　　　4　うつむいた

正答　①4　②3　③2　④3　⑤4　⑥1　⑦2　⑧3　⑨4

問題4　（　　　）に入れるのに最もよいものを、1・2・3・4から一つ選びなさい。

1 めがねをかけた少年と、いつも同じ時間に同じ場所で（　　　）。
　　1　すれ違う　　　　2　流れ去る　　　　3　くり返す　　　　4　見通す

2 不安を（　　　）ために、大きな声でさけんでみた。
　　1　見逃す　　　　2　打ち消す　　　　3　引き離す　　　　4　流れ去る

3 （　　　）空港まで来たが、どこへ行くのかまだ決めていない。
　　1　駆け上がって　2　飛び上がって　3　思い立って　　4　立ち上がって

4 このゲームでは、（　　　）ために戦わずに相手から逃げることも必要だ。
　　1　生き残る　　　2　成り立つ　　　3　くり上がる　　4　打ち上げる

5 大きなかばんに一週間分の荷物を（　　　）。
　　1　持ち帰った　　2　詰め込んだ　　3　埋め込んだ　　4　取り扱った

6 新しく買った容器に洗剤を（　　　）。
　　1　取り入れる　　2　買い替える　　3　移し替える　　4　受け入れる

7 5か国語を話せる彼は、相手によって言葉を（　　　）ことができる。
　　1　使い分ける　　2　身につける　　3　当てはめる　　4　言い切る

8 給料から光熱費と家賃を（　　　）と自由に使えるお金はあまり残らない。
　　1　引っ張る　　　2　差し引く　　　3　取り除く　　　4　切り取る

9 夏休みの宿題に（　　　）のが遅すぎて、登校日までに宿題を終わらせることができなかった。
　　1　割り込む　　　2　差し伸べる　　　3　取りかかる　　　4　歩み寄る

正答　①1　②2　③3　④1　⑤2　⑥3　⑦1　⑧2　⑨3

問題4　（　　　）に入れるのに最もよいものを、1・2・3・4から一つ選びなさい。

1 たくさん練習したのに、一回戦で負けてしまうなんて（　　　）。
1　情けない　　　　2　相応しい　　　　3　だらしない　　　　4　おとなしい

2 父は味が（　　　）料理が好みで、何にでもしょうゆをかける。
1　太い　　　　2　濃い　　　　3　厚い　　　　4　硬い

3 この紙袋を捨てるのは（　　　）ので、取っておいて後で何かに使おう。
1　騒々しい　　　　2　仕方ない　　　　3　情けない　　　　4　もったいない

4 友達に結婚式のスピーチをお願いしたら、（　　　）引き受けてくれた。
1　素晴らしく　　　　2　快く　　　　3　易しく　　　　4　好ましく

5 今回の事件で、犯人と思われる（　　　）人が3人出てきた。
1　興味深い　　　　2　うらやましい　　　　3　あやしい　　　　4　厚かましい

6 明日の全体会議は、全員参加が（　　　）。
1　快い　　　　2　等しい　　　　3　著しい　　　　4　望ましい

7 彼女はお金に（　　　）人なので、お金を貸さない方が良い。
1　しょうがない　　　　2　荒い　　　　3　だらしない　　　　4　ぬるい

8 いくつになっても（　　　）いるために、毎日運動している。
1　若々しく　　　　2　弱々しく　　　　3　そそっかしく　　　　4　あわただしく

9 夜遅い時間なのに、子どもたちの（　　　）声が聞こえる。
1　著しい　　　　2　騒がしい　　　　3　大幅な　　　　4　膨大な

正答　①1　②2　③4　④2　⑤3　⑥4　⑦3　⑧1　⑨2

問題4 （　　　　）に入れるのに最もよいものを、1・2・3・4から一つ選びなさい。

1 実際にイタリアに行って、（　　　　）なイタリア料理を食べてみたい。
　　1 民主的　　　　　2 客観的　　　　　3 本格的　　　　　4 相対的

2 （　　　　）な考えで今の会社に入ってしまったことを後悔している。
　　1 安価　　　　　　2 安易　　　　　　3 無力　　　　　　4 無縁

3 両親の結婚記念日に、（　　　　）なプレゼントをあげた。
　　1 かすか　　　　　2 こまやか　　　　3 なだらか　　　　4 ささやか

4 両親の（　　　　）なサポートがあったからこそ、彼はオリンピック選手に選ばれた。
　　1 象徴的　　　　　2 全面的　　　　　3 開放的　　　　　4 相対的

5 これくらいのミスは（　　　　）なことですから、心配しなくていいですよ。
　　1 ありがち　　　　2 なごやか　　　　3 おだやか　　　　4 あわれ

6 この文章は（　　　　）だから、何を伝えたいのかはっきりわからない。
　　1 比較的　　　　　2 抽象的　　　　　3 積極的　　　　　4 基礎的

7 ちょっと転んで血が出ただけなのに、病院に行くなんて（　　　　）ですよ。
　　1 巨大　　　　　　2 大まか　　　　　3 大幅　　　　　　4 大げさ

8 嫌がる息子を（　　　　）に病院に連れて行った。
　　1 強引　　　　　　2 頑丈　　　　　　3 有力　　　　　　4 膨大

9 店長は（　　　　）な人なので、忙しいとすぐに怒りだす。
　　1 気楽　　　　　　2 短気　　　　　　3 不満　　　　　　4 陽気

正答 ①3　②2　③4　④2　⑤1　⑥2　⑦4　⑧1　⑨2

問題4　（　　　）に入れるのに最もよいものを、1・2・3・4から一つ選びなさい。

1　森に入ったとたん、鳥が（　　　）飛び立った。
　　1　一斉（いっせい）に　　　　2　存分（ぞんぶん）に　　　　3　直（ただ）ちに　　　　4　要（よう）するに

2　母「ゲームをする前に、今日の宿題を終わらせなさい。」
　　子「今日の宿題はもう（　　　）終わらせたよ。」
　　1　まさか　　　　　　2　まるで　　　　　　3　とっくに　　　　4　まれに

3　ドラマがおもしろかったので、最終話まで（　　　）観てしまった。
　　1　一気（いっき）に　　　　2　一段（いちだん）と　　　　3　はるかに　　　　4　着々（ちゃくちゃく）と

4　こんな遅くまで教室にいるなんて、君たちは（　　　）何をしていたんだ。
　　1　一層（いっそう）　　　　2　一体（いったい）　　　　3　今（いま）一つ　　　　4　誠（まこと）に

5　今は家族と暮らしているが、（　　　）一人暮らしをしようと思っている。
　　1　あらかじめ　　　2　いつの間に　　　3　いずれ　　　　4　よほど

6　集中して作業をしていると、（　　　）時間が経つのを忘れてしまう。
　　1　つい　　　　　　2　いわば　　　　　3　ふと　　　　　　4　ただちに

7　今日は天気が良かったらピクニックに行こうと思っていたのに、（　　　）の雨になってしまった。
　　1　おそらく　　　　2　あいにく　　　　3　ともかく　　　　4　まったく

8　便利な世の中だが、たまにキャンプに行って（　　　）不便さを体験するのも良い。
　　1　せめて　　　　　2　さらに　　　　　3　仮に　　　　　　4　あえて

9　この街は今は人口が減って何もないが、（　　　）は工業都市としてにぎやかな街だった。
　　1　かつて　　　　　2　いわば　　　　　3　いずれ　　　　4　はるか

正答　①1　②3　③1　④2　⑤3　⑥1　⑦2　⑧4　⑨1

問題4 （　　　　）に入れるのに最もよいものを、1・2・3・4から一つ選びなさい。

1 明日は待ちに待った旅行の日なので、（　　　　）している。
　　1　ぴかぴか　　　　2　うきうき　　　　3　はらはら　　　　4　ざわざわ

2 通勤時間の電車の中は人が多くて（　　　）だ。
　　1　ぎゅうぎゅう　　2　ぎりぎり　　　　3　ばらばら　　　　4　ばりばり

3 ずっとふいていなかった窓を（　　　）になるまで磨いた。
　　1　きらきら　　　　2　いきいき　　　　3　ぴかぴか　　　　4　ちかちか

4 同時にたくさんの仕事を頼まれると、頭の中が（　　　）してしまう。
　　1　じたばた　　　　2　ごちゃごちゃ　　3　ばたばた　　　　4　だぶだぶ

5 校長先生の話が長くて、集会中に（　　　）してしまった。
　　1　うとうと　　　　2　うきうき　　　　3　ほかほか　　　　4　ぼろぼろ

6 今日は一日中（　　　）していて、お昼ご飯を食べる時間もなかった。
　　1　ぎりぎり　　　　2　ばたばた　　　　3　きょろきょろ　　4　ざわざわ

7 将来の計画について、（　　　）考える時間が必要だ。
　　1　びっしょり　　　2　ぐっすり　　　　3　うっかり　　　　4　じっくり

8 先週まで山田くんから何度もしつこく連絡が来ていたが、今週に入って（　　　）と
　連絡が来なくなった。
　　1　ばっさり　　　　2　ぱったり　　　　3　きっちり　　　　4　しょんぼり

9 何度もくりかえし復習したので、明日のテストは（　　　）できるはずだ。
　　1　ぎっしり　　　　2　すっかり　　　　3　ぐったり　　　　4　ばっちり

正答　①2　②1　③3　④2　⑤1　⑥2　⑦4　⑧2　⑨4

問題4　（　　　）に入れるのに最もよいものを、1・2・3・4から一つ選びなさい。

1 すみません、電話しているのでテレビの（　　　）を下げてもらえませんか。

    1　ボリューム　　　　2　エネルギー　　　　3　コーラス　　　　4　バランス

2 子どものころ、学校で開催された絵の（　　　）で優勝した。

    1　リクエスト　　　　2　コンテスト　　　　3　マーケット　　　　4　インパクト

3 昨日のおかずを少し（　　　）して、今日の夕食を作る。

    1　ターゲット　　　　2　アイデア　　　　　3　テクニック　　　　4　アレンジ

4 若い社員と好きなドラマについて話したときに、世代の（　　　）を感じた。

    1　ギャップ　　　　　2　スペース　　　　　3　シーン　　　　　4　シニア

5 （　　　）を守るため、SNSに住所が特定できる写真はアップしないようにしている。

    1　セルフ　　　　　　2　プライバシー　　　3　プレゼン　　　　4　リスト

6 「絶対に失敗するなよ。」と、上司に（　　　）をかけられて、緊張している。

    1　プレッシャー　　　2　ダメージ　　　　　3　フォロー　　　　4　カウンター

7 3月末まで、当店ではいちごを使った商品の（　　　）を行っております。

    1　プレー　　　　　　2　フェア　　　　　　3　フロア　　　　　4　ブーム

8 今日の会議はもっと時間がかかると思っていたが、思ったより（　　　）に進んだ。

    1　スムーズ　　　　　2　ステージ　　　　　3　フレッシュ　　　　4　プラン

9 消費者の（　　　）に合った商品を開発する。

    1　プロセス　　　　　2　ニーズ　　　　　　3　ケア　　　　　　4　シーズン

正答　①1　②2　③4　④1　⑤2　⑥1　⑦2　⑧1　⑨2

5 言い換え類義

○問題5（例）

問題5　　　　　　の言葉に意味が最も近いものを、1・2・3・4から一つ選びなさい。

[1] 毎日のようにカップラーメンを食べているので飽きてしまった。

　　1　いやになって　　2　好きになって　　　3　やせて　　　　　4　太って

正答　1

問題5では、下線の言葉と最も意味が近い言葉を選ぶ問題が5問出題されます。つまり、日本語で語彙の意味を説明する問題です。

問題5 _____の言葉に意味が最も近いものを、1・2・3・4から一つ選びなさい。

1 毎日肌の<u>お手入れ</u>を欠かさない。

　　1　オープン　　　　2　サポート　　　　3　ケア　　　　4　セット

2 <u>最寄りの</u>スーパーでお菓子を買った。

　　1　大きな　　　　　2　近所の　　　　　3　最近の　　　　4　次の

3 彼はいつも<u>気配り</u>を忘れない人だ。

　　1　笑顔　　　　　　2　心配　　　　　　3　感謝　　　　　4　思いやり

4 彼女のことを日本人だと<u>勘違いして</u>いた。

　　1　聞かされて　　　2　想像して　　　　3　知って　　　　4　思い込んで

5 たまには<u>息抜き</u>も必要です。

　　1　安心すること　　2　休むこと　　　　3　努力すること　4　待つこと

6 <u>日頃</u>から大きな声であいさつするようにしている。

　　1　生活　　　　　　2　小さいころ　　　3　昼間　　　　　4　普段

7 彼のすごさは、<u>素人</u>にはわからないだろう。

　　1　初心者　　　　　2　上級者　　　　　3　子ども　　　　4　関係ない人

8 妹は最近<u>容姿</u>に気を使うようになった。

　　1　態度　　　　　　2　見た目　　　　　3　中身　　　　　4　印象

9 学校の<u>規模</u>は地域によって大きく違う。

　　1　大切さ　　　　　2　種類　　　　　　3　大きさ　　　　4　必要性

10 会社の<u>方針</u>を固める。

　　1　進む方向　　　　2　場所　　　　　　3　人材　　　　　4　売り上げ

正答 ①3　②2　③4　④4　⑤2　⑥4　⑦1　⑧2　⑨3　⑩1

問題5 　＿＿＿＿の言葉に意味が最も近いものを、1・2・3・4から一つ選びなさい。

1 街中で人に声をかけられ<ruby>動揺<rt>どうよう</rt></ruby>した。

1 嫌な気分になった　　　　　　　2 落ち着きをなくした

3 落ち込んだ　　　　　　　　　　4 うれしかった

2 上司をがんばって<u>説得する</u>。

1 支える　　　　2 <ruby>油断<rt>ゆだん</rt></ruby>させる　　　3 <ruby>納得<rt>なっとく</rt></ruby>させる　　　4 理解する

3 部屋の温度を<u>加減する</u>。

1 <ruby>調整<rt>ちょうせい</rt></ruby>する　　　2 測る　　　　3 上げる　　　　4 下げる

4 この企画が会議で通ったのは、部長が<u>後押しして</u>くれたおかげです。

1 任せて　　　　2 助けて　　　3 気に入って　　4 <ruby>頑張<rt>がんば</rt></ruby>って

5 どの会社でも<u>通用する</u>人間になりたい。

1 有名な　　　　2 役に立つ　　　3 便利な　　　　4 一番の

6 一度、会社に戻って<u>検討する</u>。

1 報告する　　　2 取り組む　　　3 意見を聞く　　4 よく考える

7 つらい過去を<ruby>克服<rt>こくふく</rt></ruby>した。

1 やり直した　　2 思い出した　　3 乗りこえた　　4 かくした

8 彼が社長になって数年後、会社が<u>倒産した</u>。

1 分かれた　　　2 うまれた　　　3 買われた　　　4 つぶれた

9 知り合いに仕事を<u>依頼した</u>。

1 教えた　　　　2 紹介した　　　3 お願いした　　4 分けた

10 <u>出世する</u>ためなら何でもやります。

1 地位が上がる　2 社会に出る　　3 会社を辞める　4 悪いことをする

正答 ①2　②3　③1　④2　⑤2　⑥4　⑦3　⑧4　⑨3　⑩1

問題5 ＿＿＿の言葉に意味が最も近いものを、1・2・3・4から一つ選びなさい。

1 会議の時間を<u>ずらして</u>もらった。

1 確認して　　　2 変更して　　　3 延長して　　　4 短縮して

2 髪の毛を<u>たばねる</u>。

1 きれいに洗う　2 短く切る　　　3 まとめる　　　4 広げる

3 何事も<u>あわてる</u>とうまくいかない。

1 ゆっくりする　2 適当にする　　3 まじめにする　4 急いでする

4 品質向上に<u>つとめて</u>います。

1 努力して　　　2 向かって　　　3 苦労して　　　4 従事して

5 ほこりを部屋の隅に<u>寄せる</u>。

1 捨てる　　　　2 集める　　　　3 ためる　　　　4 見つける

6 生産数向上のために、新しい機械を<u>もちいる</u>。

1 増やす　　　　2 買う　　　　　3 選ぶ　　　　　4 使う

7 彼の話を聞くと、やる気が<u>わく</u>。

1 出る　　　　　2 減る　　　　　3 なくなる　　　4 見える

8 練習してマラソンのタイムを<u>縮める</u>。

1 競う　　　　　2 短くする　　　3 測る　　　　　4 確かめる

9 新入社員を<u>含める</u>と100名の社員がいます。

1 入れる　　　　2 除く　　　　　3 採用する　　　4 増やす

10 週末は予定が<u>埋まっている</u>。

1 なくなった　　2 全くない　　　3 いっぱいだ　　4 少しある

正答 ①2 ②3 ③4 ④1 ⑤2 ⑥4 ⑦1 ⑧2 ⑨1 ⑩3

問題5 ＿＿＿の言葉に意味が最も近いものを、1・2・3・4から一つ選びなさい。

1 携帯電話の料金について、メールで 問い合わせる 。

1　教える　　　　　2　謝る　　　　　3　送る　　　　　4　確かめる

2 部長は出張で飛び回っている。

1　遠くへでかけている　　　　　　2　いそがしく歩き回っている

3　会社の外にいる　　　　　　　　4　いそがしくて疲れている

3 チーム全員で問題点を洗い出す。

1　あきらかにする　2　改善する　　　3　してきする　　　4　言い合う

4 文句ばかり言う客を追い返した。

1　おいかけた　　　2　帰らせた　　　3　うったえた　　　4　説得した

5 学校へ行く途中で、忘れ物に気付いて引き返した。

1　声をかけた　　　2　引き止めた　　3　拾ってとどけた　4　来た道をもどった

6 彼はたくましい体をしている。

1　強そうな　　　　2　健康そうな　　3　だらしない　　　4　うらやましい

7 私の上司はくどい話し方をする人だ。

1　ひどい　　　　　2　しつこい　　　3　すばらしい　　　4　わかりにくい

8 思いがけない出来事があった。

1　心配な　　　　　2　悲しい　　　　3　意外な　　　　　4　苦しい

9 犬よりおとなしい猫の方が好きだ。

1　かわいい　　　　2　上品な　　　　3　優しい　　　　　4　しずかな

10 このラーメンは、なんだかものたりない味だ。

1　理解できない　　2　想像できない　3　満足できない　　4　説明できない

正答 ①4　②2　③1　④2　⑤4　⑥1　⑦2　⑧3　⑨4　⑩3

問題5 _____の言葉に意味が最も近いものを、1・2・3・4から一つ選びなさい。

1 彼の言語能力は非凡だ。

1　まあまあだ　　　2　とても低い　　　3　普通だ　　　　4　すばらしい

2 日本語にはあいまいな表現が多い。

1　はっきりしない　2　おもしろい　　　3　不思議な　　　4　明確な

3 部長はいつも的確な指示をくれる。

1　詳細な　　　　　2　明確な　　　　　3　はっきりしない　4　優しい

4 余計なことを言って彼女を怒らせてしまった。

1　面倒な　　　　　2　適当な　　　　　3　不必要な　　　4　ばかな

5 物騒な世の中になってしまった。

1　うるさい　　　　2　危険な　　　　　3　忙しい　　　　4　冷たい

6 彼は深刻な表情をして座っている。

1　厳しい　　　　　2　眠そうな　　　　3　よゆうな　　　4　うれしそうな

7 将来は円満な家庭を築きたい。

1　大切な　　　　　2　おだやかな　　　3　おもしろい　　4　厳しい

8 観客の前で見事な演技を見せた。

1　りっぱな　　　　2　あたらしい　　　3　ひどい　　　　4　さんざんな

9 あわれな子犬を拾って家に連れて帰った。

1　汚い　　　　　　2　かわいい　　　　3　かわいそうな　4　死にそうな

10 彼はわずかな変化も見逃さない。

1　特別な　　　　　2　単純な　　　　　3　新しい　　　　4　小さい

正答　①4　②1　③2　④3　⑤2　⑥1　⑦2　⑧1　⑨3　⑩4

問題5　_____の言葉に意味が最も近いものを、1・2・3・4から一つ選びなさい。

1 仕事を辞めて、<u>のんびりしたい</u>。
　　1　眠_{ねむ}りたい　　　　2　旅をしたい　　　　3　ゆっくりしたい　　4　遊_{あそ}びたい

2 彼女の様子からして、<u>よほど</u>嫌なことがあったのだろう。
　　1　とても　　　　　　2　ちょっと　　　　　3　たくさん　　　　4　まあまあ

3 イベントの準備は、<u>着々と</u>進んでいる。
　　1　にぎやかに　　　　2　ゆっくりと　　　　3　止まらずに　　　4　こっそりと

4 この作業は<u>おそらく</u>今日中に終えることができると思う。
　　1　ほぼ　　　　　　　2　たぶん　　　　　　3　絶対_{ぜったい}　　　　4　ぎりぎり

5 <u>当分</u>、学校を休むことにした。
　　1　しばらく　　　　　2　ずっと　　　　　　3　今だけ　　　　　4　一応_{いちおう}

6 <u>あらゆる</u>方法を使って目的を達成する。
　　1　意外な　　　　　　2　全ての　　　　　　3　自分なりの　　　4　特別_{とくべつ}な

7 宿泊先のホテルは、<u>案外</u>良い部屋だった。
　　1　まあまあ　　　　　2　いつもより　　　　3　思ったより　　　4　他より

8 ショッピングセンターで<u>たまたま</u>先生と会った。
　　1　約束して　　　　　2　偶然_{ぐうぜん}　　　　　3　待ち合わせて　　4　たまに

9 <u>要するに</u>、私は必要ないということですね。
　　1　つまり　　　　　　2　実は　　　　　　　3　当然　　　　　　4　たぶん

10 日本人でも<u>しばしば</u>漢字を忘れてしまう。
　　1　突然　　　　　　　2　たまに　　　　　　3　何度も　　　　　4　うっかり

正答　①3　②1　③3　④2　⑤1　⑥2　⑦3　⑧2　⑨1　⑩3

問題5 ＿＿＿の言葉に意味が最も近いものを、1・2・3・4から一つ選びなさい。

1 息子の元気な姿を見て<u>ほっと</u>した。

1 安心　　　　2 感心　　　　3 期待　　　　4 納得^{なっとく}

2 スーパーで、高校の同級生と<u>ばったり</u>会った。

1 突然　　　　2 偶然^{ぐうぜん}　　　3 結構　　　　4 早速^{さっそく}

3 いまさら、<u>じたばたしても</u>仕方がない。

1 走っても　　　2 やめても　　　3 始めても　　　4 あわてても

4 昨日、車を運転していたときに<u>はらはら</u>する出来事があった。

1 心配^{しんぱい}　　　2 苦労　　　　3 安心　　　　4 感動

5 資料に<u>ざっと</u>目を通してください。

1 なるべく　　　2 だいたい　　　3 いい加減^{かげん}に　　4 きちんと

6 もっと利益を出すために、業務の<u>プロセス</u>を見直した。

1 要点　　　　2 内容　　　　3 過程^{かてい}　　　4 問題

7 結婚記念日に、良い<u>ムード</u>のレストランを予約した。

1 ふんいき　　　2 環境^{かんきょう}　　　3 音楽　　　　4 場所

8 金曜日は家族で<u>ナイター</u>を見に行く予定だ。

1 夜の市場　　　2 夜の試合　　　3 夜の風景^{ふうけい}　　4 夜の花火

9 家の中で運動できる<u>スペース</u>を作った。

1 時間　　　　2 家具　　　　3 空間　　　　4 予定

10 あそこのスーパーはいつも<u>フレッシュ</u>な食材を置いている。

1 新鮮^{しんせん}な　　　2 多様な　　　3 安価^{あんか}な　　　4 手軽な

正答 ①1　②2　③4　④1　⑤2　⑥3　⑦1　⑧2　⑨3　⑩1

6 用法
<ruby>用<rt>よう</rt></ruby><ruby>法<rt>ほう</rt></ruby>

○問題6（例）
<ruby>問<rt>もん</rt></ruby><ruby>題<rt>だい</rt></ruby>6（<ruby>例<rt>れい</rt></ruby>）

問題6　次の言葉の使い方として最もよいものを、1・2・3・4から一つ選びなさい。

☐1 到着

　1　毎日トレーニングをして、目標に<u>到着</u>することができた。

　2　この飛行機は、後30分ほどで目的地に<u>到着</u>する予定です。

　3　長い冬がおわり、やっと春が<u>到着</u>した。

　4　テレビで紹介された商品の注文が<u>到着</u>した。

正答　2（1到達 3到来 4殺到）

問題6では、一つの単語が正しく使われている文章を選ぶ問題が5問出題されます。選択肢4つは全て
出題語彙（例題の出題語彙は「到着」）が含まれている文になっています。

問題6 次の言葉の使い方として最もよいものを、1・2・3・4から一つ選びなさい。

[1] 愛着

1 彼にもらったかばんはあまりかわいくないけど、使っているうちに<u>愛着</u>がわいてきた。

2 恋人への<u>愛着</u>が薄れてきたので、別れを切り出そうと思っている。

3 夫に<u>愛着</u>がいることがわかり、離婚することになった。

4 彼女はあまり美人ではないが、<u>愛着</u>があるので会社の人気者だ。

[2] 大手

1 いつも私の手を握ってくれた、父の<u>大手</u>を思い出す。

2 両親は私が良い大学を卒業して<u>大手</u>の銀行に就職することを願っているようだ。

3 この店の料理はどれも<u>大手</u>で、一人では食べ切ることができない。

4 彼はとても<u>大手</u>なので、どんなに重いものも軽々と持ち上げることができる。

[3] 生地

1 家を建てるときは、強い<u>生地</u>を作らなければならない。

2 鳥は空を飛ぶこともできるし、<u>生地</u>の上を歩くこともできる。

3 パンを手作りするときは、<u>生地</u>をしっかりとこねることが大切だ。

4 仕事をする時は、まず最初に<u>生地</u>のやり方を学ぶべきだ。

[4] 現地

1 事故の<u>現地</u>には人がたくさん集まっていて、警察官が取り調べを行っていた。

2 正月は<u>現地</u>に帰って、家族とのんびり過ごしたいと思っている。

3 教科書で学ぶ英語と、<u>現地</u>の人が話す英語は少し違うようだ。

4 祖父が生まれた<u>現地</u>は、この辺りはりんご畑だったそうだ。

[5] 作法

1 会社の<u>作法</u>を破ることは、社員として許されることではない。

2 彼女は料理教室に通っていただけあって、料理を作る<u>作法</u>がとても良い。

3 子どものころ、食事の<u>作法</u>について祖母から厳しく教えられた。

4 この料理の<u>作法</u>は難しくて、子どもには作れないだろう。

6　先方

1　ボールペンの<u>先方</u>が壊れているようで、文字が書けなくなってしまった。

2　その約束をしたのはずいぶんと<u>先方</u>のことだったので、すっかり忘れてしまっていた。

3　会議の日時変更について、<u>先方</u>に連絡を入れて許可をもらった。

4　<u>先方</u>のおかげで試験に合格することができたので、本当に感謝しています。

7　性能

1　<u>性能</u>が良いパソコンを使い始めてから、作業が早く進むようになった。

2　できるだけ<u>性能</u>が高く、性格が良い人を雇いたいと思っている。

3　兄は私と違って生まれたときから<u>性能</u>があるので、何をやってもうまくできる。

4　ライオンとチンパンジーは、<u>性能</u>の高い動物として有名である。

8　手元

1　今日は雨が降っているので、<u>手元</u>に気をつけてお越しください。

2　彼女はどんな作業をやらせてみても、とにかく<u>手元</u>が良い。

3　私は昔から<u>手元</u>が器用で、だいたいのものは自分で作ることができる。

4　給料をもらっても、家賃と借金の返済で<u>手元</u>に残るお金はあまり多くない。

9　人前

1　こんな簡単な仕事もできないようでは、まだまだ<u>人前</u>だな。

2　<u>人前</u>で話すのが苦手で、すぐに緊張して顔が赤くなってしまう。

3　映画館の席に座ったら、<u>人前</u>に背の高い人が座っていたので画面が見えにくかった。

4　この居酒屋には、いつもビールを一杯サービスしてくれる<u>人前</u>が良い店長がいる。

正答

①1（2愛情 3愛人 4愛嬌）　　　　⑥3（1先端 2昔 4先生方）

②2（1大きな手 3大盛り 4力持ち）　⑦1（2能力 3才能 4知能）

③3（1土台 2地面 4仕事）　　　　⑧4（1足元 2手際 3手先）

④3（1現場 2地元 4当時）　　　　⑨2（1半人前 3前 4気前）

⑤3（1ルール 2手際 4作り方）

問題6　次の言葉の使い方として最もよいものを、1・2・3・4から一つ選びなさい。

1 手間

1　赤ちゃんの<u>手間</u>をするためには、時間と体力がたくさん必要だ。

2　一時間くらい<u>手間</u>が空いたので、同僚の仕事を少し手伝うことにした。

3　最近は仕事も私生活も忙しくて、人の心配をするような<u>手間</u>は全くない。

4　仕事が終わって家に帰ってきてから<u>手間</u>のかかる料理を作るのは面倒だ。

2 障害

1　大きな教室の真ん中に<u>障害</u>を立てて、部屋を二つに分ける。

2　支払いシステムに<u>障害</u>があって、うまくお金を支払うことができなかった。

3　化学物質によって汚された水や空気には、<u>障害</u>が入っている。

4　商品が正しく動かないという<u>障害</u>がたくさん入ったので、お客様に謝った。

3 不平

1　同僚から仕事を押し付けられることに対して、部下が<u>不平</u>を言っている。

2　大事な試験が近づいてきて、なんだか心が<u>不平</u>だ。

3　この坂道はかなり<u>不平</u>だから、自転車で登るのはすごく大変だ。

4　みんなと同じ給料なのに、彼だけ仕事が多いというのは<u>不平</u>だと思う。

4 目上

1　彼は私よりも一年<u>目上</u>だから、いくら仲が良くても敬語で話さなければならない。

2　社会人にもなって<u>目上</u>の人に敬語を使えないなんてありえない。

3　仕事の成績が優秀で、会社の仲間からも信頼されている彼のことを<u>目上</u>に見ている。

4　疲れているせいか、<u>目上</u>がぼんやりするので会社を休むことにした。

5 やりがい

1　しばらく会社を休んでいて仕事の<u>やりがい</u>を忘れてしまったので、同僚に教えてもらった。

2　どれだけ営業で良い成績を残しても、全く<u>やりがい</u>が上がらない。

3　仕事で全く評価してもらえないと、<u>やりがい</u>が出なくなってしまう。

4　<u>やりがい</u>のある仕事に出会うまで、何度も転職を続けた。

6 日当たり

1 <u>日当たり</u>が強すぎて、肌が真っ黒に焼けてしまった。

2 <u>日当たり</u>の良い部屋に住むと、気持ちが前向きになるらしい。

3 今すぐお金が必要なので、<u>日当たり</u>で給料がもらえる仕事を探している。

4 上司からの<u>日当たり</u>が強いので、仕事を辞めようと思っている。

7 目当て

1 お金<u>目当て</u>でビジネスをしても、うまくいくとは限らない。

2 成績が優秀な彼を<u>目当て</u>にして、日々の勉強に取り組む。

3 友達が投げたボールが<u>目当て</u>になって、しばらく入院することになった。

4 <u>目当て</u>が全て当たって、ギャンブルでたくさんのお金を手に入れた。

8 手入れ

1 庭が広いので、庭の<u>手入れ</u>は専門の人に任せている。

2 両親が仕事で忙しいので、私が弟の<u>手入れ</u>をしている。

3 自分の仕事をしながら、後輩の<u>手入れ</u>もしている。

4 力のある彼に重い荷物を持つのを<u>手入れ</u>してもらった。

9 段取り

1 商品の開発は順調で、来月から次の<u>段取り</u>に進む予定です。

2 大学内の全ての<u>段取り</u>するために、大きな工事が行われた。

3 イベントがうまく進むように、<u>段取り</u>してください。

4 車いすに乗っている人にとって、<u>段取り</u>がある場所はとても不便だ。

正答

①4（1世話 2手 3暇）　　　　　⑥2（1日差し 3払い 4風当たり）

②2（1壁 3毒 4苦情）　　　　　⑦1（2目標 3目に当たって 4予想）

③1（2落ち着かない 3急 4不公平）⑧1（2世話 3面倒も見ている 4手伝って）

④2（1年上 3尊敬している 4視界）⑨3（1段階 2段差を取り除く 4階段）

⑤4（1やり方 2給料 3やる気）

問題6　次の言葉の使い方として最もよいものを、1・2・3・4から一つ選びなさい。

1 手渡し

1 父が入院することになり、母を<u>手渡し</u>する必要があるので、しばらく実家に帰ります。

2 服を入れてから、洗濯機に洗剤を<u>手渡し</u>してください。

3 入社してから3か月間は、給料は<u>手渡し</u>されます。

4 ずっとなぞに包まれていた担任の先生の過去が<u>手渡し</u>され、驚いた。

2 遠回り

1 初めて行く場所だったので、道を間違えて<u>遠回り</u>してしまった。

2 沖縄から北海道へ飛行機で行くなら、一度東京で<u>遠回り</u>するルートが多い。

3 プールで事故が起こらないように、スタッフが常に<u>遠回り</u>している。

4 仕事帰りに近くのスーパーへ<u>遠回り</u>して、夕飯の材料を買った。

3 差し入れ

1 会議は予定よりかなり長くなり、12時に<u>差し入れ</u>しても終わらない。

2 イベント会場まで部長がわざわざお菓子を<u>差し入れ</u>してくれた。

3 電子マネーを使うようになって、ATMからお金を<u>差し入れ</u>することも少なくなった。

4 もう少しで妻の誕生日なので、何を<u>差し入れ</u>しようか迷っている。

4 繁盛

1 かつて京都は長い間、日本の首都として<u>繁盛</u>していた。

2 ミントは<u>繁盛</u>する力が強いので、放っておいても成長する育てやすい植物だそうだ。

3 この和菓子屋さんは、朝から夜まで<u>繁盛</u>している有名なお店だそうだ。

4 おなかが空いていたので、店長にご飯を<u>繁盛</u>してもらった。

5 発生

1 返却期限に遅れると、追加料金が<u>発生</u>いたします。

2 4月に初めての孫が<u>発生</u>するので、母はうきうきしている。

3 校舎を工事するため、一時的に小さな校舎が校庭に<u>発生</u>した。

4 有名な作曲家の<u>発生</u>100年を記念して、パーティーが開かれた。

6 廃止（はいし）

1　けがをしたので、しばらくは活動を廃止（はいし）します。

2　日本では、水泳の授業を廃止（はいし）する小学校が増えているそうだ。

3　花火大会のため、明日の10時までこの道路の車の通行を廃止（はいし）いたします。

4　明日は台風が来る予報なので、遠足は廃止（はいし）になるだろう。

7 導入

1　会社に最新のパソコンを導入してから、仕事がしやすくなった。

2　母の友人が訪ねてきたので、とりあえず居間（いま）に導入した。

3　オーケストラの演奏（えんそう）とともに、代表選手が導入してきた。

4　日本にお越しになった際は、私が皆様をおいしいお店に導入いたします。

8 団結

1　今回優勝できたのは、何よりもチームが団結することができたからだと思います。

2　荷物が落ちないように、車の上にしっかりひもで団結した。

3　入場料金は1人300円で、10人以上の団結ですと1人250円です。

4　友人の結婚式で、高校のとき親しかった仲間が久しぶりに地元に団結した。

9 洗練

1　心も体も強くするため、3か月間山で洗練を重ねた。

2　彼が作る時計は、機能性はもちろんだが、洗練されたデザインが魅力的（みりょくてき）だ。

3　日本語を洗練するために、日本のアニメやドラマを見ている。

4　今日はたくさん汗をかいたので、髪を洗練した。

正答

①3（1手助け 2投入 4明らかに）　　⑥2（1休止 3禁止 4中止）

②1（2乗り換え 3見回り 4寄って）　　⑦1（2案内 3入場 4案内）

③2（1差しかかっても 3引き出す 4プレゼント）　　⑧1（2固定 3団体 4集結）

④3（1繁栄 2繁殖 4大盛に）　　⑨2（1修行 3練習 4よく洗った）

⑤1（2誕生 3建てられた 4生誕）

問題6　次の言葉の使い方として最もよいものを、1・2・3・4から一つ選びなさい。

1 焦る

1　今まで焦っていたけど、あなたのコップを割ったのは私なんだ。
2　時間がないときに焦って準備をすると、必ず何か忘れ物をしてしまう。
3　考え事をしながら料理をしていたら、ハンバーグが焦ってしまった。
4　社長が会議室にお見えですので、焦って来てください。

2 湿る

1　酔っ払っていたせいで、コップからビールが全部湿ってしまった。
2　恋愛ドラマの最終回で恋人と別れるシーンを見て、湿った気持ちになった。
3　久しぶりに温泉に湿って、疲れが全部取れた。
4　雨の時期はいくら洗濯物を干しても、服が乾かず湿ったままで困る。

3 至る

1　無職だった私が、会社を立ち上げるに至るまでのお話をいたします。
2　日曜日はいつもカフェの窓際の席に座って、朝から夜まで一人で至る。
3　家を出てから会社に至るまで、だいたい一時間くらいかかります。
4　付き合って10年目の記念日に彼からプロポーズをされ、気持ちが至って泣いてしまった。

4 潜る

1　昔から泳ぐのが苦手だった私は、海水浴に行ってすぐに潜ってしまった。
2　南の島のきれいな海に潜って、自分の手で魚をつかまえてみたい。
3　締め切りが近いので、部屋に潜って新しい小説の原稿を書き続けている。
4　食事も睡眠も忘れてしまうほど、日本のアニメに潜ってしまった。

5 暴く

1　おとなしかった馬が突然暴いて、周りにいた人たちがけがを負ってしまった。
2　政治家の不正を暴くために、証拠を集めているところだ。
3　先生でも解けなかった数学の問題を、彼は簡単に暴いてしまった。
4　どんな理由があったとしても、人の顔を強く暴くことは許されることではない。

6 略す

1 電子レンジをうまく使えば、料理の時間を<u>略す</u>ことができる。

2 家賃の安い家に引っ越したら、部屋が前よりずいぶん<u>略して</u>しまった。

3 「筋トレ」という言葉は「筋力トレーニング」を<u>略した</u>言い方だ。

4 買ったズボンが少し長くてはきにくいので、母に<u>略して</u>もらった。

7 妨げる

1 弟と妹がけんかしていたので、急いで<u>妨げた</u>。

2 外からの光を<u>妨げる</u>ために、部屋に特別なカーテンをつけた。

3 ゲームのやりすぎは、子どもの成長を<u>妨げる</u>ことにつながる。

4 このストーブには、火事を<u>妨げる</u>ための様々な機能が付いている。

8 高まる

1 息子の背がどんどん<u>高まって</u>、ついに私の身長を越した。

2 今月の営業成績がトップだった彼は、来月から課長に<u>高まる</u>らしい。

3 新型ウイルスの流行とともに、各国の対策方法への関心が<u>高まって</u>いる。

4 夏は一日中クーラーをつけているので、電気代が<u>高まって</u>しまう。

9 目立つ

1 スタイルが良くて美人の彼女は、教室の中でも特に<u>目立って</u>いる。

2 少し遅刻したくらいで、そんなに<u>目立たないで</u>ください。

3 夜にコーヒーを二杯も飲んだので、<u>目立って</u>なかなか眠れなくなってしまった。

4 ゼミの先生は厳しい人なので、<u>目立って</u>私のレポートをチェックしてくれた。

正答
①2（1だまって 3焦げて 4急いで）
②4（1こぼれて 2悲しい 3浸かって）
③1（2居る 3着く 4高まって）
④2（1おぼれて 3こもって 4夢中になって）
⑤2（1暴れて 3解いて 4殴る）
⑥3（1短縮する 2狭くなって 4短くして）
⑦3（1止めた 2遮る 4防ぐ）
⑧3（1高くなって 2昇進する 4高くなって）
⑨1（2怒らないで 3目がさえて 4細かく）

問題6　次の言葉の使い方として最もよいものを、1・2・3・4から一つ選びなさい。

1 言い切る

1　トンネルの中に入ると、ラジオの音声が言い切れた。

2　先生の話を言い切って、学生が質問をした。

3　犯人は絶対に彼だと言い切ることはできませんが、可能性は高いです。

4　ずっと気持ちを言えずにいたが、ついに明日彼女に言い切ろうと思っている。

2 埋め込む

1　この桃の木は、私が生まれたときに祖母が埋め込んでくれた大切なものです。

2　通勤時間帯の電車には、人がたくさん埋め込まれていてとても苦しい。

3　息子はかばんに一週間分の荷物を埋め込んで、家を出て行った。

4　専門の会社に頼んで、スピーカーを壁に埋め込む工事をした。

3 落ち込む

1　ペンがなくなったと思っていたら、ベッドの下に落ち込んでいた。

2　彼はテストの点数が予想より悪かったようで、ひどく落ち込んでいる。

3　仕事続きで疲れているので、温泉に入って肩まで落ち込みたい。

4　お茶を飲みながら音楽を聴いて、気持ちを落ち込ませる。

4 信じ込む

1　彼の言うことを信じ込んで、「命の水」という水を高額で買ってしまった。

2　小学生のときに、何度もノートに書いて漢字を信じ込んだ。

3　後輩から何度も信じ込まれたので、仕方なくお金を貸してあげることにした。

4　借りたお金は必ず返しますので、信じ込んでください。

5 取り寄せる

1　荷物を全て部屋の隅に取り寄せれば、みんな座ることができると思います。

2　最近お店が忙しくなってきたので、アルバイトを一人取り寄せることにした。

3　雑誌で話題のおいしいチーズケーキを、わざわざ北海道から取り寄せた。

4　道路に飛び出そうとしていた子どもの腕を、ぐっとつかんで取り寄せた。

6　見積もる

1　彼女はいつもいらいらしていて、誰が見てもストレスが<u>見積もって</u>いるようだった。

2　夜の間に雪が降って、朝になると外が真っ白になるくらい雪が<u>見積もって</u>いた。

3　そこにあるダンボールを車に<u>見積もり</u>たいのですが、手伝っていただけませんか。

4　部長に頼まれた仕事が多くて、終わらせるのに少なく<u>見積もって</u>もあと二時間はかかる。

7　歩み寄る

1　どんなに言い合いになっても、<u>歩み寄って</u>問題を解決するのが夫婦というものです。

2　そこに立っていると危険ですので、一歩後ろに<u>歩み寄って</u>ください。

3　彼のことはよく知らなかったけれど、話をするうちに彼の性格がだんだん<u>歩み寄って</u>きた。

4　仕事が終わったらスーパーに<u>歩み寄って</u>、ビールとおつまみを買うつもりだ。

8　追い抜く

1　高校生になってから急に背が伸びてきて、兄の身長を<u>追い抜いた</u>。

2　数々の厳しい試合を<u>追い抜いて</u>、ついに決勝戦の舞台に立った。

3　こちらの料理は、数ある野菜の中から<u>追い抜いた</u>新鮮なものだけを使っています。

4　怒って家を出て行った彼女を走って<u>追い抜いた</u>が、見つからなかった。

9　呼びかける

1　自分の名前を<u>呼びかけられ</u>たら、大きな声で返事をしてください。

2　ネット上で悪口を<u>呼びかけられ</u>て、嫌な気持ちになった。

3　イベント会場内で、警備員が必死にマスクの着用を<u>呼びかけている</u>。

4　彼女を誕生日パーティーに<u>呼びかけた</u>が、忙しいという理由で断られてしまった。

正答
①3（1途切れた 2遮って 4告白しよう）
②4（1植えて 2乗って 3詰め込んで）
③2（1落ちていた 3浸かりたい 4落ち着かせる）
④1（2覚え込んだ 3頼み込まれた 4信じて）
⑤3（1寄せれば 2募集する 4引き寄せた）
⑥4（1たまって 2積もって 3積みたい）
⑦1（2下がって 3わかって 4寄って）
⑧1（2勝ち抜いて 3選び抜いた 4追いかけた）
⑨3（1呼ばれたら 2言われて 4呼んだ）

問題6　次の言葉の使い方として最もよいものを、1・2・3・4から一つ選びなさい。

1 ずるい

1　彼女はいつも上司が見ているときだけ仕事をしている、とても<u>ずるい</u>人だ。

2　かぜをひいてしまって声が<u>ずるい</u>ので、今日は授業を休むことにした。

3　彼はお金に厳しくて<u>ずるい</u>ので、絶対に割引されたものしか買わない。

4　遅刻して一時間も待たせてしまうなんて、彼女には本当に<u>ずるい</u>ことをしてしまった。

2 騒々しい

1　就職してからは<u>騒々しい</u>日々を送っているが、仕事も私生活も充実している。

2　知らない人に声をかけられると、少し<u>騒々しい</u>気持ちになる。

3　両親は私のやることにいちいち反対してくるので、本当に<u>騒々しい</u>。

4　なんだか<u>騒々しい</u>ので外を見てみると、車が建物にぶつかっていた。

3 厚かましい

1　大学4年間で書いたレポートを一つにまとめると、<u>厚かましい</u>一冊の本になった。

2　<u>厚かましい</u>お願いですが、一度工場を見学させていただけないでしょうか。

3　ラーメンの中でも、特に<u>厚かましい</u>味のみそラーメンが大好きだ。

4　そんなに<u>厚かましい</u>言い方はせずに、言いたいことをはっきり言ってください。

4 欠かせない

1　早朝に散歩するのは、私にとって<u>欠かせない</u>習慣だ。

2　この食器は大切なものなので、運ぶときに<u>欠かせない</u>ように気を付けてください。

3　その資料はもう<u>欠かせなく</u>なったので、捨ててください。

4　うちの車はエンジンが壊れて、もう<u>欠かせなく</u>なってしまった。

5 くだらない

1　<u>くだらない</u>話をして仲間と笑い合う時間は、私にとって大切な時間だ。

2　今回のテストは悪い点数だと思っていたが、意外と<u>くだらない</u>結果だった。

3　久しぶりに運動をしたら、腕が<u>くだらなく</u>なってしまった。

4　一流の職人が作ったすしなので、やっぱり味が<u>くだらなくて</u>おいしい。

6 一方的

1 自分の意見を<u>一方的</u>に押し付けないで、相手の意見を尊重できる人になりたい。

2 この教科書に書かれている単語は<u>一方的</u>に覚えた。

3 この道は午前中だけ<u>一方的</u>になって、車があまり通らなくなる。

4 のどが乾いていたので、カフェでコーヒーを<u>一方的</u>に飲んでしまった。

7 手頃

1 彼は長い間努力してきたので、試験に合格したのは<u>手頃</u>な結果だと言えるだろう。

2 冷蔵庫にあるものだけで<u>手頃</u>に作れる料理をインターネットで探す。

3 このパソコンは性能が良く<u>手頃</u>な価格なので、学生に人気だ。

4 自然災害が多い日本では、非常時に<u>手頃</u>な判断をする能力が政府に求められている。

8 さわやか

1 このレストランは、地元で採れた<u>さわやか</u>な食材を使用している。

2 彼は清潔感があり、笑顔が<u>さわやか</u>なので、皆から好かれている。

3 外はちょっと<u>さわやか</u>なので、上着を着て行った方が良いですよ。

4 電車の中で友達と大声で話していたら、周りの人から<u>さわやか</u>な目で見られてしまった。

9 和やか

1 買ったばかりの<u>和やか</u>なタオルを使うと、気分が良い。

2 社長の誕生日パーティーは、<u>和やか</u>な雰囲気で行われた。

3 西駅と西一丁目駅の間は、<u>和やか</u>な坂が続いている。

4 最近は自宅で仕事をしているので、毎日<u>和やか</u>な服装で過ごしている。

正答

①1（2出にくい 3けちな 4悪い）　　　⑥1（2一通り 3一方通行 4一気）
②4（1忙しい 2嫌な 3うるさい・うっとうしい）　⑦3（1妥当 2手軽 4適切）
③2（1分厚い 3濃い 4わかりにくい）　　⑧2（1新鮮 3肌寒い 4冷たい）
④1（2割れない 3必要ない 4動かなく）　⑨2（1柔らかい 3なだらか 4楽）
⑤1（2悪くない 3上がらなく・筋肉痛に 4たまらなく）

問題6 次の言葉の使い方として最もよいものを、1・2・3・4から一つ選びなさい。

1 いまいち

1 けがをしないように、<u>いまいち</u>に安全を考えてヘルメットをかぶって作業してください。

2 地震が起きたときは、あわてずに<u>いまいち</u>机の下に入ってください。

3 友達にお勧めされた映画を観に行ったが、<u>いまいち</u>だった。

4 このイチゴケーキは夏の期間限定商品なので、<u>いまいち</u>買った方が良いですよ。

2 なかなか

1 明日締め切りのレポートが<u>なかなか</u>進まなくていらいらする。

2 佐藤さんの誕生日は、確か6月の<u>なかなか</u>だったと思う。

3 このドリンクは、飲む前に<u>なかなか</u>ふってからお飲みください。

4 海に行って、何も考えずに<u>なかなか</u>海の上に浮かんでいたい。

3 直に

1 加藤さんは受験に向けて一日も休まず、<u>直に</u>勉強を頑張っている。

2 肌に<u>直に</u>触れるものだから下着の素材にはこだわっている。

3 信号を曲がって、<u>直に</u>一キロ進むと私の家があります。

4 たくさん汗をかいたので、帰宅したら<u>直に</u>シャワーを浴びた。

4 一段と

1 彼女は高校のときもきれいだったが、10年ぶりに会うと<u>一段と</u>きれいになっていた。

2 日本語の勉強を毎日<u>一段と</u>頑張って、試験に合格した。

3 ちょっと小さいので、このくつの<u>一段と</u>大きいサイズをはいてみることにした。

4 みんなで作業をすれば、面倒な作業も<u>一段と</u>終わるね。

5 たびたび

1 間違えた問題は、できるようになるまで<u>たびたび</u>解くことが大切です。

2 駅の前で<u>たびたび</u>高校の同級生に会って、5年ぶりに話をした。

3 最近すごくやせたので、持っているスーツが<u>たびたび</u>になってしまった。

4 私が住んでいるアパートは、雷のせいで<u>たびたび</u>停電が起こる。

6 明らか

1　彼は明らかな性格なので、彼がいるとその場の雰囲気が良くなる。

2　ずっとなぞに包まれていた犯人の姿が明らかになった。

3　彼は今の仕事に対してどう思っているのか、明らかに話してくれた。

4　パソコンの画面が明らかなので、目が疲れてきた。

7 きっぱり

1　彼は待ち合わせ時間の3時きっぱりに到着した。

2　次の大学受験に落ちたら、きっぱりあきらめて就職することに決めた。

3　佐藤さんの机の上は、きっぱり整理されていてきれいだ。

4　大自然の中でキャンプをして、夜にきっぱりと輝く星空を見てみたい。

8 ぐったり

1　今日は人の多いところに出かけたので、疲れてぐったりしてしまった。

2　一週間ずっと雨が降り続いていて、もう雨にはぐったりだ。

3　連休はどこにも遊びに行かず、実家でぐったり過ごしました。

4　そんなにぐったり準備していたら、学校に遅刻するよ。

9 ぐんぐん

1　うちのマンションは、上の階に住んでいる人の足音がぐんぐん響いてうるさい。

2　今日は朝から頭がぐんぐん痛かったので、薬を飲んでなんとか乗り切った。

3　一度話せるようになった言語も、使わないとぐんぐん忘れてしまう。

4　今年に入って、会社の売り上げがぐんぐん伸びている。

正答

①3（1第一 2まず・すぐに 4すぐに）　⑥2（1明るい 3正直に 4明るい）
②1（2中旬・半ば 3よく 4ぷかぷか）　⑦2（1きっかり 3きちんと 4きらきら）
③2（1真面目に 3まっすぐ 4すぐ）　⑧1（2うんざり 3ゆっくり 4のんびり）
④1（2こつこつ 3一回り 4すぐに）　⑨4（1どんどん 2ずきずき 3どんどん）
⑤4（1繰り返し 2たまたま 3ぷかぷか）

第2章

文法

1 | 解き方の説明

問題の形式は、全部で3種類あります。（問題数は変動する可能性があります。）

問題7	文の文法1（文法形式の判断）	12問
問題8	文の文法2（文の組み立て）	5問
問題9	文章の文法	5問

1 文の文法1（文法形式の判断）

○問題7（例）

問題7　次の文の（　　　　）に入れるのに最もよいものを、1・2・3・4から一つ選びなさい。

1 　たばこはがん（　　　　）様々な病気の原因になる。

　　1　に関して　　　　2　をはじめ　　　　3　を問わず　　　　4　にとって

正答　2

問題7では、（　　　）の中にぴったり当てはまる文法を選ぶ問題が12問出題されます。

2 文の文法2（文の組み立て）

○問題8（例）

問題8　次の文の＿＿★＿＿に入る最もよいものを、1・2・3・4から一つ選びなさい。

1 あそこで ＿＿＿＿＿＿ ＿＿＿＿＿＿ ＿＿★＿＿ ＿＿＿＿＿＿ は村本さんです。

　　1　ラーメン　　　2　食べている　　　3　を　　　　　　4　人

（解答のしかた）

1. 正しい文はこうです。

> あそこで ＿＿＿＿＿＿ ＿＿＿＿＿＿ ＿＿★＿＿ ＿＿＿＿＿＿ は村本さんです。
>
> 1　ラーメン　　　3　を　　　　　　　　2　食べている　　　4　人

2. ＿＿★＿＿ に入る番号を解答用紙にマークします。

（解答用紙）　例　① ● ③ ④

正答　2

問題8では、選択肢を並び替え正しい文章を作った上で、★の位置にくる選択肢を選ぶ問題が5問出題されます。文法の意味を理解していることはもちろん大切ですが、文法がどのような品詞と接続するのかを理解していることも重要です。

○問題9（例）

問題9　次の文章を読んで、文章全体の内容を考えて、[1]から[2]の中に
　　　　入る最もよいものを、1・2・3・4から一つ選びなさい。

　言葉には大きな力がある。誰もが一度は、人から受けた言葉に良くも悪くも影響され
た経験があるのではないだろうか。言葉一つに影響力がある[1]、多くの人々を
救うこともできれば、相手を傷つけ命までもうばうことができてしまう。

　近年は、インターネット上での言葉の暴力が目立っている。たった一言[2]、
受けた人によってはひどく悩み落ち込んでしまうだろう。たとえ相手の顔が見えなくて
も、画面の向こう側にいるのが一人の人間だということを忘れてはならないのだ。

[1]　1　ことなく　　　　2　からこそ　　　　3　かわりに　　　　4　とともに

[2]　1　としたら　　　　2　というより　　　　3　と思いきや　　　　4　とはいえ

正答　①2　②4

問題9では、文章の中の[　　　]にぴったり合う文法や言葉を選ぶ問題が5問出題されます。
文章は600字程度で、その中で5か所が[　　　]になっています。

2 | N2 文法 135

「第2章文法」では、JLPT N2に出題される文法135個の意味・接続・例文を勉強します。
ここでは、近い意味の文法同士がまとめられています。全部で15章あり、1章ごとにその章で学習した文法の練習問題があります。

品詞と活用形の記号

記号	品詞と活用形	例
N	名詞	学校・にんじん・シャツ
イA	い形容詞	かわいい・美しい・暑い
イAくて	い形容詞のて形	かわいくて・美しくて・暑くて
ナA	な形容詞	元気・有名
Vる	動詞の辞書形	食べる・来る・飲む
Vます	動詞のます形	食べます・来ます・飲みます
Vない	動詞のない形	食べない・来ない・飲まない
Vて	動詞のて形	食べて・来て・飲んで
Vた	動詞のた形	食べた・来た・飲んだ
Vよう	動詞の意志形（意向形）	食べよう・来よう・飲もう
Vば	動詞の条件形	食べれば・来れば・飲めば
Vれる	動詞の可能形	食べられる・来られる・飲める
Vれない	動詞の可能形の否定	食べられない・来られない・飲めない
Vたら	動詞の仮定形	食べたら・来たら・飲んだら
Vている	動詞の「〜ている」形	食べている・来ている・飲んでいる

普通形と丁寧形

活用形	品詞	例
普通形	動詞	食べる・食べない・食べた・食べなかった
	い形容詞	暑い・暑くない・暑かった・暑くなかった
	な形容詞	元気だ・元気 {では / で / じゃ} ない・元気だった 元気 {では / で / じゃ} なかった
	名詞	雪だ・雪 {では / で / じゃ} ない・雪だった 雪 {では / で / じゃ} なかった
丁寧形	動詞	食べます・食べません・食べました・食べませんでした
	い形容詞	暑いです・暑くないです・暑かったです・暑くなかったです
	な形容詞	元気です・元気 {では / じゃ} ありません・元気でした 元気 {では / じゃ} ありませんでした
	名詞	雪です・雪 {では / じゃ} ありません・雪でした 雪 {では / じゃ} ありませんでした

接続の表し方の例

表示	例
Vて＋ください	来て＋ください → 来てください
Vます＋たい	食べます＋たい → 食べたい
Vない＋ずにはいられない	見ない＋ずにはいられない → 見ずにはいられない
普通形（ナAだ / Nだ）＋に決まっている	無理だ＋に決まっている → 無理に決まっている うそだ＋に決まっている → うそに決まっている
普通形（ナAだ → な）＋のなんのって	残念だ → な＋のなんのって → 残念なのなんのって

★．．．特別な使い方

1 「もの」シリーズ

⁰¹ 〜もの ①

意味 誰でも〜だと思う（当然のことや、変わらない事実を言うときに使う）

接続 Vる / Vない＋もの / もん

緊張するものだ / うまくいかないものだ / やるもんだ

1) 誰でも最初は失敗する**もの**だから、そんなに落ち込まないで。

2) どんなに長い夜でも、必ず明ける**もの**だ。

3) 親は子どもがいくつになっても心配する**もん**だ。

⁰² 〜もの ②

意味 〜べきだ

〜べきではない（注意やアドバイスをするときに使う）

接続 Vる / Vない＋もの / もん

Vる＋ものではない / もんではない / ものじゃない / もんじゃない

静かにするものだ / 敬語を使うもんだ / 馬鹿にするものではない

1) 根拠のないうわさ話を、簡単に信用する**もの**ではない。

2) 電車の中では、他人に迷惑がかかるから電話にでない**もの**だ。

3) 中本「久しぶりに自分で料理を作ったら、お腹を壊しちゃったよ。」

加藤「慣れないことはする**もん**じゃないね。」

03 ～もの ③

意味　～だなあ（気持ちを込めて何かを言いたいときに使う）

接続　普通形（ナAだ → な）＋もの / もん
よく遊んだものだ / 困ったものだ / うれしいもんだ
※Nは使えない

1) 若かったころは、友達と朝までお酒を飲んで語り合った**もの**だ。

2) 一人で買い物に行けるようになるなんて、娘も大きくなった**もの**だな。

3) 人からプレゼントをもらうのはうれしい**もの**だ。

04 ～というものだ

意味　一般的に言って～だ

接続　N＋というものだ / というもんだ
親というものだ / 幸せというものだ / 親友というもんだ

1) つらいときこそ助け合うのが、本当の仲間**というものだ**。

2) 良いことも悪いこともあるのが、人生**というものだ**。

3) 明日までに一万字のレポートを書くのは不可能**というものだ**。

05 ～というものではない

意味　絶対に～だと言えない

接続　普通形＋というものではない / というもんではない
普通形＋というものでもない / というもんでもない

うまくいくというものではない / おいしいというもんではない /
いい人だというものでもない

1) 努力すれば、必ず試験に合格できる**というものではない**。

2) 日本に住んだからと言って、日本語が話せるようになる**というものではない**。

3) プレゼントは高ければいい**というものではない**。

06 〜ものがある

意味	〜という感じがする
接続	Vる / イA / ナAな＋ものがある
	心に響くものがある / 寂しいものがある / 不思議なものがある

1) 犯行後の彼らの行動には、どこか不自然な**ものがあります**。

2) 彼の歌声には、人の心を動かす**ものがある**。

3) この歳で独身に戻るのは、つらい**ものがある**。

07 〜ものの

意味	〜けれども
接続	普通形（ナAだ → な・である）＋ものの
	普通形 / N ＋とはいうものの
	買ったものの / 有名であるものの / 合格したとはいうものの

1) 日本語を勉強した**ものの**、話す相手がいないのですっかり忘れてしまった。

2) 体に悪いとわかっている**ものの**、夜中にカップラーメンを食べてしまう。

3) 夏休みとはいう**ものの**、毎日課題や家の手伝いで忙しい。

08 〜ものなら

意味	できないと思うけど、もし〜できるなら
接続	Vれる＋ものなら / もんなら
	休めるものなら / なれるもんなら / ★できるものなら

1) 行ける**もんなら**、今すぐ恋人に会いに行きたい。

2) ずっと前から、身長を縮められる**ものなら**縮めたいと思って生きてきた。

3) 祖母が生きていたころに戻れる**ものなら**、今すぐ戻ってありがとうと伝えたい。

⁰⁹〜ものか

意味	絶対に〜ない
接続	Vる / イA / ナAな / Nな＋ものか / もんか
	負けるものか / つらいものか / 諦めるもんか

1) 仕事をさぼって給料だけもらうなんてことが、この社会で許される**ものか**。

2) 田中「加藤さんて、ピーマンが好きだよね？」

　　加藤「好きな**もんか**。一番嫌いな食べ物だよ。」

3) 息子はおばけが大嫌いなのに、「おばけなんかこわい**ものか**」と強がっている。

¹⁰〜ものと思われる

意味	〜だと推測できる
接続	Vた＋ものと思われる
	買ったものと思われる / 知らなかったものと思われる / 行ったものと思われる

1) 犯人はたった一時間で犯行に及んだ**ものと思われる**。

2) キツネが侵入した**ものと思われる**足跡が、荒された畑の中にあった。

3) 事件現場にナイフが残されていたので、犯人はナイフを使用した**ものと思われます**。

問題7 次の文の（　　　　）に入れるのに最もよいものを、1・2・3・4から一つ選びなさい。

1 世間の目は厳しい。ただひたすら頑張れば、評価されるという（　　　　）。

1　ものと思われる
2　ものと思われない
3　ものではない
4　ものだ

2 どんなに親しくなったとしても、上司には常に敬語で（　　　　）ものだ。

1　話す
2　話した
3　話さない
4　話そう

3 何事も最初は失敗する（　　　　）だから、うまくいかなくても諦めずに続けることが大切だ。

1　うえ
2　もの
3　あげく
4　ため

4 事件現場の近くで、犯人が使用した（　　　　）自転車が発見された。

1　ものと思うと
2　ものと思いつつ
3　ものと思ったつもりの
4　ものと思われる

5 誕生日パーティーを開いてもらうなんて少し恥ずかしいけど、みんなにお祝いしてもらうのは（　　　　）。

1　うれしいもんか
2　うれしいもんだ
3　うれしいものの
4　うれしいもんでもない

6 休める（　　　　）休みたいけど、今日は大事なテストがあるから絶対に学校へ行かなければならない。

1　ものの
2　ものか
3　ものでも
4　ものなら

7 思い切って赤色のワンピースを買った（　　　　）、恥ずかしくて結局まだ一度も着ていない。

1　ものの
2　ものに
3　ものか
4　ものが

8 いくつになっても子どものことを一番に思う、それが親（　　　）。

1　というものだ

2　ということだ

3　というものならだ

4　ということならだ

9 桜の花びらが散っている様子はとてもきれいだけど、どこか（　　　）がありますね。

1　さびしいというもの

2　さびしいものとか

3　さびしいものの

4　さびしいもの

10 一度不合格だったくらいで、合格を（　　　）。

1　あきらめることにする

2　あきらめることか

3　あきらめるものか

4　あきらめるもの

問題8　次の文の___★___に入る最もよいものを、1・2・3・4から一つ選びなさい。

11 こんな大きい家に＿＿＿＿＿　＿＿★＿＿　＿＿＿＿＿　＿＿＿＿＿。

1　みたい 　　　　　　　　　　　　2　住んで

3　住める 　　　　　　　　　　　　4　ものなら

12 揺れる車内で6時間も座りっぱなしで、全然眠れなかった。夜行バス　＿＿★＿＿　＿＿＿＿＿

＿＿＿＿＿　＿＿＿＿＿。

1　なんて 　　　　　　　　　　　　2　乗る

3　もんか 　　　　　　　　　　　　4　二度と

13 できなくても落ち込まないでください。誰でもはじめた　＿＿＿＿＿　＿＿＿＿＿　＿＿★＿＿　＿＿＿＿＿。

1　ものです 　　　　　　　　　　　2　うまくいかない

3　ばかりの 　　　　　　　　　　　4　ころは

14 遊んでもいいが、ちゃんと勉強も　＿＿＿＿＿　＿＿＿＿＿　＿＿★＿＿　＿＿＿＿＿。

1　大学生 　　　　　　　　　　　　2　するのが

3　という 　　　　　　　　　　　　4　ものだ

15 ドーナツは油が多いと　＿＿＿＿＿　＿＿★＿＿　＿＿＿＿＿　＿＿＿＿＿食べるのをやめられない。

1　大好き 　　　　　　　　　　　　2　わかっている

3　だから 　　　　　　　　　　　　4　ものの

正答 ⑪ 4（3421）　⑫ 1（1423）　⑬ 2（3421）　⑭ 3（2134）　⑮ 4（2413）

2 「こと」シリーズ

¹¹～ことに

| 意味 | とても～だ（気持ちを強く言いたいときに使う） |

| 接続 | Vた / ナAな / イA＋ことに |
| | 困ったことに / 幸いなことに / うれしいことに |

(1) 悲しいことに、新しく買ったばかりの口紅をなくしてしまった。

(2) 驚いたことに、普通は3日かかる仕事を彼は1日で完璧にやり終えてしまった。

(3) 上司「昨日のプレゼンどうだった？」

部下「ありがたいことに、我が社の製品を気に入っていただけたようです。」

¹²～ことにする

| 意味 | 本当はそうじゃないけど、～というふりをする |

| 接続 | Vた＋ことにする |
| | やったことにする / 行ったことにする / 知らなかったことにする |

(1) 姉が作ったお弁当を、自分が作ったことにして恋人にプレゼントした。

(2) 来月転校するって話、まだ内緒にしているから、聞かなかったことにしてくれない？

(3) 宿題を終わらせたことにして遊びに行ったら、お母さんに叱られた。

¹³ ～ことか

意味	本当に～だ（気持ちを強く言いたいときに使う）
接続	普通形（ナAだ → な・である / Nだ → である）＋ことか

どんなに苦しかったことか / どれだけうれしいことか / どれほど幸せなことか

※「どんなに / どれだけ / どれほど～ことか」という言い方が多い

❶ どんなときでも明るい笑顔を見せる彼女に、どれほど救われている**ことか**。

❷ 今までお腹の中にいた息子の顔を初めてみたとき、どんなにうれしかった**ことか**。

❸ 大事な試合前にけがをしてしまって、どれだけつらかった**ことか**。

¹⁴ ～ことから

意味	～だから
接続	普通形（ナAだ → な・である / Nだ → である）＋ことから

見つかったことから / 知っていることから / 有名であることから

❶ この通りにあるお菓子屋さんはどれも有名である**ことから**、ここは「スイーツストリート」と呼ばれている。

❷ まだ足跡が雪の上にはっきりと残っている**ことから**、熊はまだ近くにいると考えられる。

❸ 栄養のバランスが良い**ことから**、和食がまた注目を集めるようになった。

¹⁵〜のことだから

意味	〜の性格を考えると
接続	N＋のことだから

彼のことだから / 村上さんのことだから / あいつのことだから

❶ いつも寝坊する彼女のことだから、今日もデートに遅刻してくるだろう。

❷ 母のことだから、私を元気にさせるためにお弁当に大好物の卵焼きをたくさん入れて

くれたのだろう。

❸ 田中「どうしよう。森くんのペン壊しちゃった。」

山田「優しい彼のことだから、謝れば許してくれるさ。」

¹⁶〜ことなく

意味	〜しないで
接続	Vる＋ことなく

休むことなく / 迷うことなく / 満足することなく

❶ 工場では24時間、止まることなく機械が動き続けている。

❷ 私の親友は、毎年忘れることなく誕生日に手紙をくれる。

❸ 彼は祝日も休むことなく働き続けていたので、身体を壊してしまった。

¹⁷ 〜ないことには

意味	〜しなければ
接続	Vない / イAくない＋ことには

ナA / N＋でないことには

知らないことには / やってみないことには / 元気でないことには

①実物を見てみ**ないことには**、買うかどうか決めることはできない。

②お湯が熱く**ないことには**、温泉に入っても体が温まらない。

③色々やりたいことがあっても、健康で**ないことには**何も始められない。

¹⁸ 〜ないことはない

意味	〜だ！とはっきり言えない
接続	Vない / Vれない / イAくない / ナAでない＋ことはない / こともない

知らないことはない / 元気でないこともない / かわいくなくもない

※「〜なくもない」という言い方もある

①部長の気持ちはわから**ないことはない**が、あの言い方は良くないと思う。

②お酒は飲め**ないこともない**んですが、一人では飲まないです。

③かわいく**なくもない**が、彼女はこの役のイメージには合わない。

¹⁹〜ことは〜が

意味　〜だけど

接続　普通形（ナAだ → な / Nだ → な）＋ことは＋普通形＋が
勉強したことは勉強したが / おいしいことはおいしいが / 元気なことは元気だが

1) 試験に合格した**ことは**合格した**が**、こんな資格があっても何の役にも立たない。

2) 村上「昨日のコンサート、どうだった？」

佐藤「楽しかった**ことは**楽しかったんです**が**、隣の人がうるさくて全然ゆっくり歌を

聴けませんでした。」

3) 日本で働くのは大変な**ことは**大変だ**が**、学びも多いです。

²⁰〜ことになる（〜ことにはならない）

意味　〜だと言える / 〜だと言えない

接続　普通形（ナAだ / Nだ＋という）＋ことになる / ことにはならない
3年かかることになる / きれいだということにはならない / 勉強したことにはならない

1) このサービスは一か月利用をするのに980円かかるから、一年使うと11,760円支払う

ことになる。

2) ただ日本のドラマを字幕付きで観ただけでは、日本語の勉強をした**ことにはならない**。

3) 犬の散歩ぐらいじゃ、ダイエットした**ことにはなりません**よ。

問題7 次の文の（　　　）に入れるのに最もよいものを、1・2・3・4から一つ選びなさい。

1 うれしい（　　　）に、最後の大会で優勝できた。

1　から　　　　　　　2　もの　　　　　　　3　こと　　　　　　　4　ところ

2 前田「後藤さん、明日予定ある？」
後藤「予定がない（　　　）けど、どうしたの？」

1　ことはない　　　　　　　　　　　2　ことだろう

3　ではいられない　　　　　　　　　4　わけにはいかない

3 あの二人は付き合い始めたらしいが、知らなかった（　　　）にして普通に生活することにした。

1　まで　　　　　　　2　こと　　　　　　　3　ほど　　　　　　　4　わけ

4 昨晩から停電になり、電気は一度も（　　　）朝を迎えた。

1　つかなくして　　　　　　　　　　2　つかないことには

3　つくことなく　　　　　　　　　　4　つかないかぎり

5 毎日2時間勉強したら、3か月後には約200時間勉強した（　　　）。

1　ことがある　　　2　ことだろう　　　3　ことにする　　　4　ことになる

6 心配性の母の（　　　）、私が海外へ移住すると言ったらきっと反対するだろう。

1　ことから　　　　2　ことだから　　　3　ことになり　　　4　ことにして

7 子どものころ、遊園地で迷子になった経験がある（　　　）、遊園地が嫌いになった。

1　ことから　　　2　ものなら　　　3　というと　　　4　ならでは

8 パスポートを（　　　）ことには、いくら計画を立てても海外旅行に行けない。

1　とった　　　　　2　とらない　　　　3　とる　　　　　　4　とっている

9 楽しみにしていた旅行が中止になってしまって、どんなに残念な（　　　）。

1　ものか　　　　　2　ことか　　　　　3　べきか　　　　　4　はずか

10 なくなった自転車は見つかった（　　　）見つかったが、壊れていて使えない状態だった。

1　ことは　　　　　2　ところ　　　　　3　までは　　　　　4　にしては

問題8　次の文の＿＿★＿＿に入る最もよいものを、1・2・3・4から一つ選びなさい。

11 残念な ＿＿★＿＿ ＿＿＿＿ ＿＿＿＿ ＿＿＿＿、旅行に行くことができなかった。

1　ことに　　　　　　　　　　　　2　かかって

3　インフルエンザに　　　　　　　4　しまい

12 時間にだらしない ＿＿＿＿ ＿＿＿＿ ＿＿★＿＿ ＿＿＿＿きっと遅れてくるだろう。

1　こと　　　　　　　　　　　　　2　本田（ほんだ）さんの

3　今日も　　　　　　　　　　　　4　だから

13 グエンさんは結局、日本の ＿＿＿＿ ＿＿＿＿ ＿＿★＿＿ ＿＿＿＿しまった。

1　帰国して　　　　　　　　　　　2　見る

3　ことなく　　　　　　　　　　　4　桜を

14 パソコンが壊れてしまったので、＿＿＿＿ ＿＿★＿＿ ＿＿＿＿ ＿＿＿＿再開できない。

1　仕事を　　　　　　　　　　　　2　買わない

3　ことには　　　　　　　　　　　4　新しいものを

15 初めての娘が生まれた ＿＿＿＿ ＿＿★＿＿ ＿＿＿＿ ＿＿＿＿。

1　ことか　　　　　　　　　　　　2　どんなに

3　うれしかった　　　　　　　　　4　ときは

正答　⑪ 1（1324）　⑫ 4（2143）　⑬ 3（4231）　⑭ 2（4231）　⑮ 2（4231）

3 「限り」シリーズ

21 〜限り ①

意味　〜の範囲で言うと

接続　Vる / Vた / Vている＋限り（では）
聞く限り / 見た限り / 覚えている限りでは

① 私の知る限り、彼女はそんな嘘をつくような人ではありません。

② 調べた限り、この辺にある日本食屋さんはここだけです。

③ 私が聞いている限りでは、彼女はまだあの会社で働いています。

22 〜限り ②

意味　〜という状態の間は

接続　普通形（ナAだ → な・である / Nだ → である）＋限り（は）
日本に住んでいる限り / 勉強しない限り / 健康である限りは
※Vたは使えない

① ここにいる限り、敵からの攻撃を受けることはないだろう。

② 日本に住んでいる限り、地震の被害にあう可能性があるので準備しておいた方がいい。

③ 彼が社長である限り、私の給料は上がらないだろう。

23 〜に限り

意味	〜だけ
接続	N+に限り / に限る
	学生に限り / 本日に限り / お客様に限る

①　この地域にお住まいの方に限り、こちらの商品が全品10%オフです。

②　この階段の使用は緊急の場合に限る。

③　当店では平日に限り、食後のアイスをサービスしています。

24 〜に限る

意味	〜が一番良い選択だ
接続	Vる / Vない / N+に限る
	旅行するに限る / 行かないに限る / ビールに限る

①　夏休みは勉強を忘れて、友達と海水浴に限る。

②　なんだかうまくいかないときは、いったん休むに限る。

③　体調が悪いときは、ご飯だけ食べて、後は何もしないに限る。

25 〜に限らず

意味	〜だけでなく
接続	N+に限らず
	国内に限らず / この地域に限らず / 食べ物に限らず

①　日本語に限らず、言語はどれも複雑で習得するのが難しいものだ。

②　特別な日に限らず、彼はなんでもない日でもプレゼントをくれる。

③　このレストランは休日に限らず、平日もお客さんでいっぱいだ。

²⁶〜に限(かぎ)って

意味(いみ)	〜はいつもと違(ちが)って（特別(とくべつ)なことが起(お)きると言(い)いたいときに使(つか)う）
接続(せつぞく)	N＋に限(かぎ)って

今日(きょう)に限(かぎ)って / 急(いそ)いでいるときに限(かぎ)って / そういう日(ひ)に限(かぎ)って

1) 静(しず)かにしなければいけないときに限(かぎ)って、お腹(なか)が鳴(な)ってしまう。

2) 白(しろ)い服(ふく)を着(き)ている日(ひ)に限(かぎ)って、コーヒーをこぼしてしまう。

3) 私(わたし)のアルバイト先(さき)は忙(いそが)しい日(ひ)に限(かぎ)って、誰(だれ)かが休(やす)んで人(ひと)が足(た)りなくなる。

²⁷〜に限(かぎ)って〜ない

意味(いみ)	〜がそんなことをするなんて、信(しん)じられない！ありえない！
接続(せつぞく)	N＋に限(かぎ)って〜ない

彼(かれ)に限(かぎ)って / 先生(せんせい)に限(かぎ)って / うちの子(こ)に限(かぎ)って

1) まじめな彼女(かのじょ)に限(かぎ)って、学校(がっこう)をさぼって友達(ともだち)と遊(あそ)ぶなんてあり得(え)ない。

2) 私(わたし)の彼氏(かれし)に限(かぎ)って、浮気(うわき)をするなんてあり得(え)ない。

3) 優(やさ)しい息子(むすこ)に限(かぎ)って、友達(ともだち)を泣(な)かせるはずがない。

²⁸〜とは限(かぎ)らない

意味(いみ)	100%〜だと言(い)えない
接続(せつぞく)	普通形(ふつうけい)＋とは限(かぎ)らない

合格(ごうかく)するとは限(かぎ)らない / おいしいとは限(かぎ)らない / 真実(しんじつ)だとは限(かぎ)らない

1) お金(かね)をたくさん持(も)っている人(ひと)が、みんな幸(しあわ)せだとは限(かぎ)らない。

2) 努力(どりょく)をすれば必(かなら)ず成功(せいこう)するとは限(かぎ)らないが、努力(どりょく)をしなければ成功(せいこう)しない。

3) 韓国人(かんこくじん)と結婚(けっこん)したからといって、韓国語(かんこくご)が上手(じょうず)に話(はな)せるとは限(かぎ)らない。

問題7　次の文の（　　　）に入れるのに最もよいものを、1・2・3・4から一つ選びなさい。

1 人の何倍も努力している彼（　　　）、試験に落ちるなんて考えられない。
　　1　に限らず　　　　　　2　とは限らず　　　　3　に限って　　　　　　4　に限りて

2 人が多い場所は疲れてしまうから、休日に遊園地なんか行かない（　　　）。
　　1　とは限らない　　　　　　　　　　　2　に限る
　　3　とは限らず　　　　　　　　　　　　4　に限らないことはない

3 私が（　　　）では、村上さんは独身で恋人もいないらしい。
　　1　聞いて限り　　　　　　　　　　　　2　聞いた限り
　　3　聞かない限り　　　　　　　　　　　4　聞かなかった限り

4 失敗を恐れて何も行動しない（　　　）、人生を変えることはできない。
　　1　ところ　　　　　　2　ことに　　　　　3　限り　　　　　4　以来

5 オープン初日に来てくださった（　　　）、クリームパンをお一つプレゼントいたします。
　　1　お客様に関して　　　　　　　　　　2　お客様にも関わらず
　　3　お客様にとって　　　　　　　　　　4　お客様に限り

6 急いでいるとき（　　　）、なかなか電車が来なくていらいらする。
　　1　に限って　　　　　　　　　　　　　2　と限って
　　3　を限って　　　　　　　　　　　　　4　も限って

7 （　　　）、その資料を最後に持っていたのは部長だと思います。
　　1　覚えている限りでは　　　　　　　　2　覚えているに限って
　　3　覚えているに限らない　　　　　　　4　覚えているに限らず

8 店の前に行列ができているからといって、料理が（　　　）。

1　おいしいに限る　　　　　　　　2　おいしいとは限らない

3　おいしい限りだ　　　　　　　　4　おいしいに限っている

9 スポーツ（　　　）、仕事でも趣味でも続けて取り組めば必ず上達する。

1　を限って　　　　2　に限って　　　　3　を限らず　　　　4　に限らず

10 日本語を勉強するなら、授業がわかりやすい日本語の森で（　　　）。

1　勉強したに限る　　　　　　　　2　勉強しないに限る

3　勉強するに限る　　　　　　　　4　勉強してに限る

正答 ①3　②2　③2　④3　⑤4　⑥1　⑦1　⑧2　⑨4　⑩3

問題8 次の文の ___★___ に入る最もよいものを、1・2・3・4から一つ選びなさい。

11 8時間以上 _____ _____ ___★___ _____ が取れるとは限らない。

1 から   2 疲れ

3 といって   4 寝た

12 傘を持っていない _____ ___★___ _____ _____ 雨が降る。

1 天気予報が   2 外れて

3 日に   4 限って

13 緑茶 _____ _____ ___★___ _____ やうなぎなどいろいろな名産物がある。

1 には   2 に限らず

3 わさび   4 静岡県

14 このスキー場は _____ ___★___ _____ _____ することができます。

1 に限り   2 無料

3 19歳の方   4 で利用

15 私が _____ _____ ___★___ _____ ここに大きなビルが建っていました。

1 知っている   2 まで

3 去年   4 限り

4 順接・逆接

²⁹ 〜だけあって

意味　〜だから（ほめるときによく使う）

接続　普通形（ナAだ → な / Nだ）＋だけあって
　　　　勉強しただけあって / 有名なだけあって / 日本語の先生だけあって

1) 日本に留学しただけあって、彼は日本の文化についてとても詳しい。

2) テレビで紹介されるほど有名なだけあって、このラーメン屋さんはいつも行列ができる。

3) 元サッカー選手だけあって、サッカーに関しては誰よりも詳しい。

³⁰ 〜だけに

意味　①〜だから当然（＝〜だけあって）
　　　　②〜だからさらに（自分の気持ちを強調して言うときに使う）

接続　普通形（ナAだ → な・である / Nだ → である）＋だけに
　　　　心配していただけに / 美人であるだけに / 安いだけに
　　　　※Vるは使えない

1) 失敗が続いていただけに、今回の実験成功は心の底からうれしい。

2) 最近は忙しかっただけに、突然暇になると何をすればいいのかわからない。

3) 彼は若者の間で有名なだけに、街を歩くだけで声をかけられて大変だ。

³¹ ～からには／～以上

意味 ～だから！（強い気持ちを表す）

接続 Vる／Vた＋からには／以上（は）

ナA／N＋であるからには／である以上（は）

留学するからには／お金を払ったからには／先生である以上

① 最初はやりたくなかったが、やるからには本気で取り組みたいと思っている。

② 雨が降っているが、ここまで来たからには観光名所を見てから帰ろう。

③ 上司である以上、部下のミスであっても責任を取らなければならない。

³² ～というだけで

意味 ～という理由だけで

接続 普通形＋というだけで

ナA／N＋（である）というだけで

英語が話せるというだけで／若いというだけで／お金持ちというだけで

① あの店が販売している商品だというだけで、品質が悪いのに高い値段で売られて

いる。

② 芸能人が来たというだけで、あのレストランは次の日から行列ができたそうだ。

③ 彼女はかわいいというだけで、色々な会社の面接に合格した。

逆接▼

³³〜にもかかわらず

意味　〜なのに

接続　普通形（ナAだ→である／Nだ→である）＋にもかかわらず

N＋にもかかわらず

真冬にもかかわらず／上司であるにもかかわらず／努力したにもかかわらず

1) 彼はお金持ちであるにもかかわらず、値段の高いものを一切買わない。

2) こんなに暑いにもかかわらず、彼は長袖のトレーナーを着ている。

3) 雨にもかかわらず、新発売のゲームを買いに来たお客さんで長い列ができています。

³⁴〜にしては

意味　〜から予想することとは違う

接続　普通形（ナAだ→である／Nだ）＋にしては

初めて作ったにしては／私にしては／この値段にしては

1) 彼の作った資料にはいくつかミスがあったが、新入社員にしてはよくできている方だ。

2) 昨日全然寝ていないにしては、なんだか頭がすっきりしている。

3) 私の父は見た目に気を使っているので、50代にしては若く見える。

³⁵〜わりに

意味　〜なのに

接続　普通形（ナAだ→な／Nだ→の）＋わりに

値段が高いわりに／言っていたわりに／年齢のわりに

1) 息子は毎日休まず勉強しているわりに、全く成績が良くならない。

2) このシャンプーは値段のわりに、量が少ないし、香りも良くない。

3) この仕事は大変なわりに給料が低いので、やりたがる人が少ない。

36 〜といっても

意味	〜だけど、本当は
接続	普通形＋といっても

ナA／N＋といっても
勉強したといっても／安いといっても／大変といっても

① 中本「すごい！この料理、佐藤さんが作ったの？」

佐藤「はい。作ったといっても、切って焼いただけの簡単な料理ですよ。」

② 旅行に行ったといっても、日帰りで温泉に行ってきただけですよ。

③ 昨日買った本は、古本といっても新品のようなきれいさだった。

37 〜こそ〜が

意味	〜は〜だけど
接続	N＋こそ＋普通形＋が

ひらがなこそ書けないが／やる気こそあるが／見た目こそ悪いが

① 今は力こそ弱いが、これからトレーニングすれば彼は素晴らしい選手になるだろう。

② あそこのラーメン屋さんはサービスこそ悪いが、行列ができるほどおいしいそうだ。

③ 埼玉県は名産品こそないが、都心にも近くて便利なところである。

38 〜からといって

意味	〜という理由だけでは判断できない
接続	普通形＋からといって

ナA / N＋であるからといって

勉強したからといって / 有名であるからといって / 難しいからといって

1) 留学したからといって、英語が話せるようになるわけではない。

2) 体に良いと言われているからといって、この野菜を食べるだけで健康になるとは言えない。

3) 日本人であるからといって、漢字を全部知っているとは限らない。

39 〜かというと

意味	〜と聞かれたら、そうではない
接続	普通形＋（の）かというと / かといえば

※ナA・Nは使えない

ナA / N＋（なの）かというと / かといえば

毎日食べるかというと / 嫌いかというと / 天才なのかといえば

1) 一生懸命勉強すれば必ず試験に合格するかというと、そんなことはない。

2) 日本人は全員わさびが好きかといえば、そんなことはない。

3) 大学を卒業すれば誰でも就職できるかというと、そうではない。

40 〜一方

意味
① 〜とは反対に

② 〜とは別の面もある

接続
普通形（ナAだ → な・である／Nだ → の・である）＋一方（で）

楽しんでいる一方／反対する人がいる一方／教師である一方／★その一方で

1) 外国を飛び回って仕事をする人がいる**一方**で、自分の国から一度も出たことがない

人もいる。

2) 一人暮らしは自由である**一方**、病気になった時は少し心配だ。

3) 僕は生まれたときから不自由ない暮らしをしてきた。**その一方で**、ずっと貧しい

生活を送っている人もいる。

問題7　次の文の（　　　）に入れるのに最もよいものを、1・2・3・4から一つ選び
　　　なさい。

1　背が高い（　　　）、ゴールキーパーに選ばれた。
　　　1　といえば　　　　　2　というより　　　　　3　というだけで　　　4　としたら

2　今日は雨の日（　　　）、たくさんお客さんが来ている。
　　　1　にあたって　　　　2　とすると　　　　　　3　のはずで　　　　　4　のわりに

3　雨（　　　）、野球の試合は中止にならなかった。
　　　1　をとわず　　　　　　　　　　　　　　　2　というより
　　　3　にもかかわらず　　　　　　　　　　　　4　ということに

4　さすが元ダンス部（　　　）、山田さんはダンスを覚えるのが早いね。
　　　1　だけあって　　　　2　のみならず　　　　3　というより　　　　4　といえども

5　芸能人と同じ髪型にした（　　　）、その人みたいな顔になれるわけではない。
　　　1　にしては　　　　　　　　　　　　　　　2　のだったら
　　　3　にもかかわらず　　　　　　　　　　　　4　からといって

6　彼は一年生（　　　）落ち着いていて、しっかりしている。
　　　1　とするなら　　　　2　からしか　　　　　3　どころか　　　　　4　にしては

7　今日は暑い中仕事を頑張った（　　　）、家で飲むビールは特別においしかった。
　　　1　だけに　　　　　　2　からって　　　　　3　のだったら　　　　4　ものの

8 彼は日本に行ったこと（　　　）、アニメを観て日本語がうまくなったそうだ。

   1　にしては　　　　　　2　こそないが　　　　3　からには　　　　4　のみにして

9 ジムに入会した（　　　）、毎日通ってトレーニングをすると決めた。

   1　までは　　　　　　　2　からには　　　　　3　としては　　　　4　といえば

10 料理をした（　　　）、卵を焼いただけの簡単な料理ですよ。

   1　だけあって　　　　　2　というだけで　　　3　といっても　　　4　のみならず

問題8 次の文の___★___に入る最もよいものを、1・2・3・4から一つ選びなさい。

11 連休_____ ___★___ _____ _____ 遠くに出かけることはできない。

　1　3日間　　　　　　　　　　　2　あまり

　3　だけなので　　　　　　　　　4　といっても

12 日本人だ_____ _____ _____ ___★___、実はそんなことはない。

　1　漢字を全部　　　　　　　　　2　からといって

　3　書ける　　　　　　　　　　　4　かというと

13 やっぱり_____ _____ ___★___ _____、ゆか先生は言葉の使い方がとてもきれいだ。

　1　あって　　　　　　　　　　　2　だけ

　3　の先生　　　　　　　　　　　4　日本語

14 好きな仕事を見つけて毎日_____ ___★___ _____ _____、自分に合う仕事が見つからず転職ばかりする人もいる。

　1　人がいる　　　　　　　　　　2　過ごす

　3　一方で　　　　　　　　　　　4　楽しく

15 他の店に___★___ _____ _____ _____、味はあまり良くない。

　1　わりに　　　　　　　　　　　2　高い

　3　かなり値段が　　　　　　　　4　比べて

正答　⑪ 1（4132）　⑫ 4（2134）　⑬ 2（4321）　⑭ 2（4213）　⑮ 4（4321）

41 ～くせに

意味	～なのに

接続	普通形（ナAだ → な / Nだ → の）＋くせに
	知らないくせに / 嫌いなくせに / 先生のくせに

① 自分でやったことがないくせに、偉そうにアドバイスしないでほしい。

② 本当は元気なくせに、弟は熱があると言って学校を休んだ。

③ 私の兄は大学生のくせに、簡単な算数の問題も解けない。

42 ～っこない

意味	絶対に～できない（会話で使う言い方）

接続	Vます＋っこない
	できっこない / なれっこない / わかりっこない

① 全然勉強してないあいつが試験を受けても、受かりっこないよ。

② 運転できっこないと言っていたけど、やってみたら意外と簡単だったでしょう？

③ 歌手になんてなれっこないってわかっているけど、夢をあきらめられないんだ。

43 ～ていては

意味　～をずっとしていたら、良い結果にならない

接続　Vて＋いては
食べていては／休んでいては／読んでいては

1) 少し疲れたくらいで休憩していては、少しも作業が進まない。

2) 毎日の睡眠時間を削っていては、仕事に集中できないし、体調を崩すよ。

3) そんな風にむだづかいしていては、お金が必要になったときに困るよ。

44 ～ようでは

意味　～のままだと悪い結果になる

接続　Vる／Vない／Vている＋ようでは／ようじゃ
諦めるようでは／わからないようでは／食べているようじゃ

1) そんなことをしているようでは、いつまでたっても立派な大人にはなれませんよ。

2) コンビニの店員さんと話すのも恥ずかしがっているようじゃ、人前でプレゼンするのは難しいね。

3) こんな簡単な言葉も覚えられないようでは、日本に行っても生活できないよ。

⁴⁵ 〜そうもない

意味	〜する可能性が低い
接続	Vます／Vれる＋そう（に）もない／そうにない
	休めそうもない／食べられそうにない／できそうにもない

1️⃣ 今日は娘の誕生日だから残業せずに家に帰りたいが、やることが多くて定時に帰れそうにない。

2️⃣ 9月になってもまだ暑くて、まだまだ涼しくなりそうもない。

3️⃣ 思っていたより宿題の量が多くて、明日までに終わりそうにない。

⁴⁶ 〜あげく

意味	〜した結果（悪い結果になるときに使う）
接続	Vた＋あげく
	悩んだあげく／迷ったあげく／困ったあげく

1️⃣ 厳しい上司の命令で長時間働いたあげく、体調を崩して倒れてしまった。

2️⃣ 4時間も待たされたあげく、彼女から「今日は行けない」と電話が来た。

3️⃣ 彼女は何を買うかさんざん悩んだあげく、何も買わなかった。

⁴⁷ ～ばかりに

意味	～だから（悪い結果になったときに使う）

接続　普通形（ナAだ → な・である / Nだ → である）＋ばかりに
寝坊したばかりに / 頭が悪いばかりに / 有名人であるばかりに

1) 上司に反抗したばかりに、プロジェクトのメンバーから外されてしまった。

2) 家が貧乏であるばかりに、彼は成績が良いのに大学に進学することができなかった。

3) 外国で慣れない料理を食べたばかりに、お腹を壊してしまった。

⁴⁸ ～たら、かえって

意味	～したら、反対の結果になった（悪い結果になるときによく使う）

接続　Vたら＋かえって
休んだらかえって / 手術をしたらかえって / 調べたらかえって

1) 故障したパソコンを自分で修理しようとしたら、かえってひどくなってしまった。

2) 叱られて落ち込む人もいるが、私は怒られたらかえってやる気が出てくる。

3) 窓をきれいにしようと思って拭いたら、かえって汚くなってしまった。

問題7 次の文の（　　　）に入れるのに最もよいものを、1・2・3・4から一つ選びなさい。

1 今日は忙しすぎて、昼ごはんを食べるために10分休むことすら（　　　）。
1　できるそうだ
2　できつつある
3　できそうもない
4　できるまでもない

2 彼は（　　　）、休日遊びに行っても声をかけられたり写真を撮られたりして大変だ。
1　有名であるとともに
2　有名であるようでは
3　有名であるどころか
4　有名であるばかりに

3 お金がなくて貧乏だった私は、困った（　　　）あやしい人からお金を借りてしまった。
1　あげく
2　ようで
3　一方
4　とおり

4 健康になりたいと思っていても、体に悪いものばかり（　　　）病気になってしまう。
1　食べたくせに
2　食べていては
3　食べたとして
4　食べたことから

5 アルファベットを覚えただけでは、英語の試験に（　　　）よ。
1　合格するっこない
2　合格してっこない
3　合格したっこない
4　合格できっこない

6 一度負けただけで泣いている（　　　）、強い選手になることはできない。
1　ようでは
2　ようには
3　ようものなら
4　ようで

7 スーパーでさんざんチーズの味見を（　　　）、結局何も買わなかった。
1　するあげく
2　したあげく
3　しないあげく
4　すればあげく

8 そんなに一生懸命練習したって、プロの野球選手に（　　　　）。

1　なれるようではないよ　　　　　　　2　なれっこないよ

3　なれなくちゃいけないよ　　　　　　4　なれたところではないよ

9 彼はいつも遅刻する（　　　　）、友達が待ち合わせの時間に遅れたときはすごく怒る。

1　まま　　　　　　2　ばかりに　　　　3　くせに　　　　4　以上

10 恋人と別れて悲しそうな彼女を元気づけたら、（　　　　）落ち込んでしまった。

1　一方で　　　　　2　先立って　　　　3　比べて　　　　4　かえって

問題8 次の文の ___★___ に入る最もよいものを、1・2・3・4から一つ選びなさい。

11 今朝、うっかり ＿＿＿ ＿★＿ ＿＿＿ ＿＿＿ に怒られてしまった。

1 遅刻して 　　　　　　　　　　　 2 寝坊した

3 先生 　　　　　　　　　　　　　 4 ばかりに

12 なんだか疲れていたので ＿★＿ ＿＿＿ ＿＿＿ ＿＿＿ 体調が悪化した。

1 夜まで 　　　　　　　　　　　　 2 寝たら

3 朝から 　　　　　　　　　　　　 4 かえって

13 一度試験に ＿＿＿ ＿＿＿ ＿＿＿ ＿★＿ 、いつまでたっても合格できないよ。

1 いては 　　　　　　　　　　　　 2 あきらめて

3 といって 　　　　　　　　　　　 4 落ちたから

14 こんな ＿★＿ ＿＿＿ ＿＿＿ ＿＿＿ にバカにされるのも当然だ。

1 簡単な 　　　　　　　　　　　　 2 ようじゃ

3 こともわからない 　　　　　　　 4 子どもたち

15 彼は私が今まで ＿＿＿ ＿★＿ ＿＿＿ ＿＿＿ 、ひどいことばかり言ってくる。

1 くせに 　　　　　　　　　　　　 2 努力してきたか

3 どれだけ 　　　　　　　　　　　 4 知らない

正答 ⑪4（2413）　⑫3（3124）　⑬1（4321）　⑭1（1324）　⑮2（3241）

問題9　次の文章を読んで、文章全体の内容を考えて、　16　から　20　の中に
　　　　入る最もよいものを、1・2・3・4から一つ選びなさい。

絵文字

　文字コミュニケーションに、革命を起こした絵文字。文字のように文中に絵を　16
「絵文字」という名前がついた。メールを送る際に絵文字を使用することで、相手に自分
の気持ちを正確に伝え、誤解を生みにくくするというメリットがある。あたりまえのよう
に使われているこの絵文字が生まれたのが、日本だということをご存知だろうか。現在は
無料で何文字でもメールを送信することができるが、昔はメールを一通送るたびに料金が
発生し、送信できる文字数も限られていた。このような制限はあったが、時間や場所を選
ばずコミュニケーションが取れる点が便利だと、多くの日本人が電話よりメールを好むよ
うになった。　17　、対面せずにコミュニケーションが取れるという点も、恥ずかしが
り屋の日本人に好まれた理由の一つだろう。しかし、文字でのコミュニケーションはしば
しば送り手と受け手の間に誤解を生じさせた。　18　ために開発されたのが、絵文字で
あった。

　その後インターネット技術が進化し、世界中の誰とでも簡単にメールを交換できるよう
になった。また、スマートフォンが普及したことにより、絵文字は日本だけでなく、全世
界で　19　。言葉が通じない外国人とのコミュニケーションでも、正確に内容や気持ち
が伝えられると、海外でも絵文字の効果が認められている。絵文字がなかったら、これほ
どまでインターネット上のコミュニケーションは　20　。日本人の思いやりが形になっ
た一つの例である。

16

1　入れられることなく　　　　　　2　入れられることから

3　入れられるものの　　　　　　　4　入れられることなら

17

1　しかし　　　　　　2　したがって　　　　3　つまり　　　　　　4　また

18

1　このような問題を解決する　　　2　文字数を増やす

3　料金を抑える　　　　　　　　　4　あんな人の

19

1　注目するためにある　　　　　　2　注目させられるそうだ

3　注目させてくれた　　　　　　　4　注目されるようになった

20

1　発展したようだ　　　　　　　　2　発展していたのでしょう

3　発展していなかっただろう　　　4　発展しているようだ

正答　⑯2　⑰4　⑱1　⑲4　⑳3

49 ～あまり

意味	とても～で

接続 Vる / ナAな / Nの＋あまり

しんぱい　　　　　　　　　　　　　　いた
心配するあまり / うれしさのあまり / 痛みのあまり

※「～さ / ～み」でよく使われる

① 大好きな人に見つめられて、恥ずかしさの**あまり**両手で顔を隠してしまった。

② 新しい家が快適な**あまり**、友達と遊びに出かけることすら面倒になってしまった。

③ 母親は帰って来ない娘を心配する**あまり**、外へ探しに行った。

50 ～のなんのって

意味	とても～だ（言葉でうまく言えないくらい強い気持ちを表すときに使う）

接続 普通形（ナAだ→な）＋のなんのって

おどろ　　　　　　　　　　　さび　　　　　　　　　　くや
驚いたのなんのって / 寂しいのなんのって / 悔しいのなんのって

※Nは使えない

① いすに足の小指をぶつけてしまって、痛い**のなんのって**しばらく動けなかった。

② 毎日気温が37度もあって、もう暑い**のなんのって**。

③ 最近の携帯電話は画面が小さくて使いにくい**のなんのって**、使うたびにいらいらして嫌になるよ。

51 〜てならない

意味　とても〜だ

接続　イAくて / ナAで / Vて＋ならない
　　　悲しくてならない / 迷惑でならない / 感じられてならない

1) 一点足りなかったせいで試験に合格できなかったことが、悔しくてならない。

2) 運動をするようになってから、毎日お腹が空いてならない。

3) 素晴らしい才能を持つ彼が20歳という若さで亡くなってしまい、残念でならない。

52 〜てたまらない

意味　我慢できないくらい、とても〜だ

接続　イAくて / ナAで / Vたくて＋たまらない
　　　かわいくてたまらない / 不思議でたまらない / 会いたくて会いたくてたまらない
　　　※「〜て〜てたまらない」の言い方もある
　　　※「〜たい」でよく使われる

1) ここ一か月は痩せるために野菜ばかり食べていたので、お菓子が食べたくてたまらない。

2) 今日の試験が不安で不安でたまらなくて、全然眠れなかったよ。

3) エアコンが壊れてしまい、部屋の中が暑くてたまらない。

⁵³ ～にほかならない

意味 ～以外のものではない（絶対にこれだ！と強調して言いたいときに使う）

接続 N+にほかならない

運命にほかならない / 努力の結果にほかならない / 君がいないからにほかならない

※「～からにほかならない」と理由を強調する言い方もある

① 何も言わずに突然会社を辞めるなんて、彼のやったことは無責任**にほかならない**。

② 人の本当の気持ちが出るのは、言葉ではなく態度**にほかならない**。

③ 僕が資格試験に合格したのは、母の支えがあったから**にほかならない**。

⁵⁴ ～こそ

意味 ～は！（～を強調するときに使う）

接続 N+こそ

彼こそ / 今度こそ / 勉強したからこそ

※「～からこそ」と理由を強調する言い方もある

① 彼はみんなに「今年**こそ**試験に合格する」と言っていたが、また不合格だったら

しい。

② たくさんのつらい経験をしたから**こそ**、彼女は人に優しいのだろう。

③ 今日**こそ**彼女に気持ちを伝えようと思ったが、また今日も言えなかった。

⁵⁵〜まい

意味
①〜ないだろう
②絶対〜ない（強い気持ちを表す）

接続
Vる/Vます＋まい

※します→しまい/すまい
　来ます→来まい
　行くまい/あるまい/食べまい

1） 料理の味も店員の態度も悪いこんな店には、もう二度と来るまい。

2） いつも嘘ばかりついている彼の言うことなんか、誰も信じまい。

3） 頭の良い彼女には、試験に落ちた私の気持ちなんてわかるまい。

⁵⁶〜てでも

意味
〜しても（普通はしない方法を使うと言いたいときに使う）

接続
Vて＋でも
休んででも/待ってでも/どんな手を使ってでも

1） このお店のラーメンは最高においしいので、一時間待ってでも食べたい。

2） 僕は彼女と別れてでも、この夢をかなえたかった。

3） 今の安定した生活を捨ててでもやりたいことがあると言って、彼はアフリカへ行った。

⁵⁷〜というより

意味	〜ではなくて（もっとぴったりな言い方があると言いたいときに使う）
接続	普通形＋というより

ナA／N＋（である）というより

賑やかというよりうるさい／学ぶというより遊ぶ／兄弟というより親友

1） 彼とは性格も趣味も似ていて、恋人<u>というより</u>友達のような関係だ。

2） 日本語を勉強しているときは、努力している<u>というより</u>遊んでいるような気持ち

になる。

3） 彼の話し方は、おもしろい<u>というより</u>下品だ。

⁵⁸〜に決まっている

意味	絶対〜だ！
接続	普通形（ナAだ／Nだ）＋に決まっている

ナA／N＋であるに決まっている

合格するに決まっている／おいしいに決まっている／あいつに決まっている

1） あんなに休まず働き続けていたら、そのうち倒れる<u>に決まっている</u>。

2） 毎日コンビニでランチを買っていたら、食費が高くつく<u>に決まっている</u>よ。

3） 佐藤さんが主役の映画だって。こんなのおもしろい<u>に決まっている</u>。

問題7　次の文の（　　　　）に入れるのに最もよいものを、1・2・3・4から一つ選びなさい。

1 遊園地のような人の多いところへは（　　　　）と思っていたが、彼女ができてからよく行くようになった。

1　行かまい　　　　2　行きまい　　　　3　行くまい　　　　4　行こまい

2 集中して勉強したいのに、隣でずっと話をされて（　　　　）。

1　迷惑なわけがない　　　　　　　　　2　迷惑のなんのない

3　迷惑しようがない　　　　　　　　　4　迷惑でならない

3 最近ようやく言葉を話すようになった息子が、（　　　　）。

1　かわいいたまらない　　　　　　　　2　かわいくてたまらない

3　かわいくたまらない　　　　　　　　4　かわいいでたまらない

4 私と兄は一歳しか年齢が離れていないので、兄弟（　　　　）親友のような関係だ。

1　というより　　　2　にほかならず　　3　にとって　　　　4　によって

5 ここのラーメンは他の店にはない特別なおいしさがあるので、二時間（　　　　）食べる価値がある。

1　待ってから　　　2　待ってでも　　　3　待っていて　　　4　待って以来

6 息子が試験に合格したと聞いて、うれしさの（　　　　）大声でさけんでしまった。

1　くせに　　　　2　つもりで　　　　3　なんのって　　　4　あまり

7 一人暮らしを始めてさびしい（　　　　）、毎日一人で泣いてばかりいる。

1　ものの　　　　2　というより　　　3　のなんのって　　4　によって

8 父は「今度（　　　）当てる！」と言いながら、走って宝くじを買いに行った。

1　ほど　　　　　　　2　には　　　　　　　3　おきに　　　　　4　こそ

9 作品が認められて金賞をとることができたのは、彼自身の努力の結果（　　　）。

1　でならない　　　　　　　　　　　2　というものがある

3　にほかならない　　　　　　　　　4　にかかわらずだ

10 あんなに一生懸命勉強しているんだから、彼は合格する（　　　）。

1　に決まっている　　2　にほかならない　　3　に先立っている　　4　に対している

問題8　次の文の＿★＿に入る最もよいものを、1・2・3・4から一つ選びなさい。

11 毎週月曜日に放送されるドラマの ＿＿＿＿ ＿★＿ ＿＿＿＿ ＿＿＿＿。

　　1　観たくて　　　　　　　　　　　2　早く

　　3　たまらない　　　　　　　　　　4　続きを

12 途中まで勝っていたのに、最後に逆転されて負けて ＿＿＿＿ ＿★＿ ＿＿＿＿ ＿＿＿＿。

　　1　悔<ruby>悔<rt>くや</rt></ruby>しくて　　　　　　　　　　2　しまった

　　3　ならない　　　　　　　　　　　4　ことが

13 今年は準優勝だったが、＿＿＿＿ ＿＿＿＿ ＿★＿ ＿＿＿＿心に決めた。

　　1　と　　　　　　　　　　　　　　2　こそ

　　3　優勝するぞ　　　　　　　　　　4　来年

14 突然 ＿＿＿＿ ＿★＿ ＿＿＿＿ ＿＿＿＿持っていたアイスクリームを床に落としてしまった。

　　1　<ruby>驚<rt>おどろ</rt></ruby>きの　　　　　　　　　　　2　<ruby>雷<rt>かみなり</rt></ruby>が

　　3　あまり　　　　　　　　　　　　4　鳴って

15 こんなに短期間で、完ぺきに歌と踊りを覚えられるのは ＿＿＿＿ ＿＿＿＿ ＿★＿ ＿＿＿＿。

　　1　ほか　　　　　　　　　　　　　2　才能に

　　3　ならない　　　　　　　　　　　4　彼女たちの

正答　⑪ 2（4213）　　⑫ 4（2413）　　⑬ 3（4231）　　⑭ 4（2413）　　⑮ 1（4213）

59 ～最中
さいちゅう

| 意味
いみ | ～しているところ |
| 接続
せつぞく | Vている＋最中（に）
さいちゅう
N＋の最中（に）
さいちゅう
食事の最中 / 勉強している最中 / 話している最中
しょくじ さいちゅう べんきょう さいちゅう はな さいちゅう |

❶ 会社でプレゼンをしている最中に、突然頭が痛くなり倒れてしまった。
かいしゃ さいちゅう とつぜんあたま いた たお

❷ シャワーの最中に、誰かが訪ねてきて困った。
さいちゅう だれ たず こま

❸ 試験を受けている最中、突然停電した。
しけん う さいちゅう とつぜんていでん

60 ～かと思うと
おも

| 意味
いみ | ～したあとすぐ |
| 接続
せつぞく | Vた＋かと思うと / かと思ったら
おも おも
治ったかと思うと / 音がしたかと思うと / 終わったかと思ったら
なお おも おと おも お おも |

❶ 彼はテーブルにある料理を全部食べ終わったかと思うと、さらに料理を注文し始
かれ りょうり ぜんぶ た お おも りょうり ちゅうもん はじ
めた。

❷ 友人はアメリカに留学したかと思ったら、今度はフィリピンに住むらしい。
ゆうじん りゅうがく おも こんど す

❸ ベトナムの天気は不安定で、大雨が降ったかと思ったらすぐに晴れることがよく
てんき ふあんてい おおあめ ふ おも は
ある。

61 〜か〜ないかのうちに

意味　〜し終わらないくらい、すぐに

接続　Vる／Vた＋か＋Vない＋かのうちに
食べるか食べないかのうちに／着くか着かないかのうちに／見たか見ないかのうちに

1) コップの中のビールを飲むか飲まないかのうちに、酔っ払って顔が真っ赤になって

しまった。

2) 信号が青になるかならないかのうちに、彼は道路を渡り出した。

3) 家に着いたか着かないかのうちに、急いでトイレへ入っていった。

62 〜たとたん

意味　〜したあと、すぐ

接続　Vた＋とたん（に）
言ったとたん／食べたとたん／聞いたとたんに

1) よほど疲れていたのか、布団に入って目を閉じたとたんに眠ってしまった。

2) 彼は立ち上がったとたん、気分が悪くなって倒れてしまった。

3) 会社を出たとたん、大雨が降ってきた。

63 ～上で

意味	① ～をするとき
	② ～をした後

接続	① Vる＋上（で）
	② Vた / Nの＋上（で）

勉強する上で / 確認した上で / 覚悟の上

1) 社内で何度も話し合いをした上で、この商品を発売することが決定しました。

2) 家族と相談の上、一人暮らしをすることに決めました。

3) 仕事をする上で大切なことは、責任感を持つことだ。

64 ～ついでに

意味	～をするときに、別のこともする

接続	Vる / Vた＋ついでに
	N＋（の）ついでに

出かけるついでに / 行ったついでに / 買い物のついでに

1) 掃除のついでに、生活に必要のないむだな物を全て捨てた。

2) コンビニに行くついでに、電池も買ってきてくれない？

3) 京都へ出張したついでに、学生時代の友達に会ってきた。

65 ～をかねて

意味	～も同時に行って
接続	N＋をかねて

休憩をかねて / あいさつをかねて / 勉強をかねて

1) リスニングと会話の練習をかねて、日本のアニメをたくさん観ている。

2) ストレス発散をかねて、ジムに通っている。

3) 節約とダイエットをかねて、毎朝駅まで歩いている。

66 ～につけ

意味	～する度に
接続	Vる＋につけ（て）

見るにつけ / 聞くにつけ / 考えるにつけ / ★何かにつけ

1) 片思い中の彼女のことを考えるにつけ、胸が締め付けられるような切ない気持ちになる。

2) 道で犬を見かけるにつけ、昔飼っていた愛犬のことを思い出す。

3) 彼は何かにつけ文句を言ってくるので、皆から嫌われている。

67 ～ぶり

意味	～という長い時間が経って
接続	N＋ぶり（に）

一週間ぶり / 一年ぶり / 半年ぶりに / ★久しぶりに

1) 同窓会で10年ぶりに親友と再会し、学生時代のように楽しく話をした。

2) けがの治療が終わり退院し、一か月ぶりに同僚に会うことができた。

3) 久しぶりに家へ帰ったら、飼っていたペットが大きく成長していて驚いた。

問題7 次の文の（　　　）に入れるのに最もよいものを、1・2・3・4から一つ選びなさい。

1 彼女は（　　　）私のまねばかりしてくるので、嫌な気分になる。
　1　何の通りに　　　　　　　　　　　2　何に対して
　3　何かにつけて　　　　　　　　　　4　何はともあれ

2 勉強している（　　　）、妹が私の部屋に何度も来るので集中できない。
　1　上で　　　　　　2　次第　　　　　　3　一方　　　　　　4　最中

3 外で大きな音が（　　　）、「助けて」という子どもの声が聞こえた。
　1　したかと思うと　　　　　　　　　2　したと思って
　3　したと思わず　　　　　　　　　　4　したかと思うに

4 勉強する（　　　）最も大切なことは、目標を立てて毎日少しずつ取り組むことだ。
　1　上が　　　　　　2　上に　　　　　　3　上で　　　　　　4　上は

5 賞味期限が切れているおにぎりを（　　　）、お腹が痛くなり始めた。
　1　食べたはずで　　　　　　　　　　2　食べたついでに
　3　食べたとたん　　　　　　　　　　4　食べた次第に

6 インフルエンザでしばらく学校を休んでいたので、一週間（　　　）に友達に会えた。
　1　たち　　　　　　2　きり　　　　　　3　うえ　　　　　　4　ぶり

7 日曜日は美容院へ行く（　　　）、マッサージを受けてエステにも行く予定だ。
　1　とたんに　　　　　2　ついでに　　　　　3　最中に　　　　　4　以上に

8 映画が終わる（　　）終わらない（　　）のうちに、お客さんはみんな立ち上がって
帰り始めた。

1　の / の　　　　　　2　に / に　　　　　　3　と / と　　　　　　4　か / か

9 大学合格の知らせを（　　）、母は大喜びして泣き始めた。

1　聞きとたん　　　2　聞くとたん　　　3　聞いてとたん　　　4　聞いたとたん

10 勉強（　　）、英語の曲をたくさん聞くようにしている。

1　にとって　　　　2　をかねて　　　　3　のあまり　　　　4　にしても

正答　①3　②4　③1　④3　⑤3　⑥4　⑦2　⑧4　⑨4　⑩2

問題8　次の文の＿★＿に入る最もよいものを、1・2・3・4から一つ選びなさい。

11　桜は＿＿＿＿　＿＿＿＿　＿＿＿＿　＿★＿　かと考えているうちに桜の季節が終わってし
まった。

1　散ってしまうので　　　　　　　　2　かと思うと
3　咲いた　　　　　　　　　　　　　4　いつ見に行こう

12　＿★＿　＿＿＿＿　＿＿＿＿　＿＿＿＿ので、今朝は早起きしないですんだ。

1　ついでに　　　　　　　　　　　　2　作っておいた
3　お弁当のおかずも　　　　　　　　4　夕食を作る

13　日本に留学して3年経つが、国にいる家族のことを＿＿＿＿　＿★＿　＿＿＿＿　＿＿＿＿と
思う。

1　つらいことがあっても　　　　　　2　考える
3　につけ　　　　　　　　　　　　　4　頑張ろう

14　彼と＿＿＿＿　＿＿＿＿　＿★＿　＿＿＿＿誰かすぐには思い出せなかった。

1　見た目が　　　　　　　　　　　　2　会うのは
3　変わっていて　　　　　　　　　　4　10年ぶりなので

15　シャワーを浴びている＿★＿　＿＿＿＿　＿＿＿＿　＿＿＿＿あわてて出た。

1　体もふかずに　　　　　　　　　　2　最中に
3　上司から　　　　　　　　　　　　4　電話がかかってきて

正答　⑪4（3214）　⑫4（4132）　⑬3（2314）　⑭1（2413）　⑮2（2341）

基準

8 基準・関連

基準 ▼

⁶⁸ ～に反して

意味 ～とは反対に

接続 N＋に反して

N1＋に反する＋N2

期待に反して / 規則に反して / 予想に反する結果

1) この会社では、上司の命令に反する行動をとることは絶対に許されない。

2) 親の期待に反して、彼はピアニストにならずに歌手になった。

3) 専門家の予想に反して、感染症は一年経った今でも拡大し続けている。

⁶⁹ ～に応じて

意味 ～に合わせて

接続 N＋に応じて

N1＋に応じた＋N2

希望に応じて / 経験に応じて / 状況に応じた対応

1) 部下には、一人ひとりの能力に応じた仕事を任せることが大切だ。

2) 荷物の大きさに応じて、配達の料金が異なります。

3) お客様の要望に応じて、営業時間を一時間延ばすことに決めた。

70 〜に加えて

意味	〜だけでなく
接続	N+に加えて

日本語に加えて / 読書に加えて / 練習に加えて

① 外国語を習得するためには、単語の暗記に加えて会話の練習をすることがとても
大切だ。

② 本日、入会金に加えて、今月分の料金もお支払いいただきます。

③ 症状をおさえるために、薬を飲むことに加えて軽い運動もするようにしてください。

71 〜に沿って

意味	〜に合わせて
接続	N+に沿って
	N1+に沿った+N2

道路に沿って / 期待に沿って / 希望に沿った提案

① 春になると川に沿って並んでいる桜の木が満開になって、とても美しい。

② 大通りに沿ってまっすぐ進むと、黄色い看板がありますのでそこを右に曲がって

ください。

③ お客様のご希望に沿った快適なお部屋をご用意いたしました。

72 〜に伴って

意味 〜と一緒に（同時に別のことが起きると言いたいときに使う）

接続 N＋に伴って

N1＋に伴う＋N2

気温の上昇に伴って／大雨に伴って／引っ越しに伴う費用

1) 就職に伴って、田舎の街へ引っ越しすることになった。

2) 台風の接近に伴って、雨と風が強くなってきた。

3) 本日の授業では、地球温暖化に伴う問題についてお話します。

関連 ▼

73 〜において

意味 〜で

接続 N＋において

勉強において／日本において／会議室において

1) 人生において最も大切なことは、失敗を恐れずチャレンジし続けることだ。

2) インターネットのない時代において、家族に連絡する方法は電話か手紙しかなかった。

3) 明日東京大学において、村上教授の講演会が行われます。

74 〜にかけては

意味 〜については（それに関してはよくできる！と言いたいときに使う）

接続 N＋にかけては

料理にかけては／サービスにかけては／日本語にかけては

1) 日本の漫画とアニメにかけては、彼より詳しい人にこれまで出会ったことがない。

2) 選抜チームの中でも、足の速さにかけては彼に勝てる人はいないだろう。

3) 彼は勉強はできないけれど、音楽の知識にかけてはクラスで一番だ。

⁷⁵ ～をめぐって

意味 ～について（問題や争いが起きるときに使う）

接続 N＋をめぐって / をめぐり

N1＋をめぐる＋N2
財産をめぐって / 騒音をめぐり / 権利をめぐる争い

① 親の遺産をめぐって、親戚同士の激しい争いが始まった。

② 大会の中止をめぐって、たくさんの意見が寄せられた。

③ 住民の間でビルの建設をめぐる対立が起こっている。

⁷⁶ ～というと

意味 ～について言うと

接続 N＋というと / といえば
勉強というと / 留学といえば / 日本食といえば

① 漢字の勉強というと嫌がる人が多いのですが、実はとてもおもしろいものです。

② 北海道といえば、じゃがいもやとうもろこしなどのおいしい食べ物を思い浮かべる。

③ 東京出身の人は遠足というと、京都や奈良へ行くらしい。

⁷⁷ ～とは

意味 ～は（硬い言い方）

接続 N＋とは
日本語とは / 勉強とは / 社会とは

① 仕事とは、人の役に立つ代わりにお金をもらうという行為である。

② 梅雨とは5月から7月の間にある、雨の多い時期のことです。

③ ゴールデンウィークとは、毎年5月にある長い連休のことです。

問題7　次の文の（　　　）に入れるのに最もよいものを、1・2・3・4から一つ選びなさい。

1　グローバル化する現代（　　　）最も必要とされる能力は、コミュニケーション能力である。

1　にはって　　　　2　によって　　　　3　にのって　　　　4　において

2　（　　　）、すしや天ぷらを思い出す人が多いと思います。

1　日本食というと　　　　　　　　2　日本食をめぐって

3　日本食にかけては　　　　　　　4　日本食とは

3　夏になると、気温の上昇（　　　）熱中症になる人の数が増加する。

1　に備えて　　　　2　に基づいて　　　3　に伴って　　　4　に沿って

4　健康のために毎朝のウォーキング（　　　）、仕事終わりにジムへ通って筋トレをしている。

1　に沿って　　　　2　に加えて　　　3　において　　　4　にかけて

5　大通り（　　　）、同じ色の家がたくさん並んでいる。

1　において　　　　2　によって　　　3　に反して　　　4　に沿って

6　優勝候補のチームが次々と負け、大会は予想（　　　）結果となった。

1　に対した　　　　2　に応じる　　　3　に基づく　　　4　に反する

7　この会社では、能力と仕事の結果（　　　）社員の給料を決定しています。

1　に加えて　　　　2　に反して　　　3　に応じて　　　4　に比べて

8 ナポリタン（　　　　）、ケチャップを使った日本風のスパゲティのことである。

1　とは　　　　　　　2　では　　　　　　　3　さえ　　　　　　　4　ただ

9 一人の（　　　　）、二人の男性が激しく言い争いをしている。

1　女性にあたって　　　　　　　　　　2　女性に基づいて
3　女性に沿って　　　　　　　　　　　4　女性をめぐって

10 料理の味とお客様へのサービス（　　　　　）、この店が日本で一番だ。

1　にとっては　　　　2　にかけては　　　　3　をめぐっては　　　　4　をかねては

問題8　次の文の＿＿★＿＿に入る最もよいものを、1・2・3・4から一つ選びなさい。

11 うちの本屋は古い本から新しい本まで取りそろえているので、＿＿＿＿　＿＿＿＿　＿★＿＿

＿＿＿＿に負けることはないだろう。

1　他の店　　　　　　　　　　　　2　豊富さ

3　本の種類の　　　　　　　　　　4　にかけては

12 ＿★＿＿　＿＿＿＿　＿＿＿＿　＿＿＿＿、そこには食品や日用品がたくさん売っている。

1　言葉で　　　　　　　　　　　　2　短くした

3　スーパーとは　　　　　　　　　4　スーパーマーケットを

13 現在の日本社会では、高齢化＿＿＿＿　＿＿＿＿　＿＿＿＿　＿★＿＿が問題になっている。

1　若くて力のある　　　　　　　　2　に伴<ruby>う<rt>ともな</rt></ruby>

3　働き手　　　　　　　　　　　　4　の不足

14 今年こそは＿＿＿＿　＿★＿＿　＿＿＿＿　＿＿＿＿は初戦で負けてしまった。

1　国民の期待　　　　　　　　　　2　優勝するだろうという

3　日本チーム　　　　　　　　　　4　に反して

15 先日、祖父が急に亡くなった。明日、祖父の<ruby>遺産<rt>いさん</rt></ruby>の相続＿★＿＿　＿＿＿＿　＿＿＿＿　＿＿＿＿

話し合うことになっている。

1　皆で集まって　　　　　　　　　2　をめぐる

3　について　　　　　　　　　　　4　問題

正答　⑪ 4（3241）　⑫ 3（3421）　⑬ 4（2134）　⑭ 1（2143）　⑮ 2（2431）

78 〜にしても

意味 〜だと考えても

接続 普通形（ナAだ → である / Nだ → である）＋にしても
一生懸命やったにしても / 勉強し続けるにしても / 美人であるにしても /

★それにしても

① いくら素材が良い**にしても**、Tシャツ一枚で3万円は高すぎると思う。

② いくら慣れている**にしても**、山では何があるかわかりませんから、必ず二人以上
で行動しましょう。

③ 未経験者である**にしても**、基礎知識くらいは勉強してきてほしかった。

79 〜としても

意味 〜だと考えても

接続 普通形＋としても
行くとしても / 知っていたとしても / やらないとしても

① たとえ冗談だった**としても**、見た目のことをからかわれてとても傷ついた。

② たとえ大雪だ**としても**、仕事を休むことはできないだろう。

③ どんなに生活が苦しい**としても**、犯罪はしないと決めている。

⁸⁰ ～とも

意味	～ても

接続	Vよう / イAくそ＋とも

ナA / N＋であろうとも

負けようとも / 悲しくとも / 台風であろうとも

① この先何があろうとも、僕たちはずっと親友だ。

② どんなに孫がかわいくとも、甘やかしすぎるのは良くない。

③ 出張先が海外であろうとも、会社の命令だから必ず行かなければならない。

⁸¹ ～ばよかった

意味	～するべきだった（後悔の気持ちを表す）

接続	Vば＋よかった

Vない＋なければよかった

行けばよかった / 食べればよかった / 出会わなければよかった

① 彼女を怒らせてしまった。あんなこと言わなければよかった。

② こんなに時間がかかるなんて、昨日のうちに準備しておけばよかった。

③ もっと計画的に夏休みの宿題をやればよかった。

^{82} 〜さえ〜ば

意味	〜だけが大切なことだ

接続	N＋さえ＋ Vば / イAい＋ければ
	ナA＋なら / N＋なら

Vます＋さえすれば / さえしなければ

ナA / N＋でさえあれば / でさえなければ

悪口さえ言わなければ / 行きさえすれば / 金持ちでさえあれば

① 身長さえ高ければ、もっと試合で活躍できるのになあ。

② 英語さえできれば、海外で働けるというものではない。

③ 結婚相手は高収入でさえあれば誰でもいいというわけではない。

^{83} 〜を抜きにして

意味	〜なしで

接続	N＋を抜きにして（は）

N＋は抜きにして

N＋抜きに / 抜きで

彼を抜きにして / 冗談は抜きにして / わさび抜きで

① お祝いのための食事会だから、仕事の話は抜きにして楽しみましょう！

② 昨日、私の家族は私抜きで焼き肉を食べに行ったらしい。

③ この仕事は部長を抜きにしては進められません。

84 ～を除いて

意味 ～以外で

接続 N＋を除いて（は）
彼を除いて / 日曜日を除いて / 見た目が悪いことを除いては

1. この中で試験に合格したのは、私を除いて5人だけです。

2. 当店は年末年始を除いて、休まず営業しています。

3. この家は新しいし家賃も安いし、交通が不便なところを除いては最高です。

85 ～次第で

意味 ～によって

接続 N＋次第で（は）/ 次第だ
天候次第で / 気分次第では / やる気次第だ

1. この話を信じるか信じないかは、あなた次第ですよ。

2. 明日は遠足の予定だが、天気次第では中止になりそうだ。

3. この検査の結果次第で、入院するかどうかが決まります。

86 ～でなければ

意味 ～でないと

接続 N / ナA＋でなければ
上手でなければ / 有名でなければ / 彼でなければ

1. 健康でなければ、働くことはできません。

2. 登録者でなければ、動画を見ることができません。

3. あなたでなければ、この仕事は任せられません。

問題7 次の文の（　　　）に入れるのに最もよいものを、1・2・3・4から一つ選びなさい。

1 この店のおすすめは、店長の気分（　　　）変わる。

1　次第に　　　　2　次第で　　　　3　次第　　　　4　次第と

2 いくら周りの人が不可能だと（　　　）、僕はこの実験を成功させる。

1　言うから　　　2　言ってまで　　3　言おうとも　　4　言うにしては

3　森　「日曜日みんなで山に登るんだけど、山田さんも行く？」
山田「行きたいんだけど、日曜日は大事な試験があるんだ。私（　　　）行ってきて。」

1　抜きで　　　　2　よそに　　　　3　ことなしに　　4　加えて

4 うちの親は厳しくて、友達と遊びに行く（　　　）親の許可が必要だった。

1　にとっても　　2　にしても　　　3　にしては　　　4　としては

5 本人の家族（　　　）、代わりに手続きをすることはできません。

1　にしては　　　2　であるとき　　3　にとっても　　4　でなければ

6 クラスの中で同じ大学に進学したのは、私（　　　）二人いた。

1　に備えて　　　2　を通して　　　3　を除いて　　　4　に応じて

7 場所（　　　）良ければ、この家に引っ越そうと思っていました。

1　しか　　　　　2　さえ　　　　　3　ほど　　　　　4　まで

8 マスクをした（　　　）、手洗いうがいをしないとインフルエンザの予防にはならない。

1　からだけ　　　　2　といえば　　　　3　からしか　　　　4　としても

9 今回のテストの点数（　　　）、進学できる大学が決まる。

1　次第で　　　　2　一方で　　　　3　以上で　　　　4　限りで

10 社会人になってからはなかなか旅行に行けなくなったので、学生のうちにもっと旅行に

（　　　）よかったと思う。

1　行けば　　　　2　行くとしたら　　　3　行くだけ　　　　4　行くとすると

正答　①2　②3　③1　④2　⑤4　⑥3　⑦2　⑧4　⑨1　⑩1

問題8 次の文の __★__ に入る最もよいものを、1・2・3・4から一つ選びなさい。

11 できるだけ早くみなさんと仲良くなりたいので、_____ __★__ _____ _____自己
紹介から始めましょう。

1　抜き　　　　　　　　　　　2　難しい
3　にして　　　　　　　　　　4　話は

12 愛 _____ _____ __★__ _____幸せだと言う人がいるけれど、私はそうは思わない。

1　さえ　　　　　　　　　　　2　お金が
3　あれば　　　　　　　　　　4　なくても

13 _____ _____ __★__ _____、勉強をしなければ日本語が話せるようにはならない。

1　行った　　　　　　　　　　2　たとえ
3　日本へ　　　　　　　　　　4　としても

14 _____ _____ _____ __★__ は関係ない。私は必ず夢をかなえて見せる。

1　言おうとも　　　　　　　　2　誰が何と
3　そんなこと　　　　　　　　4　たとえ

15 こんなに大変な作業、_____ __★__ _____ _____で終わらせることはできなかった
だろう。

1　なければ　　　　　　　　　2　彼
3　で　　　　　　　　　　　　4　一日

正答　⑪ 2（2413）　⑫ 2（1324）　⑬ 1（2314）　⑭ 3（4213）　⑮ 3（2314）

10 状況・伝聞

⁸⁷〜かのように

| 意味 | 本当はそうじゃないけど、〜みたいに見える |
| 接続 | 普通形（ナAだ／Nだ）＋かのように |

ナA／N＋であるかのように

知らなかったかのように／熱いかのように／有名であるかのように

1) 彼はいつも人から聞いた話を、自分が経験した**かのように**話す。

2) 昨日大事件が起きたのに、世の中は何もなかった**かのように**時間が流れている。

3) 初対面なのに、彼女はまるで昔からの友達である**かのように**接してきた。

⁸⁸〜つもり

| 意味 | 本当はそうじゃないけど、自分は〜だと思っている |
| 接続 | Vる／Vた／Vている／イA／ナAな＋つもり（で） |

N＋のつもり（で）

確認したつもり／若いつもり／専門家のつもり

1) 本人は一生懸命やっている**つもり**だろうけど、周りから見ると努力が足りない。

2) 自分は元気な**つもり**でも、病気が治ったばかりなので運動するとすぐに疲れてしま

う。

3) 冗談の**つもり**で言った言葉で、彼女を傷つけてしまった。

89 ～てばかりいる（～てばかりいられない）

意味	～だけを続けている／～だけを続けていることはできない
接続	Vて＋ばかりいる／ばかりいられない 食べてばかりいる／遊んでばかりいる／寝てばかりいる

1) 夏休みなのに、息子は家の中でゲームを**してばかりいる**。

2) もう入社して3年目だから、先輩に助けてもらっ**てばかりいられない**。

3) 授業中、話を聞かずに寝**てばかりいる**ので、先生に怒られた。

90 ～どころではない

意味	今は～できない状況だ
接続	N／Vる／Vている＋どころではない／どころじゃない 休憩どころではない／テレビをみるどころではない／デートをしているどころじゃない

1) 仕事と勉強でとても忙しいので、人のことを心配している**どころではない**。

2) 彼を傷つけたのではないかと心配で、ご飯を食べる**どころではなかった**。

3) 彼は子どもが生まれたかどうか気になって、仕事**どころじゃない**ようだ。

91 ～ずにすむ

意味	～しないまま終わった
接続	Vない＋ですむ Vない＋ずにすむ やらないですむ／食べずにすむ／行かずにすむ ※しない→せずにすむ

1) 先輩が全員分の食事代を払ってくれたので、一円もお金を払わ**ずにすんだ**。

2) 寝坊をしてしまったが、なんとか遅刻せ**ずにすんだ**。

3) 派手に転んだが、大きなけがではなかったので、病院に行か**ないですんだ**。

⁹² ～おそれがある

| 意味 | ～の可能性がある（危ないことや悪いことが起こる可能性があるときに使う） |

| 接続 | Vる / Vない / Nの＋おそれがある |

感染するおそれがある / 悪化するおそれがある / 津波のおそれがある

※「～おそれはありません」「～おそれなし」という言い方もある

1) 喫煙は深刻な病気を引き起こす**おそれがあります**。

2) 道路が渋滞していて、時間に間に合わない**おそれがあります**。

3) 西日本は明日にかけて大雨の**おそれがあります**。

⁹³ ～のももっともだ

| 意味 | ～のも当然だ |

| 接続 | Vる＋のももっともだ |

辞めるのももっともだ / 怒るのももっともだ / 反対するのももっともだ

1) 休まず働き続けていたんだから、倒れてしまう**のももっともだ**。

2) 初めてみんなの前でスピーチするのですから、緊張する**のももっとも**です。

3) 頭のいい彼女が試験に落ちて、私なんかが合格したんだから、皆が驚く**のももっ**

ともだ。

94 〜のもと

意味	〜という状況で
接続	N+のもと（で） 環境のもと / 指導のもと / 監視のもとで / 名のもとで

1) 先生のもとで日本語を勉強したおかげで、試験に合格することができました。

2) 大自然のもとで育った牛の牛乳は、濃厚でおいしい。

3) 学生時代は村上教授のご指導のもと、虫の研究をしていました。

95 〜を込めて

意味	〜を入れて
接続	N+を込めて N1+を込めた+N2 心を込めて / 思いを込めて / 気持ちを込めた言葉

1) なかなか扉が開かないので、力を込めて強く押したら壊れてしまった。

2) 入院している友達に、「元気になりますように」と願いを込めて、お守りを作った。

3) 友人の結婚式で今までの感謝の思いを込めた手紙を読んだ。

96 〜を〜とする

意味	〜を〜だと考える・決める
接続	N1+を+N2+とする / として 彼女をチームのリーダーとする / 商品の宣伝を目的として / 部屋を事務所として

1) 本日は日本語の森の村上先生を講師としてお招きしました。

2) 建物の一階をお店として使っていて、私たち家族はその上に住んでいます。

3) ごみ拾い活動は、地域の人との交流を目的として行われた。

97 〜とか

意味	〜らしい

接続	普通形＋とか

普通形（ナAだ → な / Nだ → な）＋んだとか

買ったとか / かわいいとか / 有名なんだとか

1) お隣の村上さん、宝くじが当たった**とか**。うらやましいなあ。

2) 天気予報によると、関東は大雨だ**とか**。

3) 今年のオリンピックは、感染症の影響で中止だ**とか**。

問題7 次の文の（　　　　）に入れるのに最もよいものを、1・2・3・4から一つ選びなさい。

---

1 熱を出している娘のために、早く元気になりますようにという願い（　　　　）、おかゆを作った。

　　1　を除いて　　　　　2　に応じて　　　　　3　を込めて　　　　　4　を伴って

2 駅前の新しいパン屋さん、大人気で午前中には売り切れてしまうんだ（　　　　）。

　　1　のに　　　　　　　2　など　　　　　　　3　こと　　　　　　　4　とか

3 大雨で家の中まで雨が入ってきて、ゆっくりご飯を食べる（　　　　）ではない。

　　1　ばかり　　　　　　2　どころ　　　　　　3　まで　　　　　　　4　しだい

4 監督の厳しい指導（　　　　）、見事優勝することができました。

　　1　のところ　　　　　2　のつもり　　　　　3　のももっとも　　　4　のもと

5 何か悩み事でもあるのか、彼は一日中下を（　　　　）。

　　1　向いてばかりいる　　　　　　　　　　2　向いたところだ
　　3　向くどころではない　　　　　　　　　4　向くおそれがある

6 ここに、実際の赤ちゃんと同じ重さの人形があります。お母さんになった（　　　　）、抱っこしてみてください。

　　1　みたいで　　　　　2　つもりで　　　　　3　ようで　　　　　　4　しだいで

7 大雨により、水が（　　　　）おそれがありますので、川には近づかないようにしてください。

　　1　あふれて　　　　　2　あふれよう　　　　3　あふれる　　　　　4　あふれない

8 健康診断を受けていたので、がんが早いうちに見つかり、手術（　　）。

1　せずにすんだ　　　　　　　　2　どころではなかった

3　のつもりだった　　　　　　　4　してばかりいる

9 山田くんは水泳が得意で、まるで泳いでいる魚（　　）美しく泳ぐ。

1　ようになっても　　　　　　　2　かと思うと

3　だからと言って　　　　　　　4　かのように

10 毎日上司の文句を聞きながら仕事をするなんて、辞めたくなるのも（　　）。

1　もっともだ　　　2　一方だ　　　3　次第だ　　　4　ばかりだ

問題8 次の文の___★___に入る最もよいものを、1・2・3・4から一つ選びなさい。

11 お昼ご飯を食べていたら急に大きな＿＿＿＿ ＿★＿ ＿＿＿＿ ＿＿＿＿ ではなくなってしまった。

1 休憩_{きゅうけい} 2 地震
3 が起きて 4 どころ

12 母は歳をとってから何度も同じ話をするようになったが、息子はいつも＿＿＿＿ ＿＿＿＿ ＿★＿ ＿＿＿＿ その話を楽しそうに聞く。

1 かの 2 初めて
3 聞いた 4 ように

13 会社を立ち上げてしばらくはお金がなかったので、実家の ＿★＿ ＿＿＿＿ ＿＿＿＿ ＿＿＿＿ 使っていた。

1 事務所 2 部屋
3 として 4 を

14 間違った使い方を＿＿＿＿ ＿＿＿＿ ＿＿＿＿ ＿★＿ ので、使う前に説明書を読んでください。

1 爆発 2 するおそれ
3 すると 4 があります

15 日本人に＿＿＿＿ ＿★＿ ＿＿＿＿ ＿＿＿＿ と、いつもより少しうまく話せるような気がする。

1 話す 2 日本語を
3 つもりで 4 なった

正答 ⑪ 3（2314） ⑫ 1（2314） ⑬ 2（2413） ⑭ 4（3124） ⑮ 3（4321）

問題9　次の文章を読んで、文章全体の内容を考えて、　16　から　20　の中に
　　　入る最もよいものを、1・2・3・4から一つ選びなさい。

北海道で暮らす工夫

　道路が凍ってしまう北海道では、安全に暮らす上で様々な工夫がされています。その一
つに、「ロードヒーティング」というものがあります。

　北海道より暖かい東北地方では、地下水を道路の上に少しだけ流すと雪がとけますが、
東北地方より気温が低い北海道では、地下水を　16　道が凍って危険です。そのため北
海道では、道路の下に電熱線や温水を循環させるパイプを埋めて、道路を加熱します。こ
れにより、雪が降ってもすぐにとけて雪のない路面状態を保つことができます。

　かつて冬の間は、「スパイクタイヤ」という、地面に触れる面に小さな金属を打ち込ん
だタイヤを使用するのが主流でした。　17　により、雪道や凍ったつるつるの道路で
も、すべらず安定した走行ができたのです。しかし、これは雪や氷の上　18　、暖かく
なってくる春先、雪がとけ、アスファルトの道路の上を走ると、付いている金属が路面を
けずってしまい、ほこりが舞って環境問題を引き起こすという欠点がありました。そこで
「スパイクタイヤ」の使用は規制され、それに代わって金属が付いていないタイヤが使用
されるようになりました。ですが、やはりそのタイヤでは十分に安全が確保されなかった
ため、「ロードヒーティング」が広まったというわけです。

　　19　この設備は、急な坂やカーブなど、車がすべって事故が発生する可能性が高い
場所に整備されました。近年では車道だけでなく、人がすべって転ばないようにコンビニ
の前や自宅の玄関先にも整備されるようになってきています。また、高齢の方が暮らして
いる家では、この設備のおかげで、お年寄りが雪を取り除くという　20　、負担が軽減
されているのです。

16

1　流してしまうあげく

2　流してしまうばかりに

3　流してしまいさえすれば

4　流してしまったらかえって

17

1　タイヤ

2　このタイヤ

3　どのタイヤ

4　あのタイヤ

18

1　こそ能力を発揮しますが

2　だと能力が発揮されなく

3　でも能力を発揮するだけに

4　なのに能力が発揮されて

19

1　けれども

2　こうして

3　さらに

4　そこで

20

1　重労働をしてでも

2　重労働をかねて

3　重労働をせずにすみ

4　重労働をするどころではなく

正答　⑯ 4　⑰ 2　⑱ 1　⑲ 2　⑳ 3

11 変化・結果

98 〜につれ

意味 〜の変化に合わせて、別のものも変化する

接続 Vる＋につれ（て）
年を取るにつれて / 時間が経つにつれて / 近づくにつれ

① お腹が空くにつれて集中力が切れてくるので、いつもお菓子を持ち歩いている。

② 夜が明けるにつれ、外が明るくなってきた。

③ 町が発展するにつれて、地元の人に愛されていた古いお店が少なくなってしまった。

99 〜一方だ

意味 どんどん〜になる

接続 Vる＋一方だ
悪くなる一方だ / 伸びる一方だ / 増える一方だ

① 痩せたいとは思っているが、お菓子がやめられないので太り続ける一方だ。

② 新発売の商品がヒットして、我が社の売り上げは伸びる一方だ。

③ 都市へ行く若者が増え、地方の人口は減る一方だ。

100 〜を契機として

意味	〜が理由で、あることが始まった
接続	N＋を契機として / を契機に 就職を契機として / 創立10周年を契機として / 引っ越しを契機に

1) 生徒の中から東大合格者が現れたことを契機に、この高校は地元で有名になった。

2) 去年手術したことを契機に、痛みは我慢せず病院で診てもらうようにしている。

3) 結婚を契機として、勤めていた会社を辞め、家でできる仕事を始めました。

101 〜を通して

意味	〜という方法で
接続	N＋を通して / を通じて 勉強を通して / 経験を通じて / ゆか先生を通じて

1) 様々な国の人々との出会いを通して、言語学習の大切さを学びました。

2) 海外留学を通して、世の中にはいろんな価値観があるということを知りました。

3) 今付き合っている彼とは、共通の友人を通じて知り合った。

102 〜てはじめて

意味	〜を経験したらわかる
接続	Vて＋はじめて やってみてはじめて / 食べてはじめて / 失ってはじめて

1) 先生になってはじめて、人に何かを教えることがどんなに難しいことなのかがわかった。

2) 友達に言われてはじめて、服に値段のシールが付いていることに気付いた。

3) ゆか先生の授業を受けてはじめて、日本語の勉強が楽しいと思えた。

103 〜末

意味 〜した結果

接続 Vた / Nの＋末（に）
悩んだ末 / 迷った末に / 会議の末

1) 将来についてあれこれ考えた末、日本ではなく海外の大学へ進学することに決めた。

2) 二人は4年間の遠距離恋愛の末、結婚したそうだ。

3) 一生懸命努力した末、結局彼は合格できなかった。

104 〜かいがあって

意味 〜のおかげで

接続 Vた＋かいがあって
勉強したかいがあって / お金を払ったかいがあって / 待ったかいがあって

1) たくさん会話の練習をしたかいがあって、英語がぺらぺら話せるようになった。

2) わざわざ休みを取って遠くまで来たかいがあって、とてもきれいな星空を見ることができた。

3) 長い時間待ったかいがあって、おいしいラーメンを食べることができた。

105 ～たところ

意味	～したら

接続　Vた＋ところ
調べたところ / 確認したところ / 聞いたところ

1) この街を調査したところ、いたるところに危険な生物が生息していることがわかりました。

2) パソコンに詳しい父に聞いてみたところ、「再起動してみて」と言われました。

3) 最近文字が見づらいので眼科で検査したところ、右目に異常がありました。

問題7 次の文の（　　　）に入れるのに最もよいものを、1・2・3・4から一つ選びなさい。

1 赤色のワンピースを買うか、青色のシャツを買うか一時間も（　　　）、どちらも買わなかった。
  1 悩んだもと　　　2 悩んだすえ　　　3 悩んだより　　　4 悩んだごと

2 20分待った（　　　）、焼きたてのピザと揚げたてのポテトを手に入れることができた。
  1 ばかりに　　　　　　　　2 ところを見ると
  3 かいがあって　　　　　　4 あげくに

3 お客様のお支払い状況を（　　　）、まだ支払いが完了していないようでした。
  1 確認しながら　　　　　　2 確認した以上
  3 確認したとあっては　　　4 確認したところ

4 初めて訪れた街で道に（　　　）、帰れなくなって泣きながら母に電話をした。
  1 迷う末　　　　2 迷った末　　　　3 迷って末　　　　4 迷い末

5 本当に大切なものというのは、（　　　）わかるものだ。
  1 失ったどころか　　　　　2 失ってかいがあって
  3 失ってばかりに　　　　　4 失ってはじめて

6 あんなに日本に帰りたいと言っていたけれど、帰国日が近づく（　　　）みんなと別れるのが嫌で悲しくなってきた。
  1 につれて　　　　　　　　2 にとって
  3 にあって　　　　　　　　4 にかけて

7 漢字の書き順が間違っていると言われたので、（　　　）私は間違っていなかった。
  1 調べてところ　　　　　　2 調べるところ
  3 調べたところ　　　　　　4 調べようところ

8　転職（　　　　）、住む場所も関わる人も全部変えることにした。

1　を最後に　　　　　2　を契機に　　　　　3　を次第に　　　　　4　を以来に

9　息子は恋人ができてから遊んでばかりで、成績が（　　　　）。

1　悪くなる一方だ　　　　　　　　　　　2　悪くなる最中だ

3　悪くなる反面だ　　　　　　　　　　　4　悪くなる末だ

10　日本語教師という仕事（　　　　）、世界中の日本語学習者とつながることができた。

1　を問わず　　　　　2　を通して　　　　　3　のあげく　　　　　4　の限り

問題8 次の文の___ ★ ___に入る最もよいものを、1・2・3・4から一つ選びなさい。

11 生まれたばかりのときは私に似ていると思ったが、息子は_____ _____ ★ _____

夫に似た顔になってきた。

1 はっきりしている　　　　　　　　2 目や鼻が

3 成長する　　　　　　　　　　　　4 につれて

12 近くに大きなショッピングモールができて__★__ _____ _____ _____だ。

1 一方　　　　　　　　　　　　　　2 から

3 店の売上は減る　　　　　　　　　4 うちのような小さな

13 小学生のころの友達がアナウンサーとして__★__ _____ _____ _____。

1 を通じて　　　　　　　　　　　　2 ニュース番組

3 知った　　　　　　　　　　　　　4 活躍していることを

14 _____ _____ _____ __★__ くれたのかを知った。

1 子どもを産んで　　　　　　　　　2 母親がどんな苦労をして

3 自分を産んで　　　　　　　　　　4 はじめて

15 父親が_____ __★__ _____ _____を改めるようになった。

1 だらしない自分の　　　　　　　　2 病気で倒れたこと

3 を契機に　　　　　　　　　　　　4 生活習慣

正答 ⑪2（3421）　⑫2（2431）　⑬4（4213）　⑭3（1423）　⑮3（2314）

12 強制・関係ない・推測

強制 ▼

106 〜わけにはいかない

 意味 〜できない、〜しなければならない

接続 Vる / Vない＋わけにはいかない
休むわけにはいかない / 失敗するわけにはいかない / 行かないわけにはいかない

1) 今日は私の誕生日会なので、体調が悪くても参加しない**わけにはいかない**。

2) 頑張ってここまで登ってきたので、頂上に着くまであきらめる**わけにはいかない**。

3) 明日提出しなければならないレポートが終わっていないので、寝る**わけにはいかない**。

107 〜てはいられない

 意味 〜し続けることができない

接続 Vて＋はいられない
Vそ＋ちゃいられない
見てはいられない / だまってはいられない / のんびりしちゃいられない /

★こうしてはいられない

1) 来月は大切な試験があるので、さすがに遊ん**ではいられません**。

2) 家族のために夜ご飯を作らなきゃいけないから、休ん**ではいられない**。

3) 最近好きなだけ食べていたけど、ダイエットをすると決めた以上、**こうしちゃいられない**。

108 〜ざるを得ない

意味 嫌だけど〜しなければならない

接続 Vない＋ざるを得ない

謝らざるを得ない / 許さざるを得ない / 勉強せざるを得ない

※しない → せざるを得ない

1) 買い物中に自転車を盗まれてしまったので、歩いて帰らざるを得なくなった。

2) 宇宙飛行士になりたかったが、目が悪いので、あきらめざるを得ない。

3) 台風の影響により、予定していたイベントは中止せざるを得なくなった。

関係ない ▼

109 〜を問わず

意味 〜に関係なく

接続 N＋を問わず

男女を問わず / 年齢を問わず / 国内外を問わず

1) この仕事に関する経験の有無を問わず、やる気のある人を採用します。

2) このスーパーは昼夜を問わず営業しているので、夜に働いている人にとって便利だ。

3) インターネットが普及し、場所を問わず働けるようになった。

110 ～にかかわらず

意味　～に関係なく

接続　Vる＋Vない＋にかかわらず

　　　　N＋にかかわらず

　　　　Vる / Vない＋かどうかにかかわらず

　　　　行くかどうかにかかわらず / 食べる食べないにかかわらず / 距離にかかわらず

1) 値段にかかわらず、欲しいものは我慢せずに何でも買ってしまう性格だ。

2) この仕事の経験があるかどうかにかかわらず、研修には必ず参加してください。

3) 参加するしないにかかわらず、金曜日までに必ずご返信ください。

111 ～もかまわず

意味　～を気にしないで

接続　普通形（ナAだ → な・である / Nだ → である）＋のもかまわず

　　　　N＋もかまわず

　　　　人目もかまわず / 疲れているのもかまわず / 迷惑であるのもかまわず

1) 足が痛いのもかまわず、彼はチームのために最後まで走り切った。

2) 午後に面接があるのもかまわず、彼はラーメンににんにくをたくさん入れた。

3) 母親に叱られた子どもが、人目もかまわずデパートで泣き叫んでいる。

112 ～はともかく

意味 ～については考えないで

接続 N＋はともかく（として）
理由はともかく / 結果はともかく / 見た目はともかくとして / ★それはともかく

1）内容はともかく、締め切り日までに卒業論文を書き上げることができた。

2）着て行く服はともかく、旅行先をどこにするかをまず決めよう。

3）この美容液は、値段はともかくとして効果があるので女性に人気だ。

推測 ▼

113 ～ところをみると

意味 ～から推測すると

接続 普通形＋ところをみると
焦ったところをみると / 返事しないところをみると / だまっているところをみると
※Vだけ使う

1）彼がうれしそうな顔をしているところをみると、昨日のデートはかなり楽しかっ

たようだ。

2）部長がまだ戻っていないところをみると、会議が長引いているのだろう。

3）彼と話すときだけ顔が赤くなるところをみると、やはり彼女は彼のことが好きな

ようだ。

¹¹⁴ ~から言うと / ~から見ると / ~からすると

意味 　~から考えて意見を言うと

接続 　N＋から言うと / から言えば / から言って

　　　　N＋から見ると / から見れば / から見て

　　　　N＋からすると / からすれば / からして

　　　　経験から言って / 周りから見ると / 相手からすると

①　見た目から言うと、村上さんよりも佐藤さんの方が年上に見える。

②　子どもの才能を見つけるという点から見ると、夢中になれることをやらせるのは

　　良いことだ。

③　その症状からすると、かぜではなくインフルエンザの可能性が高いです。

問題7 次の文の（　　　　）に入れるのに最もよいものを、1・2・3・4から一つ選びなさい。

1 台風のため飛行機が欠航になってしまったので、旅行を中止に（　　　　）。

1 せざるを得なかった　　　　　　　　　2 するわけにはいかない

3 してはいられない　　　　　　　　　　4 するどころではない

2 母が作った料理は、見た目（　　　　）味はおいしい。

1 といえば　　　　　2 どころか　　　　　3 はともかく　　　　4 もかまわず

3 日曜日だけど、こんな時間まで（　　　　）。起きて勉強しなくちゃ。

1 寝るのもかまわない　　　　　　　　　2 寝てはいられない

3 寝ざるを得ない　　　　　　　　　　　4 寝るにほかならない

4 簡単な作業なので、年齢（　　　　）誰でもこの仕事をすることができます。

1 をはじめ　　　　　2 もかまわず　　　　3 のみならず　　　　4 を問わず

5 大事な会議に遅刻する（　　　　）ので、タクシーに乗った。

1 わけではない　　　　　　　　　　　　2 わけにはいかない

3 のもかまわない　　　　　　　　　　　4 かいがある

6 今年はすごく暑いとみんなは言っているが、南の島に住んでいた私（　　　　）、この暑さは涼しいくらいだ。

1 からこそ　　　　　2 からには　　　　　3 からといって　　　4 からすると

7 服がぬれる（　　　　）、男性は川に飛び込み子どもを助けた。

1 を問わず　　　　　2 のもかまわず　　　　3 はともかく　　　　4 をはじめ

8　終電を逃してしまったので、歩いて（　　　　）ざるを得ない。

　　1　帰り　　　　　　　2　帰る　　　　　　　3　帰ら　　　　　　　4　帰れ

9　道路がぬれている（　　　　）、さっきまで雨が降っていたのだろう。

　　1　ことなしに　　　　　　　　　　　2　のもかまわず
　　3　かいがあって　　　　　　　　　　4　ところをみると

10　経験の有無（　　　　）、やる気のある方を募集しています。

　　1　にちがいなく　　　　　　　　　　2　にかかわらず
　　3　のみならず　　　　　　　　　　　4　にほかならなく

正答　①1　②3　③2　④4　⑤2　⑥4　⑦2　⑧3　⑨4　⑩2

問題8　次の文の＿★＿に入る最もよいものを、1・2・3・4から一つ選びなさい。

11　学生「先生、電車が遅れたせいで遅刻をしました。」

　　先生「＿＿＿＿　＿★＿　＿＿＿＿　＿＿＿＿です。次からは気をつけてください。」

　　1　遅刻　　　　　　　　　　　　　　2　理由

　　3　遅刻は　　　　　　　　　　　　　4　はともかく

12　彼のことはあまり好きではないけど、これだけチームのために努力＿＿＿＿　＿＿＿＿

　　＿★＿　＿＿＿＿。

　　1　を得ない　　　　　　　　　　　　2　感謝せざる

　　3　んだから　　　　　　　　　　　　4　してくれた

13　このアーティストの曲は、＿＿＿＿　＿★＿　＿＿＿＿　＿＿＿＿からも好かれるような

　　歌詞とメロディーだ。

　　1　人　　　　　　　　　　　　　　　2　どんな

　　3　を問わず　　　　　　　　　　　　4　年齢

14　これだけお金をかけた実験なんだから、何が＿＿＿＿　＿★＿　＿＿＿＿　＿＿＿＿。

　　1　失敗する　　　　　　　　　　　　2　わけ

　　3　あっても　　　　　　　　　　　　4　にはいかない

15　彼には一時間以上前に連絡をしたが、＿＿＿＿　＿＿＿＿　＿＿＿＿　＿★＿のだろう。

　　1　返事しない　　　　　　　　　　　2　まだ残業している

　　3　ところを　　　　　　　　　　　　4　みると

正答　⑪4（2431）　⑫2（4321）　⑬3（4321）　⑭1（3124）　⑮2（1342）

13 列挙

115 〜をはじめ

意味	〜だけではなく

接続 N＋をはじめ（として）

N1＋をはじめとする＋N2

日本をはじめとするアジアの国々 / 社長をはじめ / 桜をはじめとして

1) 日本語にはひらがな**をはじめ**、カタカナや漢字といった様々な文字がある。

2) 上野動物園には、パンダ**をはじめ**ゾウやキリンなどいろんな動物がいます。

3) 今日のパーティーは社長**をはじめ**とする100人の社員が参加することになっている。

116 〜のみならず

意味	〜だけでなく

接続 普通形（ナAだ / Nだ → である）＋のみならず

N＋のみならず

日本のみならず / 味が良いのみならず / 健康であるのみならず

※「〜のみならず、〜も」でよく使われる

1) 彼は優しい人である**のみならず**、みんなをまとめるリーダーシップもある。

2) 近年の日本のアニメは子ども**のみならず**、大人も楽しんで観るものという印象がある。

3) 村上春樹の本は日本人**のみならず**、外国人にもよく知られている。

^{117} ～といった

意味	～など（例を並べるときに使う）
接続	N1＋や/とか＋N2＋といった
	英語や日本語といった/りんごやみかんといった/ピザとかハンバーガーといった

1. おすしや天ぷらといった日本食は、海外でも人気が高い食べ物の一つだ。

2. 掃除や洗濯といった家事は、全てロボットがやってくれる時代も遠くないだろう。

3. 日本には東京とか京都といった、外国人に人気のある観光地がたくさんあるんだよ。

^{118} ～上に

意味	～だし、しかも
接続	普通形（ナAだ→な・である/Nだ→である）＋上（に）
	合格した上に/おいしい上に/美人である上に

1. 寝坊して遅刻した上に宿題もやっていなかったので、先生に怒られてしまった。

2. あのお店の商品は、デザインが良い上、機能性にも優れているのでよく買っている。

3. この仕事は危険な上に給料も低いので、誰もやりたがらない。

119 〜やら〜やら

意味	〜や〜など、〜したり〜したり

接続	Vる1+やら+Vる2+やら
	イA1+やら+イA2+やら
	N1+やら+N2+やら
	口紅やら香水やら / うれしいやら悲しいやら / 怒るやら泣くやら

1) 寝坊して急いで家を出たので、スマホやら財布やら必要なものを持ってくるのを忘れてしまった。

2) 週末は、掃除をするやら買い物に行くやら、やらなければいけないことが色々ある。

3) 子どもが成人して、うれしいやら寂しいやら複雑な気持ちだ。

120 〜にしろ〜にしろ

意味	〜でも〜でも、どれでも

接続	N1+にしろ+N2+にしろ
	Vる1+にしろ+Vる1+にしろ
	Vる+にしろ+Vない+にしろ
	行くにしろ行かないにしろ / 一人でやるにしろみんなでやるにしろ / 親にしろ友達にしろ

1) 試験を受けるにしろ受けないにしろ、とにかく勉強を続けておいて損はないと思う。

2) 東京にしろ大阪にしろ、梅雨の時期は洗濯物が乾かない。

3) 進学するにしろ就職するにしろ、家族でよく話し合って決めてください。

121 ～も～ば、～も

意味 ～も～だし、～も

接続

$$N1＋も＋\begin{pmatrix} Vば \\ イAい＋ければ \\ ナA＋なら \\ N＋なら \end{pmatrix}＋N2＋も$$

① 文章を書くのが上手な子もいれば、計算が早い子もいる。

② あそこのレストランは味もおいしければ、店内もきれいなので、また行こうと思っている。

③ 今日は山田くんも休みなら、鈴木くんも休みで、教室がいつもより静かだ。

問題7　次の文の（　　　　）に入れるのに最もよいものを、1・2・3・4から一つ選びなさい。

1 日本の学校では、野球部やサッカー部（　　　　）、いろんなスポーツのチームがあります。

1　とすると　　　　2　といえば　　　　3　といった　　　　4　としても

2 夏は花火大会（　　　　）、夏祭りやビアガーデンなど、楽しいイベントがたくさんある。

1　のはじまり　　　2　にはじめ　　　　3　をはじまり　　　4　をはじめ

3 抹茶^{まっちゃ}は、日本（　　　　）、世界でも健康に良い食材として注目されている。

1　にしては　　　　2　のみならず　　　3　を問わず　　　　4　に対して

4 旅行のために、服（　　　）ぼうし（　　　　）週末に買いに行こうと思っている。

1　やら / やら　　　　　　　　　　　2　にしろ / にしろ
3　にせよ / にせよ　　　　　　　　　4　や / やいなや

5 夕食を食べる（　　　）食べない（　　　　）、何時に帰ってくるか連絡してね。

1　し / し　　　　　　　　　　　　　2　にしろ / にしろ
3　なり / なり　　　　　　　　　　　4　にすら / にすら

6 寒くなると、鍋やおでん（　　　　）温かい食べ物が食べたくなる。

1　といえば　　　　2　というと　　　　3　としても　　　　4　といった

7 聴解^{ちょうかい}ができる人（　　　　）、会話がうまい人もいるので、得意なものは人それぞれだ。

1　にしろ　　　　　2　やら　　　　　　3　もいれば　　　　4　とすれば

8 日本（　　　）、アジアの様々な国に豆腐を使った料理があります。

1　において　　　　2　をはじめ　　　　3　を通して　　　　4　に応じて

9 外出が禁止された（　　　）、配達サービスも止まってしまったので、不便でしょうがない。

1　上に　　　　　　2　もとで　　　　　3　にしても　　　　4　にしろ

10 今年は、結婚（　　　）娘も生まれて、幸せな一年だった。

1　もすると　　　　2　もしたら　　　　3　もすれば　　　　4　もするなら

問題8 次の文の __★__ に入る最もよいものを、1・2・3・4から一つ選びなさい。

11 あやの先生は ＿＿＿＿ ＿＿＿＿ __★__ ＿＿＿＿ 上手なので、学校でとても人気がある。

1 かわいければ   2 教え方

3 顔も   4 も

12 おすしや天ぷら ＿＿＿＿ ＿＿＿＿ ＿＿＿＿ __★__ 海外でも人気がある。

1 のみならず   2 日本

3 といった   4 料理は

13 みんながいる前で「好きだ！」と大声で告白されて、うれしい＿＿＿＿ ＿＿＿＿ __★__ ＿＿＿＿ している。

1 混乱   2 やら

3 頭の中が   4 恥ずかしいやら

14 頭が良くて ＿＿＿＿ __★__ ＿＿＿＿ ＿＿＿＿、クラスのみんなは彼のことが大好きだ。

1 ので   2 おもしろい

3 できる上に   4 スポーツが

15 誕生日パーティー __★__ ＿＿＿＿ ＿＿＿＿ ＿＿＿＿、返事はできるだけ早い方がいい。

1 しない   2 に参加する

3 にしろ参加   4 にしろ

正答 ⑪**2**（3124） ⑫**1**（3421） ⑬**3**（2431） ⑭**3**（4321） ⑮**2**（2314）

14 語彙のような文法

122 ～げ

意味	～そうだ
接続	イAい / ナA / N / Vたい＋げ

寂しげ / 満足げ / 言いたげ

1) 彼は「試験に合格したんだ」と、自慢げに話しかけてきた。

2) 今も変わらない母校を前に、彼は懐かしげに思い出を語った。

3) 犬が何か言いたげな表情でこちらを見ているが、お腹でも空いたのだろうか。

123 ～気味

意味	少し～のような感じがする
接続	Vます / N＋気味

太り気味 / 上がり気味 / かぜ気味

1) 最近は残業が続いて疲れ気味だったので、休日は家でゆっくり過ごすことにした。

2) 4時には目的地に着く予定だったが、道が混んでいて遅刻気味だ。

3) 最近は運動もせず、カロリーの高いものばかり食べているので太り気味だ。

¹²⁴ ～がち

意味	よく～になる、よく～する

接続　Vます / N＋がち
びょうき やす わす
病気がち / 休みがち / 忘れがち

① 疲れたり気分が落ち込んでいると、物事を悪いように考え**がち**になってしまう。

② 最近はやる気が起きなくて、勉強を怠け**がち**だ。

③ 子どものころは病気**がち**で、よく学校を休んでいた。

¹²⁵ ～っぽい

意味	①～のように感じる
	②よく～する

接続　Vます / N＋っぽい
こ ねつ わす
子どもっぽい / 熱っぽい / 忘れっぽい

① 私は昔から飽き**っぽい**性格で、何をやっても長く続かなかった。

② 彼の言うことは、なんとなく嘘**っぽい**ので信じないようにしている。

③ 彼女は仕事を変えてストレスがたまっているのか、怒り**っぽく**なった。

¹²⁶ ～かけ

意味	～し終わらない

接続　Vます＋かけの＋N

Vます＋かける
た よ ほん い
食べかけのパン / 読みかけの本 / 言いかける

① 机の上に、飲み**かけ**のコーヒーと食べ**かけ**のクッキーが置いてある。

② 母が夕食を作り**かけ**たのに、父は家族でおすしを食べに行こうと言い出した。

③ 家に読み**かけ**の本があるのに、新しい本を買ってしまった。

127 ～向け

意味	～に合う
接続	N＋向けに

N1＋向けの＋N2

若者向けに / 初心者向けに / 留学生向けの教科書

① 来月から、新入社員向けの研修カリキュラム作成を担当することになった。

② この本は子ども向けに書かれた本だが、大人が読んでもおもしろい。

③ この食堂は、学生向けに安くて量が多いメニューを用意している。

128 ～得る

意味	～の可能性がある
接続	Vます＋得る / 得ない

あり得る / 想像し得る / 理解し得ない

① あんなに成績の良かった彼が試験に不合格だなんて、あり得ない！

② 地震はいつでも起こり得るので、非常時の集合場所を決めておきましょう。

③ 食事を一切とらないなどの無理なダイエットは病気の原因になり得ます。

129 ～きり

意味	～したあと、ずっとそのまま
接続	Vた＋きり / っきり

行ったきり / 寝たきり / 会ったっきり

① 「ごめん。」と言ったっきり、彼はだまり込んでしまった。

② 高校時代の親友とは10年前に会ったきり、連絡もしていない。

③ 仕事が忙しくて、朝パンを一枚食べたきり何も食べていない。

問題7 次の文の（　　　）に入れるのに最もよいものを、1・2・3・4から一つ選びなさい。

1 息子は中学生になると学校を休み（　　　）になって、家でゲームばかりするようになった。

　　1　かけ　　　　　　　2　そう　　　　　　　3　がち　　　　　　　4　きり

2 放課後は、（　　　）を全部終わらせてから遊びに行くつもりだ。

　　1　やったかけの宿題　　　　　　　　　2　やるかけの宿題
　　3　やらかけの宿題　　　　　　　　　　4　やりかけの宿題

3 世界を旅して回ると言って家を（　　　）、10年間一度も家に戻ってきていない。

　　1　出て行った以上　　　　　　　　　2　出て行ったきり
　　3　出て行ったばかり　　　　　　　　4　出て行ったおきに

4 海外に住むことは大変なことだと（　　　）だが、最近では外国でも日本製の物を手に入れることができるので生活に困ることはない。

　　1　思われがち　　　　2　思わしがち　　　　3　思わせがち　　　　4　思われるがち

5 漢字に全てふりがなが付いているので、これは留学生（　　　）本だと思う。

　　1　中心の　　　　　2　ままの　　　　　3　向けの　　　　　4　ほどの

6 彼は何か（　　　）が、彼女が話し始めたのでだまってしまった。

　　1　言いさした　　　2　言いすぎた　　　3　言いのがれた　　　4　言いかけた

7 会社に行けないほどでもなかったが、体がだるくてかぜ（　　　）だったので休むことにした。

　　1　向き　　　　　　2　気味　　　　　　3　がち　　　　　　4　風

8 彼女はもう大学生だが、話し方や行動がなんとなく（　　　　）と思う。

1　子どもがちだ　　　2　子どもげだ　　　3　子どもっぽい　　　4　子どもっきり

9 「さようなら」と言った彼女は、どこかさびし（　　　）な顔をしていた。

1　さ　　　　　　　　2　ぎ　　　　　　　　3　み　　　　　　　　4　げ

10 人の物を断りなく勝手に使う人の気持ちは、全く（　　　）。

1　理解し得ない　　　2　理解しかける　　　3　理解しかない　　　4　理解しなきゃ

問題8　次の文の＿★＿に入る最もよいものを、1・2・3・4から一つ選びなさい。

11 ここ一年くらい ＿＿＿ ＿＿＿ ＿★＿ ＿＿＿ は、引っ越して環境が変わったからだろうか。

1　なの　　　　　　　　　　　　　2　がち
3　かぜを　　　　　　　　　　　　4　ひき

12 大地震を経験し、自然災害は ＿＿＿ ＿★＿ ＿＿＿ ＿＿＿ と実感した。

1　いつでも　　　　　　　　　　　2　なんだ
3　得ること　　　　　　　　　　　4　起こり

13 我が社は、＿＿＿ ＿★＿ ＿＿＿ ＿＿＿ サービスを提供しています。

1　一人で暮らす　　　　　　　　　2　サポートする
3　買い物や掃除などの家事を　　　4　高齢者向けに

14 あとで ＿★＿ ＿＿＿ ＿＿＿ ＿＿＿ 、「早く捨てなさい」と母に叱られた。

1　飲もうと思って　　　　　　　　2　ジュースを机の上に
3　置いておいたら　　　　　　　　4　飲みかけの

15 3年前に ＿＿＿ ＿＿＿ ＿★＿ ＿＿＿ をしなくなった。

1　きり　　　　　　　　　　　　　2　した
3　スキー　　　　　　　　　　　　4　けがを

正答 ⑪2（3421）　⑫4（1432）　⑬4（1432）　⑭1（1423）　⑮1（4213）

130 おいでになる

意味　「行く」「来る」「いる」の尊敬語

① 来週、中本部長が出張のため大阪へ**おいでになる**そうです。（行く）

② ゆか先生、至急、会議室に**おいでください**。（来る）

③ 佐藤様は、もうすでに本社の待合室に**おいでです**。（いる）

131 ご存知ですか

意味　「知っていますか？」の尊敬語

① 山田「日本語の森のゆか先生を**ご存知ですか**。」

田中「はい、存じ上げております。」

② 中本部長が大阪へ転勤になること、もう**ご存知ですか**。

③ 彼女の連絡先を**ご存知でしたら**、教えていただけませんか。

132 〜してもよろしいでしょうか

意味　〜してもいいですか？
（何か聞いたり尋ねたりしてもいいか、相手に許可をとるときのとても丁寧な言い方）

接続
$$\left(\begin{array}{l}\text{お聞き}\\\text{お伺い}\\\text{お尋ね}\end{array}\right)＋してもよろしいでしょうか$$

① もう一度、お名前を**お聞きしてもよろしいでしょうか**。

② 失礼ですが、年齢を**お伺いしてもよろしいでしょうか**。

③ すみません、一つ**お尋ねしてもよろしいでしょうか**。

¹³³ ～させてもらう

| 意味 | ～することを許してもらう・許してくれる |

| 接続 | Vない＋（さ）せて＋もらう／くれる |

※しない → させて
来ない → 来させて

① サッカー、バレエ、習字など、両親は私のやりたいことを全部やら**せてくれた**。

② 小さいころは貧乏で好きなものを食べ**させてもらえなかった**ので、大人になったら

いろんなものを食べたいとずっと思っていた。

③ 会社での頑張りが認められて、新商品の開発リーダーを任**せてもらえる**ことになった。

¹³⁴ ～かねる

| 意味 | ～するのが難しい、～できない
（特にお客様に対して「できない」と伝えるときによく使われる） |

| 接続 | Vます＋かねる |

① 大変申し訳ありませんが、そちらの質問にはお答え**しかねます**。

② 客 「これ、返品したいんですが。」

店員「大変申し訳ありません。返品の対応は致**しかねます**。」

③ 大変申し上げにくいのですが、そちらの意見には賛成**しかねます**。

その他 ▼

¹³⁵ もらってくれない？

| 意味 | 私のために、この物を「もらう」ということをしてくれませんか？ |

① 引っ越しするんだけど、家にある漫画全部**もらってくれない**？

② 実家から野菜がたくさん送られてきたから、少し**もらってくれない**？

③ プレゼントでもらった服、小さくてサイズが合わないから、**もらってくれない**？

問題7 次の文の（　　　）に入れるのに最もよいものを、1・2・3・4から一つ選びなさい。

1 もし、キムさんの連絡先を（　　　）でしたら、教えていただけませんか。

  1　ご承知　　　　　　2　ご存じ　　　　　　3　ご覧　　　　　　4　お求め

2 客　「すみません、この商品はいつ入荷予定ですか。」

  店員「申し訳ありません。まだ未定ですので、（　　　）かねます。」

  1　お答えする　　　　2　お答えになり　　　3　お答えし　　　　4　お答えされ

3 部下「今週末は、社長は自宅に（　　　）。」

  社長「うん、いるよ。」

  1　おっしゃいますか　　　　　　　　2　参りますか

  3　おりますか　　　　　　　　　　　4　おいでになりますか

4 （修理会社の人）

  冷蔵庫から変な音がするとのことですが、ちょっと（　　　）いいですか？

  1　見せられても　　　　　　　　　　2　見てもらっても

  3　見せてもらっても　　　　　　　　4　見せてくれても

5 客　「この服、サイズが合わなかったので返品したいのですが。」

  店員「申し訳ありません。こちらの商品は値下げ品ですので返品の対応は（　　　）。」

  1　いたしかねます　　　　　　　　　2　存じます

  3　おいでになります　　　　　　　　4　させてもらいます

6 （講演会で）

  運動をすると、幸福度が増して、ストレス解消になることを（　　　）。

  1　存じていますか　　　　　　　　　2　ご存知ですか

  3　承知していますか　　　　　　　　4　ご覧になりますか

7 初めまして。今日から一緒に（　　　）、グエンと申します。よろしくお願いします。

  1　働かせてもらう　　　　　　　　　2　働いてもらう

  3　働かせられる　　　　　　　　　　4　働かせてくれる

8 3時間くらい時間が空いていますが、その間社長はホテルに（　　　　）。

1　存じていますか
2　存じ上げますか
3　おいでになりますか
4　参りますか

9 学生「お忙しいところすみませんが、ちょっと(　　　　)よろしいでしょうか。」
　　 教授「はい、どうぞ。」

1　おっしゃっても
2　お聞きになっても
3　お聞きしても
4　存じ上げても

10 このズボン、買ったはいいけど私には似合わない色だから、佐藤さん（　　　　）？

1　くれてもらわない
2　あげてくれない
3　もらってあげない
4　もらってくれない

問題8 次の文の___★___に入る最もよいものを、1・2・3・4から一つ選びなさい。

⑪ ではまず、弊社を志望した＿＿＿ ＿＿＿ ＿★＿ ＿＿＿ でしょうか。

  1　お聞き　　　　　　　　　　　　2　よろしい

  3　理由を　　　　　　　　　　　　4　しても

⑫ 山田さん、うちの畑でトマトがたくさん採れた＿＿＿ ＿★＿ ＿＿＿ ＿＿＿ ？

  1　少し　　　　　　　　　　　　　2　から

  3　もらって　　　　　　　　　　　4　くれない

⑬ すみません、この機械の＿＿＿ ＿＿＿ ＿★＿ ＿＿＿ 。まだ慣れていなくて。

  1　ですか　　　　　　　　　　　　2　ご存じ

  3　入れ方を　　　　　　　　　　　4　電源の

⑭ 今日はおいしいものを＿＿＿ ＿＿＿ ＿★＿ ＿＿＿ 本当にありがとうございました。

  1　もらい　　　　　　　　　　　　2　たくさん

  3　させて　　　　　　　　　　　　4　食べ

⑮ この旅館は、天皇陛下が＿★＿ ＿＿＿ ＿＿＿ ＿＿＿ そうです。

  1　なった　　　　　　　　　　　　2　ある

  3　ことも　　　　　　　　　　　　4　おいでに

正答 ⑪ 4（3142）　⑫ 1（2134）　⑬ 2（4321）　⑭ 3（2431）　⑮ 4（4132）

問題9　次の文章を読んで、文章全体の内容を考えて、 16 から 20 の中に
　　　　入る最もよいものを、1・2・3・4から一つ選びなさい。

お酒と美容

　日本人にとって、最もなじみのあるお酒といえば「日本酒」ではないだろうか。飲み
物として愛されてきた日本酒だが、現代では別の形で使われることも多くなった。その
活用方法を一つみなさまに 16 と思う。「酒かす化粧水」だ。「酒かす」というの
は、日本酒を作る際にできる白い固形物である。この酒かすを使った化粧水が、肌をき
れいにする効果があると言われ始めたのである。酒かすを食材として利用することは昔
からよくあったが、酒かすから化粧水を作るというのは、全く新しいアイデアだ。

　 17 化粧水だけではなく酒かすを使った石けんやクリームなど、美容に関する様
々な商品が市場に登場するようになった。美容に関心がある世の中の人々も、商品名に
「酒かす」という文字があるだけで「肌に良さそう！」というイメージを持つようにな
った。

　この 18 、様々な企業が「酒かす」という名前のついた商品をたくさん販売し始
めたことにより、このような商品はあまりめずらしいものではなくなった。しかし、た
だのブームに終わらず、今でも人気のある商品となっている。

　その理由は、本当に肌に良いと言われる成分が酒かすにはたくさん入っているから
だ。酒かすに含まれるコウジ酸は、メラニンを作りにくくする働きがある。メラニンは
肌にできるシミの原因となるものであるため、酒かすによってシミが減り肌がきれいに
なる 19 。

　ここまで聞いて、本当に効果があるのか疑問に感じている方も多いだろう。効果があ
るのかどうか、 20 。まずはその手で実際に試してみて欲しい。

16

　　1　紹介した　　　　　　　　　　　2　紹介しそう

　　3　紹介しよう　　　　　　　　　　4　紹介しただろう

17

　　1　しかし　　　　　　2　さらに　　　　　3　おそらく　　　　　4　ついに

18

　　1　流れに乗らず　　　　　　　　　2　流れに乗りかけて

　　3　流れに乗るまで　　　　　　　　4　流れに乗って

19

　　1　というものだ　　　　　　　　　2　という気がする

　　3　というわけだ　　　　　　　　　4　というのだろうか

20

　　1　疑っていても始まらない　　　　2　疑うと間違いない

　　3　疑おうとよくならない　　　　　4　疑ってみるとよくない

第3章

読解

1 読解を解くコツ

問題の形式は、全部で4種類あります。（問題数は変動する可能性があります。）

問題10	内容理解（短文）	5問
問題11	内容理解（中文）	9問
問題12	統合理解（AB問題）	2問
問題13	主張理解（長文）	3問
問題14	情報検索	2問

1. 問題文を読む

まず、問題文がどのようなものかを確認します。問題文の種類は3種類あります。

1. 筆者の主張と合うものを問う問題

2. 原因・理由を問う問題（____はなぜか。）

3. 内容を問う問題（____とは何か。____とはどういうことか。）

2. 本文を読み、流れを理解する

文章は以下の3つの「関係」で成り立っています。

1. 同じ関係　A＝B　AとBが同じ

2. 反対関係　A↔B　AとBが反対

3. 理由・結果関係　A→B　AだからB

1. 同じ関係　A＝B

例 <u>私が勉強している言語</u>(A)は<u>日本語</u>(B)です。

私が勉強している言語(A)　＝　日本語(B)

この文の中で、「私が勉強している言語」と「日本語」は同じ関係です。

2. 反対関係　A↔B

例 <u>日本語を勉強していました。</u>(A)

でも今は、<u>日本語を勉強していません。</u>(B)

日本語を勉強していました。(A)　↔　日本語を勉強していません。(B)

この文章の中で、「日本語を勉強していました。」と「日本語を勉強していません。」は、
反対関係です。

3. 理由・結果関係　A→B

例 <u>私は日本語を毎日勉強しています。</u>(A)

だから、<u>日本語が得意です。</u>(B)

私は日本語を毎日勉強しています。(A)　理由
　　　　　　　↓
日本語が得意です。(B)　結果

この文章の中で、「私は日本語を毎日勉強しています。」と「日本語が得意です。」は、
理由・結果関係です。

同じ関係、反対関係、理由・結果関係に基づいて、文と文、段落と段落の関係を理解することが
一番大事です。

★では、読解問題のような文章を実際に見てみましょう。
　　この3つの関係は「単語」・「文」・「段落」にあてはめることができます。

同じ関係

単語を探す　A＝B

　スマホ(A)の普及により、人々の生活はとても便利になりました。この便利な四角い箱(B)の登場によって、遠く離れた友人の声を聞き、新しい情報を手に入れることは、とても簡単になりました。

文を探す　A＝B

　スマホの普及により生活が便利になっただけでなく、私たちはもうスマホがないと生活ができない(A)ようになりました。仕事の連絡、語学の勉強、歯医者の予約、生活の全てをスマホに頼っています(B)。

段落を探す　A＝B

　スマホの普及により、人々の生活はとても便利になりました。どこにいても友達と連絡をとることができるし、わからないことはいつでも調べることができるようになりました。(A)
　この便利な四角い箱の登場によって、遠く離れた友達の声を聞き、新しい情報を手に入れることは、決して難しいことではなくなったのです。(B)

※　AとBが同じ関係になる理由

1）どこにいても友達と連絡をとることができる
　　＝遠く離れた友人の声を聞き

2）わからないことはいつでも調べることができる
　　＝新しい情報を手に入れることは、決して難しいことではなくなった

反対関係

単語を探す　A↔B

スマホ(A)の普及により、人々の生活はとても便利になりました。**その一方で、**いつでもメールを送ることができるため、手紙(B)はどんどん必要なくなってきています。

文を探す　A↔B

スマホの普及により生活が便利になっただけでなく、私たちはもうスマホがないと生活ができないようになりました(A)。**しかし、**家族そろって楽しく食事をする時間には、スマホは全く必要のないものです(B)。

段落を探す　A↔B

スマホの普及により、人々の生活はとても便利になりました。どこにいても友達と連絡をとることができるし、わからないことはいつでも調べることができるようになりました。(A)

しかし、今までよく使われていたものが世の中からなくなりました。街中から電話ボックスが消え、紙の辞書を使って勉強する学生もほとんどいなくなってしまったのです。(B)

理由・結果関係

単語を探す　A→B

※「理由・結果関係」は、単語では当てはまりません。

文を探す　A→B

2010年頃から、スマホの普及と共にアプリの開発も急速に進みました(A)。**そのため**友達と連絡を取り合うこと、おもしろい映画を観ること、コンビニでお金を払うこと、いろんなことがスマホ一つでできるようになりました(B)。

段落を探す　A→B

1990年頃からインターネットが急速に普及しました。同時に、パソコンやスマホなどの新しい機械も数多く作られてきました。(A)

それによって、在宅勤務という新しい働き方が生まれました。ネット上で資料を共有し、ビデオ通話で会議をするという働き方が、当たり前になりつつあります。(B)

3. 3つの間違いの選択肢を探す

問題文に対する正しい選択肢を探すのではなく、3つの間違いの選択肢を本文の内容と比べながら探すことが大事です。間違いの選択肢にはこのようなものがあります。

本文で言っていない

例

本文	私の夢は、ゆか先生に会って握手をすることです。
問題	筆者の夢は何ですか。
選択肢	ゆか先生に会ってうどんを食べることです。×

※ 本文ではうどんを食べることとは言っていない

本文で言っていることが、選択肢で抜けている

例

本文	私の夢は、ゆか先生に会って一緒に食事をすることです。
問題	筆者の夢は何ですか。
選択肢	ゆか先生に会うことです。×

※ 本文では一緒に食事をすることが大事な内容

循環している間違い

「AだからB」なのに、「BだからB」という間違い

例

本文	勉強をさぼった(A)せいでテストで0点をとりました(B)。 テストで悪い点数をとったので(B)先生に怒られました(C)。
問題	テストで0点をとった(B)のはどうしてですか。
選択肢	テストで悪い点数をとった(B)からです。× 勉強をさぼった(A)からです。○

テストで悪い点数をとった(B)からテストで0点をとった(B)は、同じ関係のことを理由のように言っている。これは間違い。

4. 解き方の例

例1

　人は一度にたくさんの感覚を使うことで、物事を早く覚えることができると言われています。目だけでなく、口や耳などの感覚も同時に使うと、脳がたくさん刺激されて、早く記憶することができるのです。例えば、読むだけでなく、声に出しながら書くなど複数の感覚を一緒に使うと、覚えやすくなるようです。

筆者はどのように述べているか。

1　心の中で読むと早く記憶することができる。

2　声に出しながら、きれいにノートにまとめると良い。

3　一度に多くの感覚を使うことで早く覚えられる。

4　何回も読むとしっかり記憶することができる。

① 問題文を読む

この問題で、何が問われているかを頭に入れます。

（この問題では、「筆者はどのように述べているか。」）

② 本文を読み、流れを理解する

> 人は一度にたくさんの感覚を使うことで、物事を早く覚えることができると
> （一度にたくさんの感覚を使うことで、物事を早く覚えることができる）
> 言われています。目だけでなく、口や耳などの感覚も同時に使うと、脳がたく
> （一度にたくさんの感覚を使うことで、物事を早く覚えることができる：同じ関係）
> さん刺激されて、早く記憶することができるのです。例えば、読むだけでな
> く、声に出しながら書くなど複数の感覚を一緒に使うと、覚えやすくなるよう
> （一度にたくさんの感覚を使うことで、物事を早く覚えることができる：同じ関係）
> です。

本文をまとめると「たくさんの感覚を使うことで、早く記憶することができる」です。

③ 3つの間違いの選択肢を探す

筆者はどのように述べているか。

1　心の中で読むと早く記憶することができる。（✗）

「心の中で読む」とは言っていない

2　声に出しながら、きれいにノートにまとめると良い。（✗）

「きれいにノートにまとめる」とは言っていない

3　一度に多くの感覚を使うことで早く覚えられる。（〇）

4　何回も読むとしっかり記憶することができる。（✗）

「何回も読む」とは言っていない

例2

　1990年頃からインターネットが急速に普及しました。同時に、パソコンやスマホなどの新しい機械も数多く開発されてきました。

　それによって、在宅勤務という新しい働き方が生まれました。ネット上で資料を共有し、ビデオ通話で会議をするという働き方が、当たり前になりつつあります。

本文の内容として正しいものはどれか。

1　新しい働き方が生まれたことによって、インターネットが急速に普及した。

2　インターネットや新しい機械の普及によって、人々の生活は便利になった。

3　インターネットや新しい機械の普及によって、新しい働き方が生まれた。

4　ビデオ会議の流行により、在宅勤務という新しい働き方が生まれた。

① 問題文を読む

この問題で、何が問われているかを頭に入れます。
（この問題では、「本文の内容として正しいものはどれか。」）

② 本文を読み、流れを理解する

> 1990年頃からインターネットが急速に普及しました。同時に、パソコンやス
> （理由）
> マホなどの新しい機械も数多く開発されてきました。
> （理由）
> それによって、在宅勤務という新しい働き方が生まれました。ネット上で資
> （結果）
> 料を共有し、ビデオ通話で会議をするという働き方が、当たり前になりつつあ
> （新しい働き方が生まれました：同じ関係）
> ります。

本文をまとめると、「インターネットの普及」と「新しい機械の開発」によって、「新しい働き方が生まれました。」です。

③ 3つの間違いの選択肢を探す

本文の内容として正しいものはどれか。

1　新しい働き方が生まれたことによって、インターネットが急速に普及した。（✕）
　　理由と結果が反対

2　インターネットや新しい機械の普及によって、人々の生活は便利になった。（✕）
　　　　　　　　　　　　　　　　　「生活は便利になった」とは言っていない

3　インターネットや新しい機械の普及によって、新しい働き方が生まれた。（○）

4　ビデオ会議の流行により、在宅勤務という新しい働き方が生まれた。（✕）
　　理由として「ビデオ会議の流行」とは言っていない

例3

　私は大学から一人暮らしを始めました。勉強やアルバイトも上手くいって、友達も増えて、楽しい学生生活を送っていましたが、料理は苦手だったので、毎日カップラーメンを食べていました。すると、栄養不足のせいでクラブ活動中に倒れてしまい、しばらく入院することになりました。元気に生活するためには健康が一番大切だということを学び、それからは自分で料理を作るようになり、同時に栄養を考えるようになりました。毎日自分でメニューを考えるようになると、もっと栄養の勉強をしたいと思うようになりました。

　今は大学をやめて料理の専門学校に通っています。将来はレストランを開いて、人々の健康の役に立ちたいです。

筆者が栄養を考えるようになったのはなぜか。

1　自分でメニューを考えるようになったから。

2　もっと栄養の勉強をしたいと思うようになったから。

3　健康が一番大切だということがわかったから。

4　将来レストランを開きたいから。

① 問題文を読む

この問題で、何が問われているかを頭に入れます。

（この問題では、「筆者が栄養を考えるようになったのはなぜか。」）

② 本文を読み、流れを理解する

私は大学から一人暮らしを始めました。勉強やアルバイトも上手くいって、友達も増えて、楽しい学生生活を送っていましたが、料理は苦手だったので、毎日カップラーメンを食べていました。すると、栄養不足のせいでクラブ活動中に倒れてしまい、しばらく入院することになりました。元気に生活するためには健康が一番大切だということを学び、それからは自分で料理を作るようになり、同時に栄養を考えるようになりました。毎日自分でメニューを考えるようになると、もっと栄養の勉強をしたいと思うようになりました。

今は大学をやめて料理の専門学校に通っています。将来はレストランを開いて、人々の健康の役に立ちたいです。

本文をまとめると「栄養不足により倒れたことで健康の大切さがわかり、栄養を考えながら自分で料理をするようになった。そこで栄養についてもっと勉強したいと思うようになった。」です。

③ 3つの間違いの選択肢を探す

筆者が栄養を考えるようになったのはなぜか。

1　自分でメニューを考えるようになったから。　（✗）

　　　　　　循環している間違い

2　もっと栄養の勉強をしたいと思うようになったから。　（✗）

　　　　「栄養を考えるようになった」ことの理由ではない

3　健康が一番大切だということがわかったから。　（〇）

4　将来レストランを開きたいから。　（✗）

「栄養を考えるようになった」ことの理由ではない

2 練習問題

10 内容理解（短文）

問題10では、短文（200字程度）を読みます。そして、その内容または筆者の主張についての問題が出題されます。内容理解（短文）は5つの大問があり、1つの大問につき1つの小問が出題されます。

問題10　次の（1）から（5）の文章を読んで、後の問いに対する答えとして最もよいものを、1・2・3・4から一つ選びなさい。

（1）

以下はこれから教師になる人に向けて書かれた文章である。

　教師という存在は生徒にとって想像以上に大きなものです。教師が言ったこと、表情や仕草などを生徒たちはよく観察しています。だから、私たちは生徒に対してどのような言葉をかけるべきなのかをしっかりと考えなければなりません。何も考えず否定的な言葉を使い続けていると、彼らの可能性をつぶしてしまうかもしれないからです。

　反対に、「君はできる」と前向きな言葉をかけられるだけで、やる気が出たり、できなかったことが簡単にできるようになったりすることもあります。教師である私たちの言葉には、それほど大きな力があるということを知っておかなければなりません。

（注）仕草：何かするときの小さな動きのこと

1 筆者の考えに合うのはどれか。
1 教師は生徒たちにいつも見られているので、悪いことができない。
2 生徒たちの言葉には、想像以上に大きな力がある。
3 生徒たちは、教師が使う言葉によって良くも悪くも変化する可能性がある。
4 教師は生徒に対して良いことも悪いことも全て伝えていくべきだ。

1 筆者の考えに合うのはどれか。

1 教師は生徒たちにいつも見られているので、<u>悪いことができない。</u>

> 「悪いことができない」とは言っていない

2 <u>生徒たちの言葉</u>には、想像以上に大きな力がある。

> 「生徒たちの言葉」ではなく「教師の言葉」

3 生徒たちは、教師が使う言葉によって良くも悪くも変化する可能性がある。

4 教師は生徒に対して良いことも悪いことも<u>全て伝えていくべき</u>だ。

> 「全て伝えていくべき」とは言っていない

正答 3

(2)

　「天才とは、1%のひらめきと99%の努力である。」という、発明家エジソンの名言がある。誰でも知っているであろうこの名言は「ひらめきよりも、努力が重要だ」という意味で人々に理解されているが、実はエジソンが伝えたかったのは「努力が重要だ」ということではなく、「少しのひらめきがなければ、いくら努力してもむだになってしまう。」ということだった。

　一生懸命努力したからといって、結果が出るとは限らない。これは、人一倍努力したエジソンが身をもって感じたからこそ、言えたことなのではないのだろうか。

（注1）ひらめき：すばらしいアイデアが瞬間的に思い浮かぶこと

（注2）名言：共感できるすばらしい言葉

（注3）人一倍：他の人の何倍も

（注4）身をもって：自分の体で

1　エジソンが言いたかったのはどのようなことか。

　1　誰よりも努力をしなければ、良い考えを思いつくことはできない。

　2　どんなに良いアイデアがあっても、頑張らなければ意味がない。

　3　努力をすることは大事だが、アイデアがなければ結果も出ない。

　4　いくら努力をしても、天才になることはできない。

1 エジソンが言いたかったのはどのようなことか。

1 誰よりも努力をしなければ、良い考えを思いつくことはできない。

「誰よりも努力をしなければ」とは言っていない

2 どんなに良いアイデアがあっても、頑張らなければ意味がない。

人々が一般的に理解している意味

3 努力をすることは大事だが、アイデアがなければ結果も出ない。

4 いくら努力をしても、天才になることはできない。

「天才になることはできない」とは言っていない

正答 3

(3)

　人間は他の動物より優れているという人がいる。人間だけが欲求を抑えられることや知性が^{（注1）}あることがよくその理由として挙げられている。しかし、本当にそうなのだろうか。人間にできて他の動物にできないこともあれば、その反対もある。それに、人間以外の動物が欲求を抑えられないのか、知性がないのかなんて私たちには断言できない。したがって、現時点^{（注2）}では人間以外に言語をコミュニケーションの手段としている動物が発見されていないということぐらいしか違いを語れないのである。そもそも人間も動物の一種に過ぎず、本来人間と人間以外の動物を分けて考えることはできないと私は考える。

（注1）知性：物事を考える能力

（注2）断言：はっきり言い切ること

1 筆者によると、人間が動物と違う点は何か。

　1　人間は他の動物より考える力があること

　2　人間には欲求を無視する力があること

　3　言葉で欲求や知性を表現できること

　4　言葉でコミュニケーションをとっていること

1 筆者_{ひっしゃ}によると、人間_{にんげん}が動物_{どうぶつ}と違_{ちが}う点_{てん}は何_{なに}か。

1 人間_{にんげん}は他_{ほか}の動物_{どうぶつ}より考_{かんが}える力_{ちから}があること

> 筆者_{ひっしゃ}の考_{かんが}えではない

2 人間_{にんげん}には欲求_{よっきゅう}を無視_{むし}する力_{ちから}があること

> 筆者_{ひっしゃ}の考_{かんが}えではない

3 言葉_{ことば}で欲求_{よっきゅう}や知性_{ちせい}を表現_{ひょうげん}できること

> 「欲求_{よっきゅう}や知性_{ちせい}を表現_{ひょうげん}できる」とは言_いっていない

4 言葉_{ことば}でコミュニケーションをとっていること

正答 4

(4)

以下はイベント運営会社の企画部から営業部に送られたメールである。

営業部　佐藤<ruby>さん<rt>さ とう</rt></ruby>

お疲れ様です。企画部の中本<ruby><rt>なかもと</rt></ruby>です。

メールを確認しました。

来週行われるイベント準備のために、営業部から15名作業に参加していただけるというお話だったのですが、イベント内容が大幅に変更になったため、営業部からは数名来ていただければ十分です。

ただ、イベント準備の日程が30日から29日に変更になりました。こちらの日程で参加できる方のリストをいただきたいです。お返事お待ちしております。

企画部　中本<ruby><rt>なかもと</rt></ruby>

---

1 このメールの用件は何か。

1　30日のイベントに、15名以上参加してほしい。

2　30日のイベント準備に数名参加できるかどうか教えてほしい。

3　29日のイベントに数名参加してほしい。

4　29日のイベント準備に参加できる人のリストがほしい。

1 このメールの用件は何か。

1　<u>30日のイベント</u>に、<u>15名以上</u>参加してほしい。
　　　　　　　　　　　×
　　　29日のイベント準備

2　<u>30日</u>のイベント準備に数名<u>参加できるかどうか教えてほしい</u>。
　　　　　　　　　　　　　　　　　　　×
　　　29日

3　29日の<u>イベント</u>に数名参加してほしい。

　　　イベント準備

4　29日のイベント準備に参加できる人のリストがほしい。

(5)

　動物にとって、目は遠くにいる獲物^(注1)や敵を見つけるためにあります。私たち人間の祖先も狩り^(注2)をして暮らしていたため、遠くを見る生活をしていました。

　しかし、現代になりテレビやパソコンなどの電子機器が普及し、人間の生活はほとんど遠くを見ない生活に変化しました。その結果、目に負担がかかり、遠くのものがよく見えない「近視」になる人が増えたのです。

（注1）獲物：食べるために捕まえる動物
（注2）狩り：山や野原で動物を捕まえること

1　「近視」になる人が増えたのはなぜか。

　1　現代の人間は祖先のように狩りをしなくなったから。

　2　人々の生活が近くを見る生活に変わったから。

　3　目に負担がかかり、遠くを見ることができなくなったから。

　4　テレビやパソコンは目に悪い影響を与えるものだから。

1 「近視」になる人が増えたのはなぜか。

1 現代の人間は祖先のように狩りをしなくなったから。

2 人々の生活が近くを見る生活に変わったから。

3 目に負担がかかり、遠くを見ることができなくなったから。

4 テレビやパソコンは目に悪い影響を与えるものだから。

※「電子機器が普及し、人間の生活はほとんど遠くを見ない生活に変化しました。」が理由を表しているから2が正解。

正答 2

もんだい　　　　　　　　　　ちゅうぶん　じていど　　よ　　　　　　　　　　　　　　　　　　　　　　　　　ないよう　ひっしゃ　しゅちょう　げんいん　りゆう
問題11では、中文（500字程度）を読みます。そして、その内容、筆者の主張、原因や理由についての
もんだい　しゅつだい　　　　　　　　ないようりかい　ちゅうぶん　　　　　　だいもん　　　　　　　　　だいもん　　　　　しょうもん　しゅつだい
問題が出題されます。内容理解（中文）は3つの大問があり、1つの大問につき3つの小問が出題されま
す。

問題11　次の（1）から（3）の文章を読んで、後の問いに対する答えとして最もよい
**　　　　ものを、1・2・3・4から一つ選びなさい。**

（1）

　学ぶ者が「生徒」と呼ばれる小学生から高校生の間は、社会の一員として必要な知識や教養を
　　　　　　　　　　　　　　　　　　　　　　　　　　　　　　　　　　　（注1）
学ぶときである。「生徒」は皆、一様に教師の指導のもと学んでいく。つまり、受動的な学びな
　　　　　　　　（注2）　　　　　　　　　　　　　　　　　　　　　　　　　（注3）
のだ。

　しかし、大学はそうではない。大学で学ぶ者は「学生」と呼ばれ、「生徒」とは大きく異な
る。なぜなら、大学での学びは、自分で学びたい分野を選択し、その分野について自分なりの方
　　　　　　　　　　　　　　　　　　　せんたく
法で調べていくという主体的な活動であるからだ。例えば、高校まではあった時間割がない。自
　　　　　　　　　　　　　　　　　　　　　　　　　　　　　　　　　　　　　　　（注4）
分がどの講義を受けるか自分で選択できるからだ。また、「講義」は「授業」と同じではない。
　　　　　　　　　　　　せんたく
教え手はその分野の専門家であり、受け手もその分野に関心のある者しかいない。課題も研究
方法も自分次第だ。大学は研究の場を提供したり、研究をサポートしてくれるだけだ。その結
　　　　　　　　　　　　ていきょう
果、彼らに主体的に行動する力が身に付くのである。大学でその能力を得ることができれば、社
会に出てからも自分で課題を見つけ、解決方法を模索することができるようになるのである。
　　　　　　　　　　　　　　　　　　　　　　　　（注5）
　しかし、多くの人は大学に入るまで受動的な学びしかして来なかった。そのため、大学に入っ
ていきなり自由にしてもいいと言われても、どうしたらいいのかわからないようだ。社会に出て
からも同じだろう。「生徒」であるうちから、主体的に行動する力を身に付けさせることが重要
なのではないだろうか。

（注1）一員：グループの中の一人

（注2）一様に：同じように

（注3）受動的な：自分の意思ではなく、他人の意思で行動すること

（注4）時間割：ここでは、学校が決めた授業の予定

　　　　もさく
（注5）模索する：探す

1 「生徒」について、筆者はどのように述べているか。

1 皆が同じように教師から必要なことを習う。

2 学ぶことを自分で選ぶことができる。

3 その分野の専門家に習うことができる。

4 課題の見つけ方や研究の方法を考えることができる。

2 筆者によると、大学とはどのようなものか。

1 教授からその分野の課題を教えてもらう。

2 問題もその解決方法も自分で見つける。

3 その分野の専門家になる。

4 講義と授業を自分で選択する。

3 筆者の考えに合うのはどれか。

1 小学生から高校生までは主体的に学ぶ力がない。

2 自分の意思で行動することは、受動的な学習をさまたげてしまう。

3 主体的に行動することができる人は、社会の役に立つ。

4 大学に入る前から、自分の意思で行動できるようになるべきだ。

1 「生徒」について、筆者はどのように述べているか。

1 皆が同じように教師から必要なことを習う。

2 学ぶことを<u>自分で選ぶ</u>ことができる。
> これは「学生」についての内容

3 <u>その分野の専門家に習う</u>ことができる。
> これは「学生」についての内容

4 <u>課題の見つけ方や研究の方法を考える</u>ことができる。
> これは「学生」についての内容

2 筆者によると、大学とはどのようなものか。

1 教授からその分野の<u>課題を教えてもらう</u>。
> 「課題を教えてもらう」とは言っていない

2 問題もその解決方法も自分で見つける。

3 その分野の<u>専門家になる</u>。
> 「専門家になる」とは言っていない

4 講義と<u>授業を自分で選択する</u>。
> 「授業を自分で選択する」とは言っていない

3 筆者の考えに合うのはどれか。

1　小学生から高校生までは<u>主体的に学ぶ力がない</u>。

　　　　　「主体的に学ぶ力がない」とは言っていない

2　自分の意思で行動することは、<u>受動的な学習をさまたげてしまう</u>。

　　　　　「受動的な学習をさまたげてしまう」とは言っていない

3　主体的に行動することができる人は、<u>社会の役に立つ</u>。

　　　　　「社会の役に立つ」とは言っていない

4　大学に入る前から、自分の意思で行動できるようになるべきだ。

正答　①1　②2　③4

(2)

　「生産性」という言葉が普及した今の世の中では、仕事も勉強もとにかく効率良く行うことが素晴らしいことだと考えられています。つまり、どれだけ少ない力でどれだけ多くのものを生み出せるかということです。一時間で10個のパンを作る人より、一時間で100個のパンを作る人の方が生産性が高いというわけです。

　少ない力でものをたくさん作ることは良いことです。そのために知恵をしぼることもまた、素晴らしいことだと思います。その一方で、「生産性」が求められ続ける社会は、なかなか生きづらいものだとも感じています。

　例えば、会社ではいかに生産性を上げるかという戦いが日々行われています。徹底的にむだをなくし社員の生産性を上げると、それが会社の利益につながるからです。次第に社員たちは、目の前の仕事を終わらせることばかり考え、ゆっくり心を落ち着かせる時間を持つことを忘れてしまいます。実はこういった状況では、生産性は上がりにくいのです。忘れてはいけない大切なことは、私たちは働くロボットではなく「人」であるということです。

　勤務時間中に仕事仲間とゆっくりおしゃべりをする時間、仲間のことを思いやる時間、一人で考え事をしながらコーヒーを飲む時間、こういった時間は一見むだに見えて、生産性を向上させるためのとても大切な時間です。表面的な効率の良さだけを追い求めていると、「人」の生産性を高めることは難しいでしょう。

（注1）知恵をしぼる：たくさん悩んで考えること
（注2）一見：ここでは、少し考えること

1 筆者は生産性が高いとはどのようなことだと言っているか。

　　1　他の人より、少しでも多くのものを生み出すこと

　　2　他の人よりも、長い時間働くこと

　　3　知恵を使って、仕事をうまく減らすこと

　　4　少ない力でたくさんものを生み出すこと

2 生きづらいものだとあるが、筆者は何がその原因だと言っているか。

　　1　効率の良さを求めすぎたせいで、ゆっくり過ごす時間が減ってしまったこと

　　2　会社の利益を求めすぎたせいで、毎日の仕事が苦痛になっていること

　　3　生産性が高まりすぎたせいで、世の中がものであふれてしまっていること

　　4　ゆっくり心を落ち着かせる時間をとろうとすると、厳しく怒られてしまうこと

3 筆者は、生産性を高めるために大切なことは何だと言っているか。

　　1　表面的な効率の良さだけを求めて働くこと

　　2　みんなで仕事終わりに毎日お酒を飲みに行くこと

　　3　誰が効率良くものが作れるか、社員同士で勝負させること

　　4　社員同士でコミュニケーションをとる時間をつくること

1 筆者は生産性が高いとはどのようなことだと言っているか。

1　他の人より、少しでも多くのものを生み出すこと

　　「他の人より」とは言っていない

2　他の人よりも、長い時間働くこと

　　　「長い時間働く」とは言っていない

3　知恵を使って、仕事をうまく減らすこと

　　　　　「仕事をうまく減らす」とは言っていない

4　少ない力でたくさんものを生み出すこと

2 生きづらいものだとあるが、筆者は何がその原因だと言っているか。

1　効率の良さを求めすぎたせいで、ゆっくり過ごす時間が減ってしまったこと

2　会社の利益を求めすぎたせいで、毎日の仕事が苦痛になっていること

3　生産性が高まりすぎたせいで、世の中がものであふれてしまっていること

4　ゆっくり心を落ち着かせる時間をとろうとすると、厳しく怒られてしまうこと

※「次第に社員たちは、目の前の仕事を終わらせることばかり考え、ゆっくり心を落ち着かせる時間を持つことを忘れてしまいます。」とあるから、1が正解。

3 筆者は、生産性を高めるために大切なことは何だと言っているか。

1　表面的な効率の良さだけを求めて働くこと

　　「表面的な効率の良さだけを求めて」とは言っていない

2　みんなで仕事終わりに毎日お酒を飲みに行くこと

　　　　　全部言っていない

3　誰が効率良くものが作れるか、社員同士で勝負させること

　　　　　　「社員同士で勝負させる」とは言っていない

4　社員同士でコミュニケーションをとる時間をつくること

正答　①4　②1　③4

(3)

　湿布や虫刺されの薬を肌につけた時、冷たく感じたことはないだろうか。これは、「メントール」という成分の効果によるもので、私たちの生活の中でもガムや歯磨き粉など多くのものに使われている。この成分は、肌につけるとスーッとした冷たさを感じるが、メントールが冷たいわけでも体温が下がっているわけでもない。こういった現象は、皮膚の神経をメントールが刺激するからだと考えられている。

　私はよく、この蒸し暑い日本の夏を乗り越えるために、ハッカ油を使用する。ミントの中でも特に多くメントールを含んでいる「和ハッカ」から抽出した油だ。暑いときは肌に塗ることで涼しさを感じられるし、また、肩こりや頭痛も、ハッカ油の爽やかさで痛みを忘れられる。なんだか頭がぼーっとするときは、ハッカ油のにおいをかぐだけで、頭がすっきりして集中できるようになる。

　このように、メントールという成分のおかげで私たちの生活はより快適になっているが、使いすぎには注意が必要だ。メントールは化学物質であり良い効果ばかりではない。肌の状態は人それぞれなので、適度に使わないと皮膚が炎症を起こしてしまう恐れもあるのだ。便利で簡単に手に入るものだからこそ上手に使うことが肝心だ。

（注1）湿布：腰や肩が痛いときにはるもの
（注2）抽出：ここでは、ハッカから油を抜き出すこと
（注3）肩こり：肩の周りが固くなって、重く感じたり、疲れを感じたりすること
（注4）炎症：ここでは、肌が熱をもったり痛くなること
（注5）肝心：大事

1 こういった現象とあるが、どのような現象か。

1　メントールで体温が下がる現象

2　メントールで冷たく感じる現象

3　メントールが冷たくなる現象

4　メントールが薬に変わる現象

2 メントールの効果は何か。

1　暑いときに体温を下げる。

2　肩こりや頭痛の痛みをなくす。

3　頭をすっきりさせる。

4　においで嫌なことを忘れさせる。

3 メントールについて、筆者はどのように述べているか。

1　快適な生活をするために、メントールは使ったほうがいい。

2　メントールは肌への刺激が強いので、使い方が難しい。

3　メントールがいくら便利なものでも、使いすぎるのは良くない。

4　メントールは化学物質なので危険だ。

1 こういった現象とあるが、どのような現象か。

1 メントールで体温が下がる現象

2 メントールで冷たく感じる現象

3 メントールが冷たくなる現象

4 メントールが薬に変わる現象

※「この成分は、肌につけるとスーッとした冷たさを感じるが、メントールが冷たいわけでも体温が下がっているわけでもない。」とあるので、2が正解。

2 メントールの効果は何か。

1 暑いときに体温を下げる。

「体温を下げる」ではなく「涼しさを感じられる」

2 肩こりや頭痛の痛みをなくす。

「なくす」ではなく「忘れられる」

3 頭をすっきりさせる。

4 においで嫌なことを忘れさせる。

「嫌なこと」ではなく「痛み」

3 メントールについて、筆者はどのように述べているか。

1 快適な生活をするために、メントールは使ったほうがいい。

「使ったほうがいい」とは言っていない

2 メントールは肌への刺激が強いので、使い方が難しい。

全部言っていない

3 メントールがいくら便利なものでも、使いすぎるのは良くない。

4 メントールは化学物質なので危険だ。

「危険だ」とは言っていない

正答 ①2 ②3 ③3

12 統合理解（AB問題）

問題12では、2つの文章（各300字程度）を読みます。そして、その内容を比較する問題が出題されます。統合理解（AB問題）は大問が1つあり、1つの大問につき2つの小問が出題されます。出題される問題は、①〜についてAとBはどのように述べているか、②〜についてAとBで共通していることは何か、などです。

問題12　次のＡとＢの文章を読んで、後の問いに対する答えとして最もよいものを、1・2・3・4から一つ選びなさい。

Ａ

　将来のために、様々な種類の資格を取得しようとする大学生が多い。資格があれば自分の能力を簡単に企業にアピールすることができるので、就職活動にも有利になると思っているのだろうが、私はそうは思わない。いろんな種類の資格を、ただたくさん持っているだけでは、企業が必要とする人材にはなれないのではないかと思う。企業が欲しいのは、能力のある人間だ。資格を持っていても、それを実際の業務に活かすことができなければ意味がない。就職活動のために資格の取得を目指すというのなら、まずは自分が入りたい会社ややりたい仕事について詳しく調べ、それに必要な知識を学んでいく方が良いのではないか。

Ｂ

　「将来やりたいことがわからない」という相談を受けることが多くなった。就職を前にして、学生たちがまず最初にぶつかる壁だ。私はそういう学生たちに対して、「いろんなことをやってみなさい」とアドバイスしている。やりたいことがわからないのは、やってみた経験が少なすぎるからだ。興味のあるなしに関わらず、全部やってみればいいのだ。特にお勧めなのは、何かの資格を取得することだ。資格は、必ず就職活動に役立つ。資格の勉強をきっかけに、自分の興味がある分野を発見することができるかもしれない。それを頼りに、自分のやりたいことを探していけばいい。やりたい仕事が見つかれば、あとはそれに必要な知識をつけて就職活動に取り組むだけだ。

1 　資格を取得することについて、AとBはどのように述べているか。

1　AもBも、企業に能力をアピールすることができるので取得するべきだと述べている。

2　AもBも、実際の業務に関係のない資格なら必要がないので取得しなくてもよいと述べている。

3　Aは実際の仕事で使えないのなら必要がないと述べ、Bは就職する際に役立つので取得したほうがよいと述べている。

4　Aは就職活動では全く有利にならないものだと述べ、Bも必要なければ取得しなくてもよいと述べている。

2 　AとBが、共通して述べていることは何か。

1　やりたいことを見つけて、それに必要なことを勉強していくべきだ。

2　やりたいことを見つけるために、とにかくいろんな事にチャレンジするべきだ。

3　就職活動では、資格があるかどうかがとても重要になる。

4　就職活動では、資格のある人よりも能力がある人の方が有利だ。

1 資格を取得することについて、AとBはどのように述べているか。

1 AもBも、企業に能力をアピールすることができるので取得するべきだと述べている。
A× BO

2 AもBも、実際の業務に関係のない資格なら必要がないので取得しなくてもよいと述べて
AO B×

いる。

3 Aは実際の仕事で使えないのなら必要がないと述べ、Bは就職する際に役立つので取得

したほうがよいと述べている。

4 Aは就職活動では全く有利にならないものだと述べ、Bも必要なければ取得しなくても
A× B×

よいと述べている。

2 AとBが、共通して述べていることは何か。

1 やりたいことを見つけて、それに必要なことを勉強していくべきだ。

2 やりたいことを見つけるために、とにかくいろんな事にチャレンジするべきだ。 A× BO

3 就職活動では、資格があるかどうかがとても重要になる。 A× BO

4 就職活動では、資格のある人よりも能力がある人の方が有利だ。 AO B×

正答 ①3 ②1

問題13では、長文（1000字程度）を読みます。そして、その内容、筆者の主張、原因や理由について
答える問題が出題されます。主張理解（長文）は大問が1つあり、1つの大問につき3つの小問が出題
されます。

**問題13　次の文章を読んで、後の問いに対する答えとして最もよいものを、1・2・3・4
から一つ選びなさい。**

　美容室に行った次の日に「新しい髪型、素敵ですね」と言われたら、「いえいえ、そんな
ことないです」と言う日本人は多い。言われた人は、本当に自分に新しい髪型が似合ってい
ないと思っているのではなく、謙遜の意味で相手の言うことを否定しているのだ。

　ほめている方も、本当にその髪型が素敵で、その人に似合っているから言っているという
わけではない場合も多い。皮肉で言っているかもしれないし、その人との関係を良くするに
はほめておいた方がいいと考えているかもしれない。

　これは、日本の独特な文化背景によるものである。まず一つに、日本では言葉にそのまま
の意味ではなく、いろんな意味を含ませながらコミュニケーションをとる。そして、日本の
社会では自分を主張することが良いことだとは思われず、謙虚で控え目な態度を示すこと
が評価される傾向がある。ほめ言葉を否定することで、「私は謙虚で、控え目な人です。」
「素敵かもしれないけど、完璧ではない自分の現状がわかっています。」という、言葉の奥
にある深い意味を持たせて相手に伝えているのである。

　しかしながら、外国人が日本に来てこの文化に触れると、不思議に思う人もいるだろう。
日本では良いとされていることが、他の国でも良いとされるとは限らない。ほめ言葉を受け
たときに謙遜をすると、言葉をそのままの意味で受け取る文化の国の人たちには「自分の言
葉を否定された」とか「自分に自信がない人なんだな」と思われてしまうかもしれない。

　では、このような異なる文化同士の印象の違いは、どうしたらなくなるのか。それは、お
互いが「違う」ということを理解することから始まる。相手の文化を理解しようとしても、
難しいこともあるだろう。その文化を無理やり理解するのではなく、それぞれ違う文化背景
の中で生きてきたことを理解し、自分が良いと思っていることが必ずしも良いと思われない
かもしれないことを頭の片隅に置いておくのだ。そこで意識するのは、新たな視点を持つこ
とだ。どちらが良い、悪いと判断するのではなくて、どちらの文化も尊重しあう。それぞれ

を認めることができれば、「こういう考え方もあるんだな」と新たな視点が生まれ、コミュニケーションがうまくいくはずだ。自分の文化と相手の文化の中間点を見つけることができれば、自分も変わっていくだろう。

　違いを認めて新たな視点を持つと、今まで見えなかったいろんなことが見えてくる。その中で、工夫して自分を表現し人との関わり合いの中で生きていくのだ。

（注1）謙遜：相手を敬って自分の意見を主張しないこと。遠慮すること

（注2）皮肉：直接ではなく遠回しに相手を非難すること

（注3）控え目：自己主張をせず、遠慮がちにすること

（注4）頭の片隅に置いておく：覚えておく

---

1 筆者によると、日本人がほめ言葉を否定する理由は何か。

1　相手が皮肉で言ったことをわかっていると気付いてほしいから。

2　新しい髪型は素敵ではないと思っていることを知ってほしいから。

3　控え目な態度を示すことが良いことだと思っているから。

4　自分に自信がないことをわかってほしいから。

---

2 筆者によると、異なる文化を持つ人同士は、どのようにコミュニケーションをとろうとするべきか。

1　相手を理解することは難しいということがわかったら、あきらめる。

2　自分の常識は、相手には通用しない可能性があることを理解する。

3　深い意味は持たせないで、そのままの意味で伝えることを意識する。

4　相手の文化を尊重し、自己主張はしないように気を付ける。

---

3 筆者の考えに合うのはどれか。

1　違う文化を持った人と接すると、相手の文化に入り込める。

2　お互いの文化を判断することで、新しい視点が生まれる。

3　自分の見せ方を工夫し、自分の文化のみを尊重するべきだ。

4　相手との違いを認めることで、いろんな考え方を持つことができる。

1 筆者によると、日本人がほめ言葉を否定する理由は何か。

1 相手が皮肉で言ったことをわかっていると気付いてほしいから。

2 新しい髪型は素敵ではないと思っていることを知ってほしいから。

3 控え目な態度を示すことが良いことだと思っているから。

4 自分に自信がないことをわかってほしいから。

※「謙虚で控え目な態度を示すことが評価される」ことが理由だから3が正解。

2 筆者によると、異なる文化を持つ人同士は、どのようにコミュニケーションをとろうとす

るべきか。

1 相手を理解することは難しいということがわかったら、あきらめる。

「あきらめる」とは言っていない

2 自分の常識は、相手には通用しない可能性があることを理解する。

3 深い意味は持たせないで、そのままの意味で伝えることを意識する。

全部言っていない

4 相手の文化を尊重し、自己主張はしないように気を付ける。

「自己主張はしないように気を付ける」とは言っていない

3 筆者の考えに合うのはどれか。

1 違う文化を持った人と接すると、相手の文化に入り込める。

「入り込める」とは言っていない

2 お互いの文化を判断することで、新しい視点が生まれる。

「判断する」のではなく「尊重する」

3 自分の見せ方を工夫し、自分の文化のみを尊重するべきだ。

「自分の文化のみ」ではなく「どちらの文化も」

4 相手との違いを認めることで、いろんな考え方を持つことができる。

正答　①3　②2　③4

じょうほうけんさく

問題14では、お知らせの紙・広告・パンフレット・ちらしなど（700字程度）を読みます。そして、その内容について答える問題が出題されます。情報検索は大問が1つあり、1つの大問につき2つの小問が出題されます。

問題14　右のページは、学校の掲示板のお知らせである。下の問いに対する答えとして最もよいものを、1・2・3・4から一つ選びなさい。

1　サントスさんは、クラスの皆でサッカーの大会に出たいと考えている。申し込みにあたって、注意しなければならないこととして合っているのはどれか。

　　1　小学生の参加者は中学校まで申込書を取りに行かなければならない。

　　2　参加する競技を必ず2つ選び、希望の競技を担任の先生に伝える。

　　3　団体用の申込書にクラス全員の名前と担任の先生の名前を書かなければならない。

　　4　生徒会の人に同意のサインをもらわなければならない。

2　キムさんはバレーボールの大会に出ることになった。この後、スポーツ大会が始まるまでに、何をしなければならないか。

　　1　9月10日の練習会に行き、大会前日の8時から体育館の準備をする。

　　2　9月10日の練習会に行き、大会当日の8時から体育館の準備をする。

　　3　9月10日か12日の練習会に行き、大会前日の16時から体育館の準備をする。

　　4　9月10日か12日の練習会に行き、大会当日の16時から体育館の準備をする。

河内地区　子どもスポーツ大会

【開催日・開催場所】
9月15日（日）午前9時〜　河内中学校体育館・校庭

【対象】
小学1年生から中学3年生まで

【競技について】
サッカー、バスケットボール、バレーボールの中から2つまで競技を選ぶことができます。

【申し込みについて】
・申し込み期間：2022年8月9日〜2022年8月20日
・申し込み方法：河内小学校または河内中学校の生徒会室に申込書があるので、申込書を記入し、
　　　　　　　　生徒会に提出してください。
・参加費用：1人1,000円

※保護者の同意のサインを必ずもらってください。
※クラスで申し込む場合、団体用の申込書に全員の名前と担任の先生の名前を記入してください。

【練習会について】
以下の日時に河内中学校の体育館と校庭を開放します。各競技一回は必ず参加してください。

・9月10日16時〜18時（バスケットボール・バレーボール）
・9月11日16時〜18時（サッカー）
・9月12日16時〜18時（サッカー・バスケットボール・バレーボール）

【大会の準備について】
・9月14日　16時〜　（体育館）
・9月15日　8時〜　（校庭）

バスケットボールまたはバレーボールにお申し込みの方は体育館の準備をしてください。
サッカーにお申し込みの方は校庭の準備をしてください。

注意事項
・昼食はでません。お弁当を持参してください。
・冷たいスポーツドリンク、お茶は飲み放題です。
・片付けは大会終了後に全員で行います。

優勝チームにはプレゼントを用意しています！みなさんのご参加お待ちしています！

河内中学校　生徒会
活動場所　1階生徒会室

1 サントスさんは、クラスの皆でサッカーの大会に出たいと考えている。申し込みにあたって、注意しなければならないこととして合っているのはどれか。

1　小学生の参加者は<u>中学校</u>まで申込書を取りに行かなければならない。

> 小学校でも申込書をもらうことができる

2　参加する競技を<u>必ず2つ選び</u>、希望の競技を<u>担任の先生に伝える</u>。
　　　　　　　　　　×

> 生徒会に提出する

3　団体用の申込書にクラス全員の名前と担任の先生の名前を書かなければならない。

4　<u>生徒会の人</u>に同意のサインをもらわなければならない。

> 保護者

2 キムさんはバレーボールの大会に出ることになった。この後、スポーツ大会が始まるまでに、何をしなければならないか。

1　9月10日の練習会に行き、大会前日の<u>8時</u>から体育館の準備をする。

> 16時

2　9月10日の練習会に行き、<u>大会当日の8時</u>から体育館の準備をする。

> 大会前日の16時

3　9月10日か12日の練習会に行き、大会前日の16時から体育館の準備をする。

4　9月10日か12日の練習会に行き、<u>大会当日</u>の16時から体育館の準備をする。

> 大会前日

正答　①3　②3

第4章

聴解

1 解き方の説明と練習問題

問題の形式は、全部で5種類あります。（問題数は変動する可能性があります。）

問題1	課題理解	5問
問題2	ポイント理解	6問
問題3	概要理解	5問
問題4	即時応答	11問
問題5	統合理解	3問

1 課題理解

○問題1（例）

問題1では、まず質問を聞いてください。それから話を聞いて、問題用紙の1から4の中から、最もよいものを一つ選んでください。

1番

1　先生にもうしこみしょを出す

2　友達と一緒にもうしこみしょを出す

3　もうしこみしょに名前を書いて箱に入れる

4　けいじばんに名前を書く

正答　3

1. 状況説明文・問題文が流れる

状況と話している人たちの関係が話されてから、問題文が流れます。問題文の多くは、「~はこのあと何をしますか。」などの、やらなければいけない課題を問うものです。

> **音声**
>
> 学校で先生が話しています。学生は英会話の先生と昼食を食べたいとき、どのように申し込みますか。

2. 本文・問題文が流れる

本文は男の人と女の人の会話です。課題を解決するために誰が何をするのかに注意して聞きましょう。本文が流れた後は、もう一度問題文が流れます。

> **音声**
>
> 男：ええと、英会話の先生と昼食を食べたい人は、必ず朝の10時までに申込書を出してください。
>
> 女：どこに出したらいいですか。
>
> 男：職員室の入り口の前に箱がありますので、そこに入れてください。それから、申込書には必ず名前を書いてくださいね。友達と一緒に参加したい場合は、一人一枚書いて出すようにしてください。
>
> 女：はい。
>
> 男：あと、先生たちのスケジュールは、食堂の前の掲示板に貼ってあります。毎週金曜日に貼り替えるので、そこで確認してくださいね。
>
> 女：毎日申し込んでもいいんですか？
>
> 男：もちろんいいですよ。
>
> 学生は英会話の先生と昼食を食べたいとき、どのように申し込みますか。

3. 選択肢を選ぶ

選択肢を選ぶ時間は約12秒あります。
選択肢は問題用紙に印刷されています。

もんだい
問題1

　問題1では、まず質問を聞いてください。それから話を聞いて、問題用紙の1から4の中から、最もよいものを一つ選んでください。

1番

1　中古の自転車をもらう
2　新しい自転車をお店で買う
3　自転車をしゅうりしてもらう
4　リサイクルショップに電話する

① ② ③ ④

男の人と女の人が話しています。男の人はこのあと何をしますか。

男：林さん、僕自転車通勤をはじめようと思うんだよね。それで、自転車を探しているん
だけど、いらなくなった自転車とかない？

女：うーん、私自転車持ってないからな。

男：そうか。新しいのを買ってもいいんだけど、中古でもきれいで使えるものがあった
らそれを使いたいんだ。

女：そうだよね。確か、駅前のリサイクルショップに、スポーツ用品がたくさんあった
気がする。自転車も置いてるって聞いたことあるよ。

男：そうなんだ！それって、買った後に壊れたら修理してもらえるのかな？

女：どうかな。それは連絡して聞いてみた方がいいんじゃない？もししてくれなかった
ら、新品で保証付きの自転車の方がいいよ。

男：わかった。そうする。

女：うん。せっかく自転車を買っても、すぐ壊れたらもったいないからね。

男：そうだよね。ありがとう！

男の人はこのあと何をしますか。

1　中古の自転車をもらう
2　新しい自転車をお店で買う
3　自転車をしゅうりしてもらう
4　リサイクルショップに電話する

正答　4

2番
<ruby>番<rt>ばん</rt></ruby>

1　ホラー<ruby>映画<rt>えいが</rt></ruby>　<ruby>前<rt>まえ</rt></ruby>の<ruby>席<rt>せき</rt></ruby>

2　ホラー<ruby>映画<rt>えいが</rt></ruby>　<ruby>後<rt>うし</rt></ruby>ろの<ruby>席<rt>せき</rt></ruby>

3　アニメ<ruby>映画<rt>えいが</rt></ruby>　<ruby>前<rt>まえ</rt></ruby>の<ruby>席<rt>せき</rt></ruby>

4　アニメ<ruby>映画<rt>えいが</rt></ruby>　<ruby>後<rt>うし</rt></ruby>ろの<ruby>席<rt>せき</rt></ruby>

① ② ③ ④

映画館で女の人が映画のチケットを買おうとしています。女の人はどのチケットを買いますか。

女：あの、すみません。映画を観たいと思っているんですが、夕方ぐらいに観ることができる映画はありますか。

男：夕方ですと6時ぐらいでしょうか。新作のアニメ映画を観ることができますよ。それか、ホラー映画ですね。アニメ映画は人気なので、早く席を予約しないといっぱいになってしまいます。

女：うーん、私怖いのが苦手だからホラーじゃないのがいいな。

男：えっと、そうするとアニメ映画ですね。席ですが、6時からのアニメ映画はやっぱり席があまり残っていませんね。一番前の席なら空いているんですが。

女：前の席は首が疲れちゃうから、いやだな。違う時間はありますか。もう少し遅くてもいいです。

男：はい、8時にあります。その時間の後ろの席をお取りしてもいいですか。

女：はい、よろしくお願いします。

女の人はどのチケットを買いますか。

1　ホラー映画　前の席
2　ホラー映画　後ろの席
3　アニメ映画　前の席
4　アニメ映画　後ろの席

正答　4

3番
<ruby>番<rt>ばん</rt></ruby>

1　<ruby>商品<rt>しょうひん</rt></ruby>の<ruby>人気<rt>にんき</rt></ruby>の<ruby>理由<rt>りゆう</rt></ruby>

2　<ruby>海外<rt>かいがい</rt></ruby><ruby>向<rt>む</rt></ruby>けの<ruby>新商品<rt>しんしょうひん</rt></ruby>の<ruby>開発<rt>かいはつ</rt></ruby>

3　<ruby>作<rt>つく</rt></ruby>りたい<ruby>商品<rt>しょうひん</rt></ruby>

4　<ruby>今<rt>いま</rt></ruby>までの<ruby>取<rt>と</rt></ruby>り<ruby>組<rt>く</rt></ruby>み

① ② ③ ④

会社で上司が新入社員に話しています。新入社員は主に商品開発部の何についてアンケートを取りますか。

女：来週の新人研修では、商品開発部を訪問して、先輩社員にアンケートを取ってもらいます。えー、商品開発部では我が社を代表とするカリカリチップスなどの商品の企画をしています。また、近年は海外でも我が社のお菓子の人気が高まっているので、海外向けの新しい商品の開発も予定しています。そこで、今回皆さんには人気商品をどのように生み出してきたのか、開発までにどんな苦労があったのかを調査してもらいます。今からグループに分かれ、聞きたいことを一枚の用紙にまとめてアンケートを作ってください。来週、アンケート用紙を回収した後、内容をもとにグループで話し合って、商品の企画書を書いてみましょう。

新入社員は主に商品開発部の何についてアンケートを取りますか。

1　商品の人気の理由
2　海外向けの新商品の開発
3　作りたい商品
4　今までの取り組み

正答　4

4番
<ruby>番<rt>ばん</rt></ruby>

1 4<ruby>年生<rt>ねんせい</rt></ruby>の<ruby>予定<rt>よてい</rt></ruby>をかくにんする

2 1<ruby>年生<rt>ねんせい</rt></ruby>にしゅくはくけんしゅうを<ruby>行<rt>おこな</rt></ruby>うことを<ruby>伝<rt>つた</rt></ruby>える

3 しゅくはくしせつをさがす

4 <ruby>何人参加<rt>なんにんさんか</rt></ruby>できるかかくにんする

①　②　③　④

大学で女の人と男の人が話しています。男の人はこのあとまず何をしなければなりませんか。

女：田中くん、新入生も入ったことだし、私たちテニス部の宿泊研修をしようと思うんだけど、手伝ってくれない？

男：あ、はい。わかりました。

女：4年生が今忙しい時期だから、4年生が参加できる日に予定を合わせた方がいいと思うの。部長に予定を聞いてくれる？1年生にも早く宿泊研修のことを伝えなきゃいけないから。

男：はい。日にちが決まったら宿泊施設を探しますね。何泊くらいになるんでしょうか。

女：2泊3日になると思うよ。参加できる人数によって変わるんだけど。

男：そうすると、宿泊施設を予約するのは人数が確定してからですね。

女：そうだね。

男の人はこのあとまず何をしなければなりませんか。

1　4年生の予定をかくにんする
2　1年生にしゅくはくけんしゅうを行うことを伝える
3　しゅくはくしせつをさがす
4　何人参加できるかかくにんする

正答　1

332

5番
ばん

1　入会費をはらう
にゅうかいひ

2　身分しょうめいしょをコピーする
みぶん

3　もうしこみしょに名前と住所を記入する
なまえ　じゅうしょ　きにゅう

4　がくせいしょうをていしゅつする

① ② ③ ④

市民体育館の受付で受付の人と、男の人が話しています。男の人はこのあとまず何をしなければなりませんか。

男：すみません。初めてこの体育館を使用するのですが、会員登録は必要ですか？

女：はい、よろしければこちらで受付します。会員登録には申込書の記入と、入会費の1,500円が必要になります。それから、身分証明書も必要ですが、お持ちですか？コピーしたものでも大丈夫です。

男：わかりました。身分証明書のコピーはあります。

女：ではまず、身分証明書のコピーをいただきます。それから、こちらの申込書に名前と住所を記入してください。

男：はい。

女：あ、もしかして学生の方ですか。学生証を提示していただければ、入会費が無料になりますが。

男：学生ではありません。

女：失礼しました。会員カードはここではなく、二階にある受け取り窓口でお渡ししますので、名前が呼ばれるまで窓口の前にあるいすに座ってお待ちください。入会費はカードを受け取るときに払っていただきます。

男：はい。

女：手続きが終わりましたら、今日から体育館をご利用いただけます。

男の人はこのあとまず何をしなければなりませんか。

1　入会費をはらう
2　身分しょうめいしょをコピーする
3　もうしこみしょに名前と住所を記入する
4　がくせいしょうをていしゅつする

2 ポイント理解

○問題2（例）

問題2では、まず質問を聞いてください。そのあと、問題用紙のせんたくしを読んでください。読む時間があります。それから話を聞いて、問題用紙の1から4の中から、最もよいものを一つ選んでください。

1番

1　かだいが多くて寝ていないから

2　アルバイトがいそがしいから

3　かれしに会えないから

4　気分が悪いから

正答　2

1. 状況説明文・問題文が流れる

状況と話している人たちの関係が流れてから、問題文が流れます。

> **音声**
>
> 大学で、男の人と女の人が話しています。女の人はどうして元気がないのですか。

2. 選択肢を読む

選択肢を読む時間が約20秒あります。何を聞き取らなければいけないのか<u>ポイントをつかんだ上</u>で、本文を聞きましょう。

3. 本文・問題文が流れる

本文は、男の人と女の人の<u>会話</u>、一人の人が<u>長く話すスピーチ</u>、などです。本文が流れた後、もう一度問題文が流れます。

> **音声**
>
> 男：どうしたの？なんか元気がないね。最近、課題が多くてあまり寝ていないんじゃない？
>
> 女：それはいつものことだから慣れたよ。最近アルバイトを始めたって話したと思うんだけど。
>
> 男：ああ、パン屋さんの。残ったパンが無料でもらえて嬉しいって言ってたよね。
>
> 女：でも、店が人気すぎて忙しいから大変なんだよ。もう辞めようかな。
>
> 男：ああ、わかった。彼氏に会う時間が少なくなって嫌なんでしょ。
>
> 女：それは関係ないよ、毎日連絡してるし。ああ、アルバイトのことを考えてたら気分が悪くなっちゃう。
>
> 女の人はどうして元気がないのですか。

4. 選択肢を選ぶ

選択肢を選ぶ時間は約12秒あります。
選択肢は問題用紙に印刷されています。

もんだい
問題2

　問題2では、まず質問を聞いてください。そのあと、問題用紙のせんたくしを読んでください。読む時間があります。それから話を聞いて、問題用紙の1から4の中から、最もよいものを一つ選んでください。

1番

1　朝は個人練習で　昼から練習試合
2　朝は個人練習だが　昼の練習試合は休み
3　朝は練習試合だが　昼の練習試合は休み
4　練習は無く　夜は3位を決める試合に出る

① ② ③ ④

テレビでアナウンサーが話しています。明日の日本チームのスケジュールはどうなると言っていますか。明日です。

男：日本チームは、昨日のアジア大会で負けてしまいましたが、選手たちは気持ちを切り替え既に練習を始めています。明日の朝まで個人で練習する予定です。今回、試合に負けたことは日本チームにとっては予想外の結果でした。そのため、明後日の3位を決める試合までに作戦を立て直す必要がありそうです。明日の日本チームは昼から練習試合があり、明後日は練習はなく、夜には3位を決める試合に出場する予定です。

明日の日本チームのスケジュールはどうなると言っていますか。明日です。

1 朝は個人練習で　昼から練習試合
2 朝は個人練習だが　昼の練習試合は休み
3 朝は練習試合だが　昼の練習試合は休み
4 練習はなく　夜は3位を決める試合に出る

2番
_{ばん}

1　大家さんが優しくないから

2　工事の音にたえられなかったから

3　部屋がせまいから

4　やちんが高いから

| ① | ② | ③ | ④ |

女の人と男の人が一人暮らしについて話しています。女の人はどうして引っ越すと言っていますか。

男：社会人になって一人暮らしを始めたんだってね。新しい家はどう？

女：新築で部屋もきれいだし、とても気に入っているんだけど、もう引っ越そうと思ってて。

男：まだ一か月ぐらいしか経ってないよね？

女：うん。大家さんもとても親切で良かったんだけど、最近近所で工事が始まって、その音がうるさくてさ。何回かどうにかしてほしいってお願いしたんだけど、改善されなくてね。家で仕事をしているから集中できなくて困っているんだよね。少しの間なら我慢できたんだけど、結構長くかかるらしくて…。

男：そっか。

女：部屋も広いし、窓からの景色もきれいだったから本当は引っ越したくないんだけどね。新築なのに家賃も下げてもらえてたし。今まで何にも問題がなかったんだけど、やっぱりこればっかりはね。この部屋よりいい場所がないか探してみるよ。

女の人はどうして引っ越すと言っていますか。

1　大家さんが優しくないから
2　工事の音にたえられなかったから
3　部屋がせまいから
4　やちんが高いから

正答　2

3番
ばん

1　農業の道具を持っている人

2　一人で作業ができる人

3　植物にさわっても問題がない人

4　野菜のかこうをしたことがある人

① ② ③ ④

じゃがいもの収穫体験教室で、農家の人と女の学生が話しています。農家の人はどんな人が収穫体験に参加できると言っていますか。

女：すみません。こちらの畑で収穫の体験ができるって聞いたんですが、どんなことができるんですか。

男：ご自身でじゃがいもを掘っていただきます。最近は、農業をする若い人が少ないので、体験を通して農業に興味を持ってもらいたくて始めたんです。体験してみますか。

女：はい、やってみたいんですが、道具を持っていないんです。農業体験も初めてで。

男：自分のがあればそれを使った方がいいんでしょうけど、体験ですので、全てこちらでお貸ししますよ。あと一人で作業することはないので、初めてでも大丈夫ですよ。

女：よかった。

男：それより、植物のアレルギーはありませんか。植物に触ることができないと、体験は難しいかもしれません。

女：それは大丈夫です。

男：そういう問題がなければ、どんな野菜の収穫体験でもできますよ。とった野菜を加工する体験も希望すればできます。

女：楽しそうですね。やってみたいです。

農家の人はどんな人が収穫体験に参加できると言っていますか。

1 農業の道具を持っている人
2 一人で作業ができる人
3 植物にさわっても問題がない人
4 野菜のかこうをしたことがある人

正答 3

4番

1　店が家から遠いから

2　メニューの内容がちがうから

3　プレゼントがわたせないから

4　ケーキが食べられないから

①　②　③　④

女の人がレストランの予約をするために、電話をしています。女の人はどうして予約しないことにしましたか。

男：お電話ありがとうございます。ピザの森本店でございます。

女：あの、予約をしたくてお電話したんですが、クリスマスの日はまだ空いていますか。

男：大変申し訳ありません。クリスマスの日はご予約でいっぱいになってしまいました。本店から歩いて10分のところに駅前店がございます。本店とは少しメニューが違いますが、そちらでしたらご予約できるかもしれません。

女：そうですか。本店の方が家から近いので予約したかったんですが…。駅前店だと少し遠いけど、今回は仕方ないか…。メニューはどちらのお店もいいし。

男：当日は、クリスマスのプレゼントを渡されますか。

女：彼はわかりませんが、私は渡そうと思っています。

男：そうですか。実は駅前店では、プレゼントを渡すタイミングでケーキをお出しすることができるんですが、その日はケーキの予約が既に終わってしまいまして…。

女：それは大丈夫です。んー、やっぱり寒い中そこまで歩くのはちょっと大変なので。すみませんが、一度別の場所を探してみます。

男：かしこまりました。お電話ありがとうございました。

女の人はどうして予約しないことにしましたか。

1　店が家から遠いから

2　メニューの内容がちがうから

3　プレゼントがわたせないから

4　ケーキが食べられないから

正答　1

5番

1　おべんとうの種類をふやす

2　はいたつげんていのメニューを作る

3　お店で軽めのメニューを出す

4　席の数をふやす

①　②　③　④

レストランで店長と女の店員が話しています。店長はレストランの売り上げを上げるために、まずどんなことをしたらいいと言っていますか。

女：最近うちの店、売り上げが下がっていますよね。

男：そうだなあ。最近は家で食事する人が多いから、持ち帰りや配達ができるお弁当が一番売れているよね。やっぱり、配達できるメニューを増やすのはどうかな。

女：新しいメニューを作るんですか。

男：うん、これまではお弁当のメニューしかなかったでしょ。これからは、コーヒーとかパンとかを配達限定で出すのはどうかな。

女：なるほど。

男：一度試してみよう。その評判がよかったら、お店でも同じようなメニューを出そうかな。

女：コーヒーとかパンとかですか。

男：うん。それだけじゃなくて、ちょっとお腹が空いたときに食べられる軽めのメニューを増やすと、お客さんが増えるかもね。

女：いいですね。そうなったら、席の数も増やしたいですね。

男：いいね。

店長はレストランの売り上げを上げるために、まずどんなことをしたらいいと言っていますか。

1　おべんとうの種類をふやす

2　はいたつげんていのメニューを作る

3　お店で軽めのメニューを出す

4　席の数をふやす

6番
_{ばん}

1　大きい方のたいいくかんの建て直し

2　ぜんぶの教室の工事

3　一年生のにもつのいどう

4　小さい方のたいいくかんの建て直し

① ② ③ ④

高校の集会で、校長先生が話しています。校長先生は、まず何を始めると言っています
か。

男：ええ、昨年は大きい方の体育館をもっと使いやすくするため、建て直しの工事を行
いましたが、今年は小さい方の体育館と教室の工事を行う予定です。工事は来月か
ら始まります。一気に全部の教室を工事するのではなく、少しずつやっていく予定
です。まずは一年生の教室から行いますので、一年生はグラウンドに建てられた仮
の教室に荷物を移動してください。小さい方の体育館の工事は、教室の工事の後に
開始する予定です。

校長先生は、まず何を始めると言っていますか。

1　大きい方のたいいくかんの建て直し
2　ぜんぶの教室の工事
3　一年生のにもつのいどう
4　小さい方のたいいくかんの建て直し

正答　3

3 概要理解

○問題3（例）

問題3では、問題用紙に何もいんさつされていません。この問題は、全体としてどんな内容かを聞く問題です。話の前に質問はありません。まず話を聞いてください。それから、質問とせんたくしを聞いて、1から4の中から、最もよいものを一つ選んでください。

―メモ―

1. 状況説明文が流れる

どこで、誰が、何を話しているのかなどが流れます。問題文は流れないので注意してください。

> **音声**
>
> テレビでアナウンサーが自宅で仕事をすることに関するインタビューの結果を話しています。

2. 本文が流れる

本文は一人の人がテレビやラジオで話しているか、インタビューなどです。

> **音声**
>
> 女：近年、多くの会社で自宅で仕事をするスタイルが取り入れられています。インターネットを使えば、同じ場所にいなくても簡単に情報を共有できる便利な時代になりました。しかし、今回のインタビューで「家に家族がいるので仕事に集中できない」「わからないことがあってもすぐに相談ができない」「人との関わりがなくなり、ストレスがたまる」などの意見があることがわかりました。

3. 問題文が流れる

問題文が流れます。<u>何について話しているのか</u>、<u>話者がどう思っているのか</u>がよく問われます。

> **音声**
>
> 何について、インタビューしていますか。

4. 選択肢1〜4が流れる

> **音声**
>
> 1　家で仕事をする理由
>
> 2　家での働き方
>
> 3　家で仕事をすることの問題点
>
> 4　家で仕事をする良い点
>
> 正答　3

5. 選択肢を選ぶ

選択肢を選ぶ時間は約7秒あります。

選択肢は問題用紙に印刷されていません。

もんだい
問題3

　問題3では、問題用紙に何もいんさつされていません。この問題は、全体としてどんな内容かを聞く問題です。話の前に質問はありません。まず話を聞いてください。それから、質問とせんたくしを聞いて、1から4の中から、最もよいものを一つ選んでください。

―メモ―

1	① ② ③ ④
2	① ② ③ ④
3	① ② ③ ④
4	① ② ③ ④
5	① ② ③ ④

1番

音声

テレビでレポーターが男の人にインタビューをしています。

女：本日は、日本文学賞を受賞した村上さんにお話を伺います。村上さん、受賞おめで
とうございます。

男：ありがとうございます。今回受賞した作品「幸せの森」は、アメリカや中国など
世界20か国の言葉に翻訳されました。科学技術が発展し世界が便利になるのはうれ
しいことですが、それと同時に大切な自然や人とのつながりを失っているように感
じています。この作品を通し、多くの人に日本の美しい自然の情景と、身近にある
幸せを伝えたかったんです。

女：村上さんの作品は世界中で高く評価されていますね。

男：まさかこんなに多くの人、しかも世界中の方々に愛してもらえると思っていません
でした。この作品でこのような素晴らしい賞をいただけたことは、人生で一番の幸
せです。

男の人は何について話していますか。

1　この本を書いた理由

2　この本が読まれている国

3　この本の作者の人生

4　この本が選ばれた理由

正答　1

2番
<ruby>番<rt>ばん</rt></ruby>

音声
<rt>おんせい</rt>

テレビで、野菜の専門家が話しています。

女：サラダやスープなど、いろんな料理に使える野菜といえばトマトですよね。ところ

が、ソースに使ってみたらなんだかおいしくできなかったとか、またはサラダに使っ

たらすごく甘みがあってサラダには向いていないなあと思ったことはありませんか。

そこで大切なのは、トマトに合った料理を選ぶことです。ピンク色のトマトは、さ

っぱりしていて少しかたいので、サラダなどに向いています。そして赤いトマトは、

味が濃くて柔らかいので、ソースに使うのが良いでしょう。いつもの何倍もおいしい

料理を作ることができますよ。

野菜の専門家は何について話していますか。

1　トマトを使ってできる料理の例

2　トマトを使った料理のレシピ

3　おいしいトマトを見分ける方法

4　料理をおいしくする工夫

正答　4

3番

音声

ラジオで女の人が話しています。

女：私の生まれ育った町では、頑張ってお金を貯めて自分だけの車が欲しいと思う人が

たくさんいましたが、東京ではお金があっても車は買わないと言っている人が多い

ように感じます。東京にいる友人に話を聞いても、車を買いたいと思っている人は

ほとんどいません。それは、東京では電車やバスなどの交通機関が発達していて車

があまり必要ではないということと、車を置いておくための駐車場のお金など、か

かる費用が高いという理由があるようです。私も現在東京で暮らしていますが、車

を買うことはデメリットの方が大きいように感じます。

女の人は何について話していますか。

1　東京の人のお金の使い方

2　東京の交通機関の状況

3　東京で車を買わない人が多い理由

4　東京で生活することの大変さ

正答　3

4番

音声

会社で上司と女の人が赤ちゃんが物を口に入れようとすることについて話しています。

男：うちに5か月になる子どもがいるんだ。最近なんでも口に入れようとするから心配で
　　ね。

女：そうですよね。この時期の赤ちゃんはまだはっきりと目が見えていないので、口に入
　　れてどんなものか確かめるんですよ。もちろん安全が一番大事なんですが、口に入れ
　　る行為は脳の発達も助けますし、物を取り上げるというのもちょっとね…。

男：なるほど、そういう意味があったのか。

女の人が言いたいことは何ですか。

1　ものを口に入れると危険なことがある

2　ものを口に入れないように注意するべきだ

3　ものを口に入れてもいいのは赤ちゃんだけだ

4　ものを口に入れるのも必要なことだ

正答　4

5番

音声
おんせい

会社で社長が話しています。
かいしゃ　しゃちょう　はな

男：仕事をする中で失敗してしまったりうまくいかなかったりするとき、自分に自信が
　　しごと　　なか　しっぱい　　　　　　　　　　　　　　　　　　　　　　じぶん　じしん

　　なくなってしまうことがありますよね。失敗は悪いことだと思っていませんか。も
　　　　　　　　　　　　　　　　　　　　しっぱい　わる　　　　　　　おも

　　ちろん、落ち込んでしまう気持ちもわかりますが、自分を責めすぎるのは良くあり
　　　　　　お　こ　　　　　　きも　　　　　　　　　じぶん　せ　　　　　　　よ

　　ません。失敗することは悪いことではなく、自分自身を成長させる良いチャンスな
　　　　　　しっぱい　　　　　　わる　　　　　　じぶんじしん　せいちょう　　よ

　　のです。ただの経験で終わらせず、その経験から何を得るかで、今後の人生は変わ
　　　　　　　けいけん　お　　　　　　けいけん　なに　え　　　　こんご　じんせい　か

　　っていくのです。

社長が伝えたいことはどのようなことですか。
しゃちょう　つた

1　仕事は失敗しないほうが良い
　　しごと　しっぱい　　　　　よ

2　落ち込むことは悪いことだ
　　お　こ　　　　　　わる

3　経験から学ぶことが大事だ
　　けいけん　まな　　　　だいじ

4　仕事のやり方を変えることの重要性
　　しごと　　かた　か　　　　　じゅうようせい

正答　3

4 即時応答

<ruby>即<rt>そく</rt></ruby><ruby>時<rt>じ</rt></ruby><ruby>応<rt>おう</rt></ruby><ruby>答<rt>とう</rt></ruby>

○問題4（例）

<ruby>問<rt>もん</rt></ruby><ruby>題<rt>だい</rt></ruby> <ruby>例<rt>れい</rt></ruby>

問題4では、問題用紙に何もいんさつされていません。まず文を聞いてください。それから、それに対する返事を聞いて、1から3の中から、最もよいものを一つ選んでください。

―メモ―

1. 短い発話文が流れる

<ruby>短<rt>みじか</rt></ruby>い <ruby>発<rt>はつ</rt></ruby><ruby>話<rt>わ</rt></ruby><ruby>文<rt>ぶん</rt></ruby> <ruby>流<rt>なが</rt></ruby>れる

音声

音声 <ruby>おんせい</rt></ruby>

午前中にこの資料まとめといてって言ったじゃん。

<ruby>午<rt>ご</rt></ruby><ruby>前<rt>ぜん</rt></ruby><ruby>中<rt>ちゅう</rt></ruby> <ruby>資<rt>し</rt></ruby><ruby>料<rt>りょう</rt></ruby> <ruby>言<rt>い</rt></ruby>った

2. 選択肢1～3が流れる

<ruby>選<rt>せん</rt></ruby><ruby>択<rt>たく</rt></ruby><ruby>肢<rt>し</rt></ruby> <ruby>流<rt>なが</rt></ruby>れる

選択肢は、短い発話文に対する返事です。

音声

1 はい、部長のおかげです。

2 もうまとめてくれたんですね。

3 間に合わなくて、すみません。

正答 3

3. 選択肢を選ぶ

選択肢を選ぶ時間は約8秒あります。

選択肢は問題用紙に印刷されていません。

ポイント

この問題では、解く時間が短いので時間をかけてメモを取らないことが大事です。
選択肢を聞いて簡単に ⭕ ❌ 🔺 などのメモを取りながら聞くのもよいでしょう。

正解だと思うもの ⭕   絶対に間違いだと思うもの ❌   正解になりそうなもの 🔺

もんだい
問題4

問題4では、問題用紙に何もいんさつされていません。まず文を聞いてください。それから、それに対する返事を聞いて、1から3の中から、最もよいものを一つ選んでください。

－メモ－

1	①	②	③	④
2	①	②	③	④
3	①	②	③	④
4	①	②	③	④
5	①	②	③	④
6	①	②	③	④
7	①	②	③	④
8	①	②	③	④
9	①	②	③	④
10	①	②	③	④
11	①	②	③	④

1番

音声

男：あの先輩は余裕があるみたいだけど、僕たちはゆっくりしてはいられないよ。

女：1　ふう、やっと一休みできるね。
　　2　うん、早く次の準備はじめよう。
　　3　もしかして、時間が余ってるの？

2番

音声

男：昨日、部長たちが会議したらしいよ。体育館の使用をめぐって。

女：1　最近、問題になってたもんね。
　　2　じゃあ、今回は体育館だったんだ。
　　3　え、じゃあ部長に知らせなきゃね。

3番

音声

男：ご予約のお客様ですね。すみませんが、お名前をお聞きしてもよろしいでしょうか。

女：1　はい、どうぞ。
　　2　えっと、佐藤で予約してます。
　　3　はい、わかったら伝えます。

4番

音声

男：私なんかが、司会に選ばれてしまったなんて。

女：1　大丈夫ですよ。自信を持ってください。
　　2　本当に上手に司会していましたね。
　　3　いやあ、司会じゃなくて良かったですね。

5番

音声

女：前から準備していれば、急がなくてよかったんですけど。

男：1　はい、準備しておいてよかったですね。
　　2　そうですね、ゆっくり行きましょう。
　　3　本当ですね。次からは準備しておきましょう。

6番

音声

女：彼が泣くなんて、あの注射相当痛そうだね。

男：1　痛くなかったの？
　　2　そんなに痛いんだ。打ちたくないなあ。
　　3　うん、本当に感動したよ。

7番

音声

男：昨日のお祭り、コンサートに加えて、花火があったらしいよ。

女：1　コンサートだけでも、楽しかったよ。
　　2　えっ、楽しそう！行きたかったな。
　　3　コンサートは中止になっちゃったんだ。

8番

音声

女：昨日の帰り、部長が会議室のかぎを閉めてくれたとか。次はちゃんと確認しなきゃね。

男：1　すみません。次は気を付けます。
　　2　部長はかぎ持ってなかったんですね。
　　3　はい、きちんと閉めて帰りました。

9番

音声

女：会社の前、なんかざわざわしてたけど、どうしたのかな。

男：1　あれ、誰もいなかった？
　　2　そんなことする必要ないのにね。
　　3　事故があったんだって。

10番

男：田中くん、卒業したら留学しようと思ってるらしいよ。

女：1　へえ、田中くんて留学してたんだ。
　　2　そうなんだ。どこに行くのかな。
　　3　うん、留学したいんだよね。

11番

女：今日に限って、傘を持ってきていないなんて。

男：1　良かった。僕も一緒に入っていい？
　　2　今日は天気がいいから、傘は必要ないね。
　　3　いつもは持ってるのに、運が悪いね。

正答	(1番) 2　(2番) 1　(3番) 2　(4番) 1　(5番) 3　(6番) 2
	(7番) 2　(8番) 1　(9番) 3　(10番) 2　(11番) 3

○問題5（1番の例）
もん だい ばん れい

問題5では、長めの話を聞きます。この問題には練習はありません。
もんだい なが はなし き もんだい れんしゅう

問題用紙にメモをとってもかまいません。
もんだいようし

1番、2番
ばん ばん

問題用紙に何もいんさつされていません。まず話を聞いてください。それから、質
もんだいようし なに はなし き しつ

問とせんたくしを聞いて、1から4の中から、最もよいものを一つ選んでください。
もん き なか もっと ひと えら

ーメモー

1. 状況説明文が流れる
じょうきょうせつめいぶん なが

状況と話している人たちの関係が流れます。問題文は流れないので注意してください。
じょうきょう はな ひと かんけい なが もんだいぶん なが ちゅうい

> **音声**
> おんせい
>
> 不動産の人と女の人が話しています。
> ふ どうさん ひと おんな ひと はな

2. 本文が流れる
ほんぶん なが

本文は男の人と女の人の会話です。二人はテーマに沿って会話しています。会話の中に、テーマに沿
ほんぶん おとこ ひと おんな ひと かい わ ふたり そ かいわ かいわ なか そ

った4つの候補が出てきます。それが、選択肢になります。4つの候補をメモしましょう。そしてその
こう ほ で せんたくし こう ほ

候補のメリットやデメリットなども話しますので、それもメモしましょう。
こう ほ はな

> **音声**
> おんせい
>
> 男：こんにちは。本日はどうしましたか。
> ほんじつ
>
> 女：今住んでるアパートが二年契約でもうすぐ更新をしないといけないのですが、今の
> いま す に ねんけいやく こうしん いま
>
> 　　ところは古くて何かと不便なので、この機会に引っ越そうと思いまして。
> ふる なに ふ べん き かい ひ こ おも
>
> 男：そうなんですね。最近のアパートやマンションは住む人のことをよく考えて作ら
> さいきん す ひと かんが つく
>
> 　　れているので、とても住みやすいと思います。お客様はどのような家をお探しでし
> す おも きゃくさま いえ さが
>
> 　　ょうか。

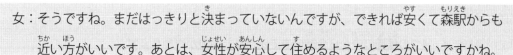

女：そうですね。まだはっきりと決まっていないんですが、できれば安くて森駅からも近い方がいいです。あとは、女性が安心して住めるようなところがいいですかね。

男：承知しました。駅からの距離は大事ですよね。女性に人気のアパートがいくつかございますので紹介させていただきますね。

女：はい。お願いします。

男：1つ目は、森駅から徒歩8分の場所にある「エステート」というアパートです。ここは、玄関にカメラがついているので部屋の中から相手を確認することができます。玄関にカメラが付いているアパートはなかなかないので、女性からはとても好評です。家賃は一か月6万円です。

女：へえ。今住んでるところの家賃と変わらなくていいかも。

男：2つ目は、森駅から徒歩7分の「プライム」というマンションです。マンションの入り口には自動で閉まる鍵がついているので普段は住んでいる人以外入れないようになっています。また部屋には既に新しい電気製品が設置されているので引っ越しのときはとても楽です。家賃は一か月10万円です。

女：なるほど。一人暮らしにしてはちょっと高いかなあ。

男：そうしましたら、「アクシス」というマンションはいかがですか。森駅から徒歩12分かかりますが、マンションの入り口に自動で閉まる鍵がついていて安心ですし宅配ボックスもあるので、わざわざ家から出なくても荷物を受け取ることができます。留守にしていて直接受け取れないときにも便利ですよ。家賃は一か月7万円です。

女：へえ。

男：最後は森駅から徒歩5分の「オークス」というアパートです。ここは夜の12時まで入り口に管理人さんがいます。女性専用のアパートなので、普段男性は入れないようになっています。家賃は駅から近いということもあり一か月8万円です。

女：管理人さんが遅い時間までいて、女性しか住んでないのはすごく魅力的ですね。んー。最初は駅から近い方がいいと思ってたけど、よく郵便物が届くし、荷物を受け取る設備がある家にしようかな。

3. 問題文が流れる

問題文が流れます。<u>4つの候補の中から会話の中で決まったもの</u>が問われます。

> **音声**
>
> 女性は、どの家に住むことにしましたか。

4. 選択肢1〜4が流れる

> **音声**
>
> 1　エステート
>
> 2　プライム
>
> 3　アクシス
>
> 4　オークス

正答　**3**

5. 選択肢を選ぶ

選択肢を選ぶ時間は約7秒あります。

選択肢は問題用紙に印刷されていません。

選択肢1〜4は、会話の中に出てきた候補です。

> **ポイント**
>
> 本文に出てくる4つの候補と、候補の特徴をしっかりメモしましょう。

もんだい
問題5

問題5では、長めの話を聞きます。この問題には練習はありません。
問題用紙にメモをとってもかまいません。

1番
ばん

問題用紙に何もいんさつされていません。まず話を聞いてください。それから、質問とせんたくしを聞いて、1から4の中から、最もよいものを一つ選んでください。

ーメモー

①　②　③　④

1番

音声

町の手作り体験教室で、女の人と教室の人が話しています。

女：すみません、こちらでいろんな手作り体験ができると聞いたんですが、どんなものが作れるんですか？

男：はい、いろんなものが作れますよ。一日でできるものもあれば、何度か通っていただくものもありますが、どんなものが作りたいですか？

女：えーっと、自分用のアクセサリーを作りたいんです。とりあえず体験してみたいので、すぐにできるもので。あと、細かい作業が苦手な私でもできるようなものがいいです。

男：でしたら、ガラスのイヤリング作りはどうですか。簡単ですよ。自分の好きな色のガラスを使って、イヤリングを作るんです。作業は一日で終わりますが、作品は一週間後にお渡しとなります。

女：へえ。

男：それから本格的な指輪作り。鉄を叩いて、自分の好きなデザインの指輪を作れるんですよ。簡単なデザインであれば、その日にお渡しできます。

女：へえ、作ってみたい！

男：それから、宝石をネックレスにする体験もできますよ。これは結構人気で、石を加工できる機械を置いているのは市内ではうちだけなんです。この体験では何度も通って自分だけのデザインのものを完成させることができますよ。

女：その体験、友人がこの前やっていました。友人は細かい作業が得意なので、きれいに石を加工して素敵なネックレスを作っていました。

男：そうなんですね。小さい石を加工するので、細かい作業ですが、なかなかできないいい体験になると思います。あとは、粘土で作るコーヒーカップもありますよ。特別な粘土を使うので、一度形を作ったら、2、3日後にまた来ていただいて、次は

368

色を付けてもらいます。とても簡単な作業ですよ。

女：どれもおもしろそうですね。でもやっぱり自分用のアクセサリーを作ってみたいな

あ。今日体験してすぐに作品を持って帰れるこちらを体験できますか？

女の人はどの手作り体験をしたいと言っていますか。

1　ガラスのイヤリング

2　鉄の指輪

3　宝石のネックレス

4　粘土のコーヒーカップ

正答　2

○問題5（2番の例）

1. 状況説明文が流れる

状況と話している人たちの関係が流れます。問題文は流れないので注意してください。

音声

カフェのオーナーと、スタッフ二人が話しています。

2. 本文が流れる

本文は男女3人の会話です。問題を解決するために意見を出します。その意見は全部で4つあります。この4つの意見をメモしましょう。

音声

男1：最近、売り上げが上がらないから、なんとかしたいんだ。何かいい案はないかな。

女：そうですね。オープンしたてのときは、うちの看板メニューの「ヨーグルトコーヒー」がかなり話題になって、大忙しでしたよね。新メニューを作ってみるというのはどうでしょう。

男1：そうだね。またインターネットで広まって話題になったら、うちのことをもっと知ってもらえるかもしれないな。

男2：でも、新メニューを作るには時間とコストがかかりますよ。それに、人気が出るとも限らないし。

男1：それも、そうなんだよな。

女：では、ポイントカードを作るっていうのはどうでしょうか。コーヒーを10杯買った
ら1杯無料でもらえるようにするんです。いつも来てくれるお客さんを増やすこと
につながる可能性もあります。新メニューを作ることに比べたら、明日からでも始
められますし、時間もかからないですよ。

男1：なるほど、いいかもしれないな。

男2：僕はそれより、店内のインテリアを変えるべきだと思います。今は木のいすだけ
でお客様がゆっくりできないので、ソファ席を作ってきれいな植物を置いたりした
ら、学生や女性会社員のお客様がそこで写真を撮ってインターネットにアップして
くれるかもしれません。

女：うちの近所は大学やオフィスもないし、住宅街だから子どもと一緒に来るお客様が
多いわよ。

男1：確かにそうだな。

男2：じゃ、子どもと一緒に来るお客様でもゆっくりできる、カーペットと低いテーブル
の席を作るのはどうですか。子ども用のおもちゃを置いて、食器なども子ども用の
ものを用意するんです。

男1：地域の方に親しんでもらえる店にしたいけど、インテリアを変えるのは費用がかか
るから今すぐにはできないな。よし、まずはすぐに始められて、お客さんが何度も
来たくなるような方法を試してみよう。

3. 問題文が流れる

最終的に<u>どの解決策を</u>とることにしたのかが問われます。

音声

売り上げを上げるために、何をすることにしましたか。

4. 選択肢1～4が流れる

音声

1　新メニューを作る

2　ポイントカードを作る

3　ソファ席を作って、きれいな植物を置く

4　カーペットと低いテーブルの席を作る

正答　2

5. 選択肢を選ぶ

選択肢を選ぶ時間は約7秒あります。

選択肢は問題用紙に印刷されていません。

選択肢1～4は、会話の中に出てきた意見です。

ポイント

本文に出てくる4つの意見をしっかりメモしましょう。

2番
ばん

問題用紙に何もいんさつされていません。まず話を聞いてください。それから、質問とせんたくしを聞いて、1から4の中から、最もよいものを一つ選んでください。

ーメモー

① 　② 　③ 　④

会社で、新商品の宣伝イベント係の社員3人が話しています。

女1：新商品の宣伝イベントまであと一週間だね。前回のイベントではどこに並べばい

いのかわかりにくいって、参加者から言われたよね。

男：そうだね。予想以上に参加者が多くて、入り口が混雑していたよね。入り口がわか

りやすいように看板を立てておいたんだけど文字が小さくてわかりにくかったか

な。

女2：いや、看板は目立っていたよ。

男：じゃあ、看板の数が足りなかったのかな。前は入り口に2つだけだったから、階段

の下とかに、矢印を書いて案内板も増やすとか。

女2：でも参加者は入り口の場所はわかっているんだよね。列が長すぎてどこに並ぶのか

わからないわけだから、案内板を増やしても効果はあまりないんじゃない？

女1：確かにそうだね。うーん、前回は私たちが参加者を案内していたけど、それでも

やっぱり混雑してたよね。

女2：うん。大きい声を出して一生懸命案内したのにね。

男：それほど人が多かったんだよ。僕たちと参加者との区別がつかなくなっていたし。

女2：そうか。それでわかりにくかったのかもしれないね！今回は新商品に合った派手な

色のTシャツを着て、案内するといいかもしれない。

女1：うん。いいね。新商品の宣伝にもなるね！

男：で、入り口の看板は今回は出さないことにする？入り口はわかりやすいし、置く必

要ないかな。

女1：あれはあれで、入り口がわかりやすくなっていたし、イベントって感じがしていい

と思うな。前回と同じところに置いておこう。

問題解決のために何をすることにしましたか。

1　入り口の看板の文字を大きくする

2　階段の下の案内の看板を増やす

3　案内するときに大きな声を出す

4　案内するときに派手なＴシャツを着る

正答　4

○問題5（3番の例）

○問題5（3番の例）

問題5では、長めの話を聞きます。この問題には練習はありません。
問題用紙にメモをとってもかまいません。

3番

まず話を聞いてください。それから、二つの質問を聞いて、それぞれ問題用紙の1から4の中から、最もよいものを一つ選んでください。

質問1

1　みなとみらい
2　江ノ島
3　六本木
4　草津

質問2

1　みなとみらい
2　江ノ島
3　六本木
4　草津

正答　（質問1）2　（質問2）3

1. 状況説明文が流れる

どこで、誰が、何を話しているのかなどが流れます。問題文は流れないので注意してください。

音声

テレビでアナウンサーが冬のデートスポットについて話しています。

2. 本文が流れる

初めに、ニュースやラジオなどで話されている内容を聞きます。その文章の中に、一つのテーマに沿った候補が4つ出てきます。

そのあと、二人の男女の会話を聞きます。二人は、その前に話されたニュースやラジオの中で出てきた4つの候補について話します。

男の人と女の人が意見を出し合いますので、4つの候補に対してそれぞれがどんな意見を持っているのかメモしましょう。

音声

女1：今年の冬注目の、関東にあるデートにお勧めの場所を紹介していきたいと思います。冬といえば、なんと言ってもクリスマスのイベントが楽しみですよね。大切な人と素敵な思い出を作りたい方にお勧めする場所の1つ目は、神奈川県にある「みなとみらい」です。夜8時になると花火を見ることができます。遊園地もあれば、クリスマスのイベントとして屋台が並んでいたり、外でスケートを楽しむこともできます。一日中遊ぶことができそうですね。2つ目は、神奈川県にある「江ノ島」です。ここは海に囲まれた小さな島で、街には宝石のように光るライトが飾り付けられています。島で一番高いところから光り輝く景色を一気に見下ろすことができちゃいます。また3つ目は、東京都内にある「六本木」です。ここでは、夜の景色はもちろんのこと、建物に入ると一転、まるでドイツにいるような空間を楽しむことができます。伝統的なドイツのクリスマスマーケットを日本でも楽しむことができ、食べ物だけでなく色々なものを売っているんだとか。最後は、群馬県にある「草津」です。現地では和の雰囲気と共に温泉を楽しむことができます。温泉に入って疲れをとったり、日帰りではなくゆっくりと一泊したりするのも良いですね。

女2：わあ～。どこもきれいだね。クリスマスの時期はやっぱり外に出かけたくなるなあ。

男：そうだね。今週末、一緒にどこか行こうか。お酒も飲みたいし電車で行けるところがいいな。

女2：そうね。そしたら神奈川県が一番近いしいいかもね。私は、高いところから街の景色を見てみたいなあ。

男：うーん。俺は、少し遠いけど海外のクリスマスの雰囲気を楽しめるところも気になるな。食べ物もおいしそうだし。

女2：もー、あなたっていつも食べ物のことしか頭にないんだから。

3. 問題文が流れる

質問1の音声が流れます。<u>男女どちらかの意見が問われる</u>ことが多いです。

> **音声**
>
> 質問1　女の人は今週末どこに行きたいと言っていますか。

4. 選択肢を選ぶ

選択肢を選ぶ時間は約10秒あります。

選択肢は問題用紙に印刷されています。

選択肢1〜4は、本文の中に出てきた4つの候補です。

5. 問題文が流れる

質問2の音声が流れます。<u>男女どちらかの意見が問われる</u>ことが多いです。

> **音声**
>
> 質問2　男の人は今週末どこに行きたいと言っていますか。

6. 選択肢を選ぶ

選択肢を選ぶ時間は約10秒あります。

選択肢は問題用紙に印刷されています。

選択肢1〜4は、本文の中に出てきた4つの候補です。

> **ポイント**
>
> 解く時間は短いですが、選択肢は印刷されているので本文を聞きながらある程度推測しておきましょう。男女のそれぞれの意見をしっかり聞いて、メモしましょう。

3番
ばん

まず話を聞いてください。それから、二つの質問を聞いて、それぞれ問題用紙の1から4の中から、最もよいものを一つ選んでください。

質問1
しつ もん

1　北海道
　　ほっかいどう
2　長野県
　　なが の けん
3　東京都
　　とうきょう と
4　京都府
　　きょう と ふ

質問2
しつ もん

1　北海道
　　ほっかいどう
2　長野県
　　なが の けん
3　東京都
　　とうきょう と
4　京都府
　　きょう と ふ

1	① ② ③ ④
2	① ② ③ ④

3番

音声

ラジオを聞いたあと、男の人と女の人が話しています。

女1：日本全国のおもしろい旅館を4つご紹介します。北海道の旅館では、雪を固めて作った家に泊まることができるそうです。意外と家の中には風が入らないので温かく感じるそうですよ。長野県の動物園内にある宿泊施設では、夜眠っている動物たちを見学することができます。夜の動物園に入れるのはここだけなんですって。東京都にある最新のホテルでは、日本のマンガが読み放題！全部で10万冊もあるそうです。そして、京都府にある日本で一番古いお寺では、一泊二日でお寺の生活を体験することができるそうです。どんな生活ができるのか気になりますよね。宿の詳細はホテル予約サイト、ワクワクネットで確認してください。

男：今度の冬休みどこかに泊まってみない？忘れられない思い出になると思うな。

女2：楽しそう！

男：そういえば、マンガ好きだったよね？読み放題なんていいんじゃない？気になっていたマンガ読めるかもよ。

女2：マンガは買って読むから楽しいんだよ。私は眠っている動物の姿が見てみたいな。

男：確かに、夜の動物園ってわくわくしそう。雪の家も楽しそうだけど、寒いところは苦手だからなあ。やっぱり、僕はお寺の生活が知りたいな。お寺でどんな食事ができるのか気にならない？

女2：気になるけど、泊まらなくてもいいんじゃない？私達って本当意見合わないよね。

質問1　女の人は、どこに行きたいですか。

1　北海道

2　長野県

3　東京都

4　京都府

質問2　男の人は、どこに行きたいですか。

1　北海道

2　長野県

3　東京都

4　京都府

JLPT N2この一冊で合格する

2024年9月13日　第3刷発行

著者	日本語の森　日本語研究所
発行所	日本語の森株式会社
	〒160-0023
	東京都新宿区西新宿3-7-21
	03-5989-0589
	https://nihongonomori.com/
発売	日販アイ・ピー・エス株式会社
	〒113-0034
	東京都文京区湯島1-3-4
	03-5802-1859
印刷	シナノ印刷株式会社

JLPT N2

日本語能力試験

この一冊で合格する

模擬試験

日本語の森

*一番後ろのページにマークシートがついています。
（いちばんうし）

Language Knowledge (Vocabulary/Grammar) • Reading

N2

言語知識（文字・語彙・文法）・読解

（105分）

注　意
Notes

1. 試験が始まるまで、この問題用紙を開けないでください。
   Do not open this question booklet until the test begins.

2. この問題用紙を持って帰ることはできません。
   Do not take this question booklet with you after the test.

3. 受験番号と名前を下の欄に、受験票と同じように書いてください。
   Write your examinee registration number and name clearly in each box below as
   written on your test voucher.

4. この問題用紙は、全部で31ページあります。
   This question booklet has 31 pages.

5. 問題には解答番号の 1 、 2 、 3 … が付いています。
   解答は、解答用紙にある同じ番号のところにマークしてください。
   One of the row numbers 1 , 2 , 3 … is given for each question. Mark your
   answer in the same row of the answer sheet.

受験番号 Examinee Registration Number	

名前 Name	

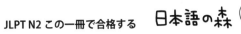

問題1 ＿＿＿＿の言葉の読み方として最もよいものを、1・2・3・4から一つ選びなさい。

1 結婚式の司会を<u>務め</u>ます。
   1　すすめ　　　　　2　おさめ　　　　　3　つとめ　　　　　4　まとめ

2 道路を<u>拡張</u>するための工事が行われた。
   1　こうちょ　　　　2　こうちょう　　　3　かくちょ　　　　4　かくちょう

3 お金持ちになっても、幸せになれる<u>保証</u>はない。
   1　ほうしょう　　　2　ほしょう　　　　3　ほしょ　　　　　4　ほうしょ

4 先生<u>宛</u>に荷物を送った。
   1　あた　　　　　　2　あで　　　　　　3　あて　　　　　　4　あだ

5 彼は<u>消極的</u>な人だ。
   1　しょうきょくてき　　　　　　　　2　しょうごくてき
   3　しょきょくてき　　　　　　　　　4　しょごくてき

問題2 ＿＿＿＿の言葉を漢字で書くとき、最もよいものを1・2・3・4から一つ選びなさい。

6 夏に飲むビールは<u>かくべつ</u>だ。

    1 格剖   2 絡別   3 格別   4 絡剖

7 彼はいつも反応が<u>にぶい</u>。

    1 純い   2 鈍い   3 鏡い   4 鋭い

8 夏休みは学生達にたくさん宿題を<u>かす</u>つもりだ。

    1 菓す   2 裸す   3 果す   4 課す

9 強い<u>てき</u>と戦う。

    1 敵   2 摘   3 適   4 滴

10 一日も休まず<u>こうぎ</u>に出席する。

    1 講議   2 講義   3 構義   4 構議

問題3 （　　　　）に入れるのに最もよいものを、1・2・3・4から一つ選びなさい。

11 大臣は（　　　　）施設を訪問して回った。

| 1　正 | 2　合 | 3　各 | 4　相 |

12 朝と夜の気温（　　　）が激しい。

| 1　分 | 2　差 | 3　違 | 4　異 |

13 勉強（　　　）の日々を送っている。

| 1　漬け | 2　浸り | 3　沈み | 4　濡れ |

問題4　（　　　　）に入れるのに最もよいものを、1・2・3・4から一つ選びなさい。

14 この広告は見た目にかなりの（　　　　）があって、街の中でも目立っている。

1　プレッシャー　　2　インパクト　　3　ダメージ　　4　ショック

15 仕事熱心でいつも前向きな彼女と話をする時間は、とても（　　　）だ。

1　開放的（かいほうてき）　　2　意図的（いとてき）　　3　好都合（こうつごう）　　4　有意義（ゆういぎ）

16 私は昔から（　　　）な性格なので、やりたくない事は絶対にやらない。

1　わがまま　　2　あいまい　　3　ありがち　　4　よくばり

17 この商品は、ソファとしてだけでなくベッドとしての機能も（　　　　）。

1　挙（あ）げている　　2　兼（か）ねている　　3　活（い）かしている　　4　納（おさ）めている

18 第一志望（しぼう）の大学に落ちて、（　　　）している。

1　悪化（あっか）　　2　減点（げんてん）　　3　混雑（こんざつ）　　4　失望（しつぼう）

19 鍋（なべ）の中の水が（　　　）して、からっぽになってしまった。

1　蒸発（じょうはつ）　　2　解消（かいしょう）　　3　発揮（はっき）　　4　伝染（でんせん）

20 パーティーではひかえめな色のドレスを着ることが（　　　　）と言われている。

1　頼（たの）もしい　　2　好（この）ましい　　3　等（ひと）しい　　4　快（こころよ）い

問題5　＿＿＿＿の言葉に意味が最も近いものを、1・2・3・4から一つ選びなさい。

21 永野選手は機敏な動きで相手からボールをうばった。

1　速い　　　　　　2　細かい　　　　　3　特別な　　　　　4　上手な

22 長年戦い続けた重い病気を乗り越えた。

1　告白した　　　　2　理解した　　　　3　なおした　　　　4　あきらめた

23 何度も会っているんだから、せめて名前くらい覚えて欲しい。

1　そろそろ　　　　2　最低でも　　　　3　努力して　　　　4　できれば

24 アンケートの結果を活用して、商品の開発を進める。

1　使って　　　　　2　まとめて　　　　3　理解して　　　　4　見て

25 お金がない人々を救うために、新しいサービスを開発した。

1　探す　　　　　　2　減らす　　　　　3　集める　　　　　4　助ける

問題6　次の言葉の使い方として最もよいものを、1・2・3・4から一つ選びなさい。

26 開催

1　20年勤めた会社を思い切って退職し、自分の会社を<u>開催</u>した。

2　来年、東京でオリンピックが<u>開催</u>される予定です。

3　アメリカで人気があるハンバーガーショップが新宿で<u>開催</u>するらしい。

4　健康のためにジムで運動を<u>開催</u>したが、なかなか続かなかった。

27 行為

1　パソコンで<u>行為</u>することができる方を募集しています。

2　携帯電話の<u>行為</u>がおそくて使いにくいので、買い替えようと思っている。

3　電車の中で大声で話すことは、車内にいる人たちの迷惑になる<u>行為</u>である。

4　やりたいことがあるなら、考えてばかりいないでとにかく<u>行為</u>に移すことが大切だ。

28 やむを得ない

1　いつも時間をきっちり守る彼女が遅刻するなんて、何か<u>やむを得ない</u>理由があったのだろう。

2　雨の時期は、一度雨が降り始めるとなかなか<u>やむを得ない</u>。

3　試験に合格するためにできることは全部やったが、結局<u>やむを得なかった</u>。

4　日本語が<u>やむを得ない</u>ので、日本へ旅行に行くときは必ず日本語ができる友達と一緒に行く。

29 ただちに

1　携帯電話で動画を見ていると、<u>ただちに</u>インターネットが使えなくなってしまった。

2　会議の準備をしなければならなかったので、いつもより<u>ただちに</u>出勤した。

3　息子はこの一年で<u>ただちに</u>身長が伸びた。

4　地震が起きたら海から離れ、<u>ただちに</u>安全なところに避難してください。

30 省く

1　この店では買ったズボンが長すぎる場合、無料で<u>省いて</u>もらうことができる。

2　店での販売を全て<u>省いて</u>、オンラインで商品を売ることに決めた。

3　電子レンジをうまく使えば、料理の手間を<u>省く</u>ことができる。

4　社員の労働時間を8時間から7時間に<u>省く</u>と、生産性が向上した。

問題7　次の文の（　　　）に入れるのに最もよいものを、1・2・3・4から一つ選びなさい。

31 若いころは病気（　　　）だったが、大人になってからは風邪をひいたことがない。

1　より　　　　　　2　だらけ　　　　　3　がち　　　　　　4　しだい

32 永野「明日試験なのに全然勉強してないよ。勉強した？」
　　加藤「もちろん！受験料を払った（　　　）、絶対に落ちたくないんだ。」

1　ものの　　　　　2　からには　　　　3　にしては　　　　4　わりに

33 大会の開始（　　　）、会長のあいさつとルール説明が行われます。

1　とすると　　　　2　だけあって　　　3　かといえば　　　4　に先立って

34 子ども（　　　）大人（　　　）、絵本は誰でも楽しめるものだ。

1　にて / にて　　　　　　　　　　　　2　にして / にして
3　にしろ / にしろ　　　　　　　　　　4　によって / によって

35 山田「今回の試験もうまくいかなかったな。体調も悪かったし、前の席の人もちょっと
　　　　うるさかったから集中できなかったよ。」
　　中本「（　　　）言い訳ばっかりしてるから、いつまでも合格できないんだよ。」

1　こんな　　　　　2　あんな　　　　　3　そうやって　　　4　ああやって

36 こんなにひどい経営状況が続くなら、社員の給料を大幅に減らすということも
　　（　　　）。

1　あり切る　　　　2　あり得る　　　　3　あり過ぎだ　　　4　あり次第だ

37 インフルエンザになりたくないなら、毎日手を（　　　）。

1　洗うようにすること　　　　　　　　2　洗おうとするから
3　洗ったことにすること　　　　　　　4　洗ったことにするから

38 もし車を買った（　　　）、今より便利になるけど、駐車場も借りなきゃいけない。

1　といえば　　　　2　ものの　　　　　3　かぎり　　　　　4　としたら

39 台風なのに何とかして研究室に（　　　　）、研究熱心な人はいない。

1　来たような彼でも　　　　　　　　2　来ようとする彼ほど

3　来そうな彼でも　　　　　　　　　4　来たみたいな彼ほど

40 山田「この袋の中の服、全部リサイクルするものなの？」

田中「うん。引っ越しするから使っていないものは少しずつ（　　　）と思って。」

1　片付けてある　　　　　　　　　　2　片付けている

3　片付けられちゃう　　　　　　　　4　片付けちゃおう

41 先生「山田くんは、先週遊園地に行ったとき、迷子になった子どもと一緒にお母さん

　　　を探して（　　　）。」

山田「はい、あのときは大変でした。」

1　あげたそうですね　　　　　　　　2　あげているようですね

3　くれたそうですね　　　　　　　　4　くれているようですね

42 彼女はたくさんの映画に出演してきたが、これまで彼女の名前が話題に（　　　）。

1　することはない　　　　　　　　　2　なることはない

3　することはなかった　　　　　　　4　なることはなかった

問題8　次の文の＿★＿に入る最もよいものを、1・2・3・4から一つ選びなさい。

（問題例）

あそこで ＿＿＿ ＿★＿ ＿＿＿ ＿＿＿は村本さんです。

　　1　ラーメン　　　　2　食べている　　　3　を　　　　　　4　人

（解答のしかた）

1. 正しい文はこうです。

あそこで ＿＿＿＿＿ ＿★＿＿ ＿＿＿＿＿ ＿＿＿＿＿は村本さんです。

　　1　ラーメン　　3　を　　2　食べている　　4　人

2. ＿★＿に入る番号を解答用紙にマークします。

（解答用紙）　　例　　① ② ● ④

43　このクラスで満点を取ったのは、＿＿＿ ＿＿＿ ＿★＿ ＿＿＿だ。

　　1　私だけ　　　　　2　頭が良い彼　　　3　クラスで一番　　4　を除いては

44　息子「最後の試合なのに、負けちゃいそうだよ。」

　　母親「もし試合で負けたとしても、＿＿＿ ＿★＿ ＿＿＿ ＿＿＿になるんだから

　　　　いいじゃない。」

　　1　仲間との　　　　2　良い思い出　　　3　それで　　　　　4　それは

45　新しいウイルスに関するデータを見ると、わずか ＿★＿ ＿＿＿ ＿＿＿ ＿＿＿に

まで広がったことがわかる。

　　1　遠く離れた　　　2　国内のみならず　　3　数週間で　　　4　世界の国々

46 あの大学に ＿＿＿ ＿＿＿ ★ ＿＿＿ 一生懸命勉強するつもりだ。

1　はともかくとして　　　　　　　　2　行ける
3　後悔しないように　　　　　　　　4　かどうか

47 お母さんは愛犬のポチにご飯をあげるのを忘れていたらしい。

どうりで何か ＿＿＿ ＿＿＿ ＿＿＿ ★ わけだ。

1　ずっと私のことを　　　　　　　　2　見ていた
3　表情で　　　　　　　　　　　　　4　欲しそうな

問題9　次の文章を読んで、文章全体の内容を考えて、　48　から　52　の中に入る最もよいものを、1・2・3・4から一つ選びなさい。

わびさび

　日本では、静かな古いお寺などに行ったとき「わびさび」を感じると言うことがあります。これは、日本人が感じる美意識の一つですが、言葉で説明するのはなかなか難しい　48　。

　まず、「わび」という言葉は、およそ600年前の室町時代に生まれたと言われています。このころの貴族や武士の間で行われていた茶会は、高価で派手な中国製の茶道具を使う豪華なものだったそうです。

　　49　、そんな豪華な茶会を否定する人物が現れました。村田珠光という人物です。彼は日本の茶道具を使った地味な「わび茶」を生み出しました。彼の考え方に、　50　があります。「雲に隠されずに光り輝く月よりも、雲の間に隠れた月のほうが味わい深い」。この、不完全の中に美しさがあるという美意識が、「わび茶」の中にはありました。

　そして時が経ち、現在の茶道を作り上げた人物として有名な千利休が現れます。彼は、珠光の考え方を茶道具、作法、空間全てに表現しました。茶室の生け花は「花は野にあるように」という　51　、自然のままに咲いているように生けることを目指したそうです。この精神が、不完全でも自然に作られたものが美しいと考える「わび」なのです。

　では「さび」にはどんな意味があるのでしょうか。もともとは、活気が失われる、時が経って古くなるという意味があったそうですが、あとから「人のいない静かな状態」という意味も加わり、「人がいなくて静かな、古い状態」を指すようになりました。これは、歴史的な建物など、古いものだから　52　良さに当たるのではないでしょうか。

　日本の「わびさび」という言葉は、日本人の落ち着いた心を表しているとも言えます。日本のお寺に行ったときは、ぜひこの「わびさび」の雰囲気を味わいたいものです。

（注）生ける：花びんなどに花を飾ること

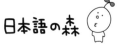

48

1　ことになっています　　　　　2　ものがあります

3　ものではありません　　　　　4　ことにしています

49

1　ただし　　　　　2　そうして　　　　3　ところが　　　　4　しかも

50

1　こんなもの　　　　2　あんなもの　　　3　そんなもの　　　　4　もの

51

1　考え方であれば　　　　　　　2　考え方のかぎり

3　考え方のもとで　　　　　　　4　考え方について

52

1　だとしても感じられない　　　2　こそ感じられる

3　といって感じられる　　　　　4　と感じられない

問題10　次の（1）から（5）の文章を読んで、後の問いに対する答えとして最もよいものを、1・2・3・4から一つ選びなさい。

（1）

　失敗は悪いことではありません。なぜ失敗してしまったのか、次はどのようにすべきかを考えることで、成功への近道にもなるからです。逆に言えば、原因や改善策を考えなければ、何度やり直しても、失敗に終わってしまうということです。また、闇雲に行動する人も同じです。考えることなしに、ただとりあえずやってみるだけでは失敗するのはもちろん、何も得ることができません。

（注）闇雲に：何も考えずに

53 筆者の考えに合うのはどれか。

1　自分なりの方法を見つけるために、努力しなければならない。
2　成功するには、工夫しなければならない。
3　何も考えずに行動することが、成功への近道だ。
4　失敗したら、何度でもチャレンジするべきだ。

（2）

以下は、ある企業に届いたメッセージである。

日本語の森　ご担当者様

はじめまして。こちらのアプリに会員登録している者です。

一か月980円で動画を全て見ることができるというサービスのはずですが、お金を支払った後も一部の動画を見ることができません。また、長時間動画を見続けていると突然アプリの画面が暗くなってしまうこともあります。先月まではこのようなことはなかったと思います。なにかシステムに問題があるのではないでしょうか。とても便利なサービスなのでこれからも使い続けたいと思っていますが、このようなことが続くようでしたら解約しようと考えています。

これらの問題について対応していただけるとありがたいです。よろしくお願いします。

さとうゆか
佐藤由佳

---

54 このメッセージで言いたいことは何か。

1　画面をもう少し明るくしてほしい。

2　解約したいので、解約方法を教えてほしい。

3　問題が多いので、980円を返してほしい。

4　全ての動画を問題なく見られるようにしてほしい。

（3）

　世の中の全ての親が良い大人であるとは限りません。自分の子どもには健康で幸せな人生を生きてほしいと思うあまり、子どもの自由な考えや行動を制限してしまうことがあるからです。誰もが自分の子どもには善く生きてほしいと思うでしょう。ですが、子どもも一人の人間であり、もちろんそれぞれの考えがあります。ですから、物事の善し悪しを親の尺度で測り、子どもを親の思い通りにさせたところで、子どもがそれを幸せだと感じるとは限らないのです。

（注1）善し悪し：良いことと悪いこと
（注2）尺度：基準

55　子どもがそれを幸せだと感じるとは限らないとあるが、なぜか。
　　1　子どもが何を幸せだと感じるかは親であってもわからないから。
　　2　子どもにも善く生きたいという意思があるから。
　　3　親に従わなければならないと思うことで、子どもが苦しむから。
　　4　親が行動を制限すると、子どもは強く反抗するから。

（4）

　　以下は、社内に掲示された文書である。

7月22日

各課担当者各位

総務課

健康診断について

　来月から健康診断が始まります。そのため、参加可能な日程をご確認の上、来週末
（30日）までに各課でまとめて総務課にご連絡ください。課によって診断の内容が異
なりますので、ご注意ください。

　また、特別健康診断を受けられる方は、実施している病院が遠いので、会社の車を
利用することができます。ご自身で病院へ向かわれる方は、交通費を申請することが
できます。診断日の一週間前までに総務課に移動手段をお知らせください。

　診断の結果は診断日の一週間後に届く予定です。

以上

---

56 各課の担当者がしなければならないことは何か。

1　各課の診断してほしい内容をまとめて、総務課に知らせる。

2　課のメンバーに健康診断に行ける日にちを聞いて、30日までに総務課に知らせる。

3　特別健康診断を受ける人がどうやって会場まで行くのか、30日までに聞いて総務課
　　に知らせる。

4　診断内容と日程を確認し、診断の一週間前までに診断日を総務課に知らせる。

（5）

　人間には欲求の段階が5つあると言われている。生理的欲求、安全の欲求、社会的欲求、承認欲求、自己実現の欲求である。経済的にも豊かになった日本では、食べたい、という生理的な欲求は満たされている人が多い。また、日常生活では危険を感じることも少ないだろう。現代の日本の社会では、みんなに認められたいとか、なりたい自分になりたいと強く思っている人が多いように感じる。

57 筆者は、日本ではどんな欲求を持っている人が多いと言っているか。

1　嫌なことや危険なことから、できる限り逃げたいと思っている人

2　好きなものを好きなだけ食べて、たくさん寝たいと思っている人

3　社会から評価され、理想としている自分になりたいと思っている人

4　自分が持っている欲求を全て満たしたいと思っている人

問題11　次の（1）から（3）の文章を読んで、後の問いに対する答えとして最もよいものを、1・2・3・4から一つ選びなさい。

（1）

　2000年代、小学6年生の修学旅行では、「インスタントカメラ」と呼ばれるカメラを一つだけ持って行くことが許された。インスタントカメラは、全部で27枚撮れる使い捨てカメラで、撮り終わったら、カメラ屋さんに行って写真を現像してもらう。もちろん、デジタルカメラのように画面を見ながら撮ったり、撮った写真をその場で見て、いらないものを消したりすることもできない。画像の質はデジタルカメラより悪い。

　しかし、当時はまだ電子機器が普及しておらず、自分の携帯電話を持っていなかった小学生は、学校の行事に初めての「自分専用カメラ」を持って行けるというだけで、<u>特別な気持ちになった</u>。

　修学旅行が始まるとすぐに、小学生たちは3日間の修学旅行で、いかにインスタントカメラを「いい感じ」に27枚撮り切るかのせめぎあいを始める。早く使いすぎるとそのあとの思い出が撮れないし、3日後に余っている枚数が多すぎると、使い切るまで写真を現像できない。ちょうどよく「インスタントカメラ」を使い切りたい。

　そして現代。一回のシャッターを大切に思う気持ちも、写真が上手に撮れたか確認できないじれったさも、人々はもうすっかり忘れてしまった。携帯電話でなんの制限もなく大量に写真を撮り、気に入らない写真があったら消せるのは、便利で快適だ。しかし制限があるあの「不便さ」には、工夫するおもしろさがあったように思う。一枚の写真に思いを込めていたあのころのように、熱心に物事に取り組むということが、現代社会からなくなってしまったように思うのだ。

（注1）修学旅行：学校で行く旅行

（注2）現像：ここでは、撮った画像を印刷して写真にすること

（注3）せめぎあい：ここでは、選択肢の中でどれを選ぶか迷うこと

（注4）シャッター：ここでは、写真を撮ること

（注5）じれったさ：物事がうまく進まずにいらいらする気持ち

58 特別な気持ちになったとあるが、当時の小学生がそう感じた理由として合っているのはどれか。

1　写真を現像するまで、どんな写真かわからなかったから。

2　当時のインスタントカメラは、最新の技術を使ったものだったから。

3　写真を撮ることで、修学旅行の思い出を残せるから。

4　自分だけが使う機械を持つことができたから。

59 筆者は、修学旅行でカメラをどのように使うのがいいと言っているか。

1　カメラのフィルムを3日間で調整しながら使い切る。

2　写真を撮りたいときに撮って、残りの枚数は気にしない。

3　なるべく早く使い切って、現像した写真を誰よりも早く見る。

4　大切に写真を撮って、撮れる枚数が余ったら後で調整する。

60 筆者は、インスタントカメラによる不便な体験は人々にどのようなことを感じさせると考えているか。

1　大量に撮れる開放感と、一枚の写真のありがたさ

2　制限のある状態を楽しむ気持ちと、そのあとの達成感

3　一枚一枚の写真を大切に思う気持ちと、不便だからこそ感じる楽しさ

4　うまく撮れなくてもいいという安心感と、カメラの快適さ

(2)

　セミという昆虫^(注1)をご存知でしょうか。セミの大きな鳴き声があちらこちらから聞こえてくると、「あぁ、またこの季節がやって来たな」と感じます。どこへ行こうか何をしようかと考えている間に、夏は一瞬で終わってしまいますよね。セミは短い夏を象徴する昆虫なんです。

　セミの一生はとても短いです。種類にもよりますが、セミは、成虫^(注2)になってから一か月程度で死んでしまいます。驚くべきことは成虫になってから死ぬまでの短さではなく、セミが成虫になるまでにかかる時間です。セミは成虫になるまでに、5年から6年ほど土の中で生活します。これもセミの種類によって異なりますが、長いものだと10年以上を土の中で過ごすものもいます。私たちが夏に聞く「ミーン、ミーン」というセミの鳴き声を聞くには、こんなにも長い年月が必要なのです。

　では、どうしてセミはあんなに大きな音で鳴くのでしょう。セミが鳴くのは「求愛行動」の一つです。求愛行動とは、異性を引きつける^(注3)ための動物の行動です。この求愛行動をするのは、オスのセミだけです。つまりオスのセミは、大きな声で「ぼくはここにいるよ！」とメスのセミたちに向かって叫んでいるのです。逆にメスのセミは、オスのセミの声に集まります。セミには耳がないように見えるかもしれませんが、しっかりと音を感じることができる部分があるのです。セミの世界では、男性はアピールをして待っているだけで、パートナー^(注4)を選ぶ資格は女性にあるようですね。

　セミの生態を知れば、大きなセミの鳴き声に「うるさい！」と腹を立てることはなくなるのではないでしょうか。セミたちは長い間土の中で過ごし、やっと外に出られたと思ったら一か月ほどで死んでしまいます。自分の子孫を残すため、一か月の間に死ぬ気で^(注5)パートナーを探さなければならないのです。あれだけ大きな声で叫ぶのも、当然だと思えてきます。

（注1）昆虫：虫

（注2）成虫：大人の虫

（注3）異性を引きつける：ここでは、オスがメスに注目してもらうこと

（注4）パートナー：一緒に何かをする相手。ここでは、子どもを一緒に作る相手

（注5）死ぬ気で：死ぬつもりで。それくらい全力で

61 この文章によると、セミとはどのような昆虫か。

1 約6年間、地上で大きな音を出して鳴き続ける昆虫

2 成虫になってから、一か月しか生きることができない昆虫

3 10年以上、死ぬまでずっと土の中で生活する昆虫

4 どんな種類でも、成虫になるまで10年以上かかる昆虫

62 この文章によると、セミの求愛行動とはどのようなものか。

1 オスのセミがより良いパートナーを選ぶために行うもの

2 オスのセミが大きな音で鳴くことで、強さをアピールするために行うもの

3 メスのセミがパートナーになるオスのセミを集めるために行うもの

4 オスのセミがメスのセミに存在をアピールするために行うもの

63 筆者は、セミの生態についてどのように述べているか。

1 あれだけ鳴き声がうるさいなら、人間が腹を立ててしまうのは当然だ。

2 土の中での生活が長いから、外の世界に出てすぐに死んでしまうのは当たり前だ。

3 セミの鳴き声はうるさいが、一か月しか生きられないのなら仕方がないと思える。

4 死ぬかも知れないという状況で、必死に鳴き続けるセミはすばらしい。

（3）

　「良い授業」とは勉強への苦手意識を持たせない授業のことである。多くの教師は勉強ができる子に関心を向けている。なぜなら、勉強ができる子は手がかからないので、スムーズに授業を進めることができるからだ。(注1)

　一方、勉強ができない子は教師が一生懸命説明をしても聞いていなかったり、宿題を出してもやってこなかったりする。やる気がない子にペースを合わせるのは時間のむだだと考えるのが普通だろう。だから、教師はやる気のない学生がついてきていなくても、どんどん授業を進めることがある。

　しかし、それでは「良い授業」とは言えない。なぜなら、教師が勉強しないことを容認しているからだ。誰でも最初は頑張ってみようと思うが、問題が難しくなるにつれてそのやる気はなくなってくる。そんなときに、教師がそのことを容認していたら、クラス全体の士気(注2)が下がるのである。そして、だんだんと授業に参加する子が減っていくのだ。実際、授業の(注3)ペースについていけず途中で勉強をあきらめる子が多いという。しかし、その子らは勉強ができないわけではないのだ。早く問題が解けた子も最初からすぐにできたのではなく、先に塾で習っていたから、学校ですぐできただけかもしれない。教師がそんなことにも気付かず、勉強が得意な子のペースに合わせて授業を進めていたら、もう少し時間をかければできたはずの子も、自分は勉強ができないんだと勘違いしてしまう。簡単すぎて退屈だという意見が出ても、全員が理解できるまで、基礎をしっかり教えるのが大切だ。もちろん無理に宿題をやらせたりするのは逆効果だ。ここで一番大切なのは、自分はできるんだと思わせること。一度成功を体験することで、その後自ら勉強するようになる。その結果、だんだんとクラス内の学力の差がなくなっていくのである。

　何事もはじめが肝心というように、最初にどれだけ勉強に対してプラスのイメージを持てたかが、今後の子どもの人生を決めるのである。(注4)

（注1）手がかからない：助けが必要ない

（注2）容認：許して認めること

（注3）士気：やる気

（注4）肝心：大事

64 それとはどういうことか。

1　勉強ができる子にはたくさん問題を解かせること

2　勉強ができる子のペースで教えること

3　勉強ができない子には難しい宿題をさせること

4　勉強ができない子のペースで授業を進めること

65　「良い授業」にするために、教師はどうしなければならないか。

1　やる気がある子に関心を向け、どんどん授業を進める。

2　たくさん宿題を出し、勉強に対する苦手意識をなくす。

3　勉強ができる子にも、やる気がない子にもペースを合わせる。

4　全員ができるまでていねいに教え、勉強に対する自信をつけさせる。

66　筆者の考えに合うのはどれか。

1　学校でスムーズに授業が受けられるように塾へ通った方がいい。

2　教師が明るい雰囲気を出すことで、クラス全体のやる気が上がる。

3　勉強に対してマイナスな印象を持たせないことが大切だ。

4　生徒にとって、価値がある学習法を教えるべきだ。

問題12　次のＡとＢの文章を読んで、後の問いに対する答えとして最もよいものを、1・2・3・4から一つ選びなさい。

A

　デスクワークが多い人は特に、肩こりに悩んでいる。長時間同じ姿勢でいるから、肩こ(注1)りを引き起こす。そんなときは少し気持ちをリラックスさせることを意識すれば、今より(注2)肩こりがよくなるかもしれない。

　肩こりを改善するには、肩の周辺の筋肉をやわらかくすることが重要だ。筋肉は骨と骨の間についているから、骨同士の間が狭いと筋肉が縮まり、肩がこってしまう。寒いときに身体が縮まる姿勢が、骨と骨の間が狭い姿勢だ。この姿勢は仕事中、集中しているときや緊張しているときになりがちだ。自分が寒いときの姿勢になっていると気付いたら、いったん手を止め、暖かい部屋でリラックスするイメージでゆっくり深い呼吸をするといい。肩をストンと落として気持ちがリラックスすると、自然と骨の間が広がり、筋肉がやわらかくなって肩こりの改善につながる。

（注1）デスクワーク：机の上でする仕事

（注2）肩こり：肩の周りがかたくなって、重く感じたり、疲れを感じたりすること

B

　一日中パソコンを使って作業をしていると、肩や首がカチカチにかたくなっているということはありませんか。肩こりになるのは、長時間同じ姿勢でいることが原因です。長時間同じ姿勢でいると、肩の周りの血の流れが悪くなり、肩こりになってしまうのです。

　そんなときは、血行をよくする体操をしてみることをおすすめします。背中の上側、肩(注)の下にある三角形の骨「肩甲骨」を動かすと、肩の周りの筋肉がよく動き、血行が良くなることがわかっています。体操は簡単で、右手を右肩に、左手を左肩においてひじをぐるぐると回します。ゴリゴリと音がなるのは、筋肉が動いて血行がよくなっている証拠です。少し疲れたら、この体操をして肩こりを解消しましょう。

（注）血行：血の流れ

67 肩こりに悩んでいる人について、AとBが共通して原因だと指摘していることは何か。

1　肩の周りの血行が悪くなること

2　集中や緊張で姿勢が悪くなること

3　長時間同じ姿勢でいること

4　重い頭を支えていること

68 肩こりを解消するために、AとBはどのようなことをした方がいいと述べているか。

1　AもBも、気持ちをリラックスさせて深く呼吸するといいと述べている。

2　AもBも、簡単な体操をして筋肉を動かした方がいいと述べている。

3　Aは気持ちを楽にして身体を緩めるといいと述べ、Bは疲れを感じたら体操をした方がいいと述べている。

4　Aは姿勢だけを意識するのがいいと述べ、Bは肩甲骨を動かして血行をよくするといいと述べている。

問題13　次の文章を読んで、後の問いに対する答えとして最もよいものを、1・2・3・4から一つ選びなさい。

　マラソンのゴールまでの道には上り坂もあれば下り坂もあります。走り続けていると、ときには誰かに抜かされてあせることもあるでしょう。しかし、そこで急に速度を上げると、後々苦しむことになるかもしれません。最悪の場合、走り切れないかもしれません。走り切るには、自分が気持ちいい速度を保つことが大切です。

　私が就職活動を経験した当時、皆が同じように黒いスーツ、黒い髪で面接に行くことが普通でした。見た目に何か目立ったところがあると、社会に適応する能力がない、一般的な常識がない、と落とされてしまいます。それなのに、面接では自分の特徴や強みなど、他の人にはない個性が求められます。その個性というのが何かわからず、他の人から見た自分はどうなのだろうかと深く考えるようになりました。すると自分がひどく劣った人間のように感じ、自分を隠すようになりました。インターネットで面接に合格した人の記事を見て、その内容をもとにエントリーシートを書いたりもしました。そんな風にごまかしても、面接官には見抜かれてしまいます。面接に落ち続けてどうしようかと思っているときに、「他人は他人、自分は自分」と父は私に声をかけてくれました。そのとき初めて、他人を中心に自分のことを見ていることに気がついたのです。

　それからというもの、何をするときも自分の心の声を聴くようになりました。就職活動で忙しくて趣味のアクセサリー作りもしていなかったのですが、久しぶりにやってみると楽しくて仕方がありませんでした。そのとき、これを仕事にしたいと強く思ったのです。最初は周りの友達が就職をする中、自分だけがこんなことをしていて大丈夫なのかという気持ちにもなりましたが、「他人は他人、自分は自分」の気持ちで、周りのことは気にせず、まず一年間アクセサリー作りに集中しました。すると、少しずつですがアクセサリーを買ってくれる人が増えていったのです。

　人生は長いマラソンのようなものだと思いました。他人には他人の、自分には自分の道やゴールがあります。一つとして同じ人生なんてないのです。他の人より遅れていても、立ち止まってしまっても大丈夫です。前さえ見ていたら、いつか前に進めるはずです。どんなに周りの人が速く見えても、自分のペースを維持することが大事なのです。

（注1）適応：周りの環境に合わせること

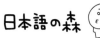

（注2）エントリーシート：就職活動で、入社を希望する会社に出す書類

（注3）ごまかす：うそをついて、本当のことを隠すこと

（注4）見抜く：本当のことを知る

69 マラソンについて、筆者はどのように述べているか。

1　走り続けていれば、後ろから抜かれてあせることもある。

2　走り続けていたら、誰かを追うこともある。

3　走り続けていたら、必ずゴールまで走り切ることができる。

4　走り続けていると、厳しい上り坂も楽に走れるようになる。

70 筆者はなぜ自分の心の声を聴くようになったのか。

1　他人から自分がどう見えるかばかり考えていることに気がついたから。

2　本当の自分を隠していたことを面接官に見抜かれてしまったから。

3　社会に適応する能力や一般的な常識がなかったから。

4　他人にはない自分だけの特徴や強みを見つけるべきだと父親が言ったから。

71 この文章で筆者が最も言いたいことは何か。

1　スーツや黒髪ではなく個性が出せる服装や髪色を認めるべきだ。

2　周りの人と比べずに、ゆっくり自分のやりたいことを探せばいい。

3　周りの人と相談しながら、自分に合う仕事を決めるべきだ。

4　自分に足りない能力をインターネットで調べたらいい。

問題14　右のページは、地区センターの掲示板のお知らせである。下の問いに対する答えとして最もよいものを、1・2・3・4から一つ選びなさい。

72　パクさんは、森地区の夏祭りでお店を出そうと思っている。申し込みの際に気をつけなければならないことはどれか。

1　申し込みは、電話かメールで行う。

2　祭り開催日のどちらかしか出店することはできない。

3　出店場所は祭り開催日の2週間前に問い合わせをして聞く。

4　申し込みが多い場合は、抽選が行われる。

73　ズンさんは7月25日に出店する予定だが、もし大雨で祭りが中止になる場合、中止の連絡がくるのはいつまでか。

1　7月24日の7時まで

2　7月24日の12時まで

3　7月25日の7時まで

4　7月25日の12時まで

森地区・夏祭りのお知らせ

今年もこの季節がやってきました！
出店を希望される方は事前にお申し込みをお願いいたします。

祭りの開催日時　：7月17日（土）12時〜20時 ｜ 7月25日（日）12時〜20時
出店申込締め切り：6月25日（金）　　　　　 ｜ 7月 3日（土）
開催場所：市役所広場
対象：森地区にお住まいの方
出店費用：内容によって決定しますので、問い合わせてください。

【申込方法】
メールに以下の情報を入力して、夏祭り運営委員会のメールアドレスにお送りください。
（締め切り日の23:59まで）お名前は代表の方一名分のみでかまいません。
1. 出店希望日
2. 名前
3. 電話番号
4. 打ち合わせ希望日

【注意】
・夏祭りは2回開催されますが、できるだけ多くの方に出店していただきたいので、お一人
　様どちらか1日のみとさせていただきます。ご理解のほど、よろしくお願いいたします。
・出店希望の方が多い場合は、話し合いで決定したいと思います。打ち合わせ希望日も
　メールで送ってください。
・出店場所は、遅くても祭り開催日の2週間前までにメールでお知らせいたします。
・申し込みを取り消しする場合は、メールでご連絡ください。
・悪天候やトラブルによって祭りを中止、または延期する場合は、当日の開始5時間前まで
　にお電話にてご連絡いたします。天候が悪くても、連絡がない場合は決行です。中止の
　場合のみご連絡いたします。

森地区・夏祭り運営委員会
nihongonomori@XXX.XX

Listening

N2

聴解

(50分)

注　意
Notes

1. 試験が始まるまで、この問題用紙を開けないでください。
   Do not open this question booklet until the test begins.

2. この問題用紙を持って帰ることはできません。
   Do not take this question booklet with you after the test.

3. 受験番号と名前を下の欄に、受験票と同じように書いてください。
   Write your examinee registration number and name clearly in each box below as written on your test voucher.

4. この問題用紙は、全部で12ページあります。
   This question booklet has 12 pages.

5. この問題用紙にメモをとってもかまいません。
   You may make notes in this question booklet.

受験番号 Examinee Registration Number	
名前 Name	

問題1

問題1では、まず質問を聞いてください。それから話を聞いて、問題用紙の1から4の中から、最もよいものを一つ選んでください。

れい
例

1　先生にもうしこみしょを出す

2　友達と一緒にもうしこみしょを出す

3　もうしこみしょに名前を書いて箱に入れる

4　けいじばんに名前を書く

1番

1 しりょうを各部にくばる

2 しりょうをもっといんさつする

3 飲み物を買ってくる

4 飲み物を机に置く

2番

1 いいんちょうに伝言をする

2 計算まちがいを直す

3 他のクラスの授業に参加する

4 職員室に報告しに行く

3番
ばん

1　まえがみを切り　かみの色を暗くする
き　　　　　　　　いろ　くら

2　まえがみを切り　かみの色を明るくする
き　　　　　　　　いろ　あか

3　まえがみは切らず　かみの色を暗くする
き　　　　　　　　　いろ　くら

4　まえがみは切らず　かみの色を明るくする
き　　　　　　　　　いろ　あか

4番
ばん

1　青色のせっけん
あおいろ

2　みどりいろのせっけん

3　きいろのせっけん

4　赤色のせっけん
あかいろ

5番
<ruby>番<rt>ばん</rt></ruby>

ア
イ
ウ
エ

1　ア　ウ
2　ア　エ
3　イ　ウ
4　イ　エ

もんだい
問題2

問題2では、まず質問を聞いてください。そのあと、問題用紙のせんたくしを読んでください。読む時間があります。それから話を聞いて、問題用紙の1から4の中から、最もよいものを一つ選んでください。

れい
例

1　かだいが多くて寝ていないから

2　アルバイトがいそがしいから

3　かれしに会えないから

4　気分が悪いから

1番

1　色々な会社におうぼする

2　自分のことをぶんせきする

3　ごうどう説明会に参加する

4　きぎょうの情報をきょうゆうする

2番

1　写真コンクールでとくべつしょうをとったこと

2　さつえい場所をさがしたこと

3　雨の日に写真をとったこと

4　新しいチャレンジをしたこと

3番

1　行きやすい場所にあるところ

2　ふだん使っているぶんぼうぐが売っているところ

3　質がよいわりにねだんが安いところ

4　コーヒーとおかしがおいしいところ

4番

1　なぜ　かぜのしょうじょうが出ないのか

2　どうやってこのウイルスが流行ったか

3　軽いしょうじょうとは　どのようなものか

4　どのようにウイルスたいさくをするか

5番

1　こうぎをデジタル化する

2　こくさいてきなきょういくをする

3　ビジネスの授業を取り入れる

4　様々な分野について勉強させる

6番

1　自転車が信号をむししたこと

2　自動車が信号をむししたこと

3　自転車が早いスピードで走っていたこと

4　自動車がスピードをゆるめたこと

もんだい
問題3

　問題3では、問題用紙に何もいんさつされていません。この問題は、全体としてどんな内容かを聞く問題です。話の前に質問はありません。まず話を聞いてください。それから、質問とせんたくしを聞いて、1から4の中から、最もよいものを一つ選んでください。

—メモ—

問題4

問題4では、問題用紙に何もいんさつされていません。まず文を聞いてください。それから、それに対する返事を聞いて、1から3の中から、最もよいものを一つ選んでください。

―メモ―

もんだい
問題5

問題5では、長めの話を聞きます。この問題には練習はありません。
問題用紙にメモをとってもかまいません。

1番、2番

問題用紙に何もいんさつされていません。まず話を聞いてください。それから、質問とせんたくしを聞いて、1から4の中から、最もよいものを一つ選んでください。

―メモ―

3番
ばん

まず話を聞いてください。それから、二つの質問を聞いて、それぞれ問題用紙の1から4
の中から、最もよいものを一つ選んでください。

質問1

1 川上公園
2 岩谷公園
3 ハート池公園
4 アスパラ公園

質問2

1 川上公園
2 岩谷公園
3 ハート池公園
4 アスパラ公園

N2

言語知識（文字・語彙・文法）・読解

（105分）

注　意
Notes

1. 試験が始まるまで、この問題用紙を開けないでください。
   Do not open this question booklet until the test begins.

2. この問題用紙を持って帰ることはできません。
   Do not take this question booklet with you after the test.

3. 受験番号と名前を下の欄に、受験票と同じように書いてください。
   Write your examinee registration number and name clearly in each box below as
   written on your test voucher.

4. この問題用紙は、全部で31ページあります。
   This question booklet has 31 pages.

5. 問題には解答番号の　1　、　2　、　3　… が付いています。
   解答は、解答用紙にある同じ番号のところにマークしてください。
   One of the row numbers 1 , 2 , 3 … is given for each question. Mark your
   answer in the same row of the answer sheet.

受験番号 Examinee Registration Number	
名前 Name	

問題1 ＿＿＿の言葉の読み方として最もよいものを、1・2・3・4から一つ選びなさい。

1 社長が記者の質問に<u>応じる</u>。

    1　とうじる　　　　2　こうじる　　　　3　おうじる　　　　4　そうじる

2 料理を<u>追加</u>で注文する。

    1　ついが　　　　2　ついか　　　　3　づいか　　　　4　づいが

3 運転免許を<u>取得</u>した。
<small>めんきょ</small>

    1　しゅうとう　　　　2　しゅうとく　　　　3　しゅとう　　　　4　しゅとく

4 今日の空は、<u>鮮やか</u>な青色だ。

    1　あざやか　　　　2　さわやか　　　　3　しなやか　　　　4　おだやか

5 一つのテーマについて<u>討論</u>する。

    1　とろん　　　　2　とうろん　　　　3　ていろん　　　　4　てろん

問題2 ＿＿＿＿の言葉を漢字で書くとき、最もよいものを1・2・3・4から一つ選びなさい。

6 捕まえた金魚を川に<u>はなす</u>。

   1 防す   2 改す   3 放す   4 訪す

7 病気の人を<u>かんご</u>するのが仕事だ。

   1 看穫   2 看護   3 観護   4 観穫

8 会場への入場を<u>せいげん</u>する。

   1 製限   2 制郎   3 制限   4 製郎

9 子どもの手をしっかりと<u>にぎる</u>。

   1 握る   2 揺る   3 振る   4 採る

10 貯金を全て病院に<u>きふ</u>した。

   1 奇付   2 寄付   3 寄布   4 奇布

問題3　（　　　）に入れるのに最もよいものを、1・2・3・4から一つ選びなさい。

11 （　　　）企画を提案するための資料を作る。

　　1　好　　　　　　　2　最　　　　　　　3　高　　　　　　　4　新

12 携帯電話を落としてしまい、画面の修理（　　　）に一万円かかった。

　　1　費　　　　　　　2　金　　　　　　　3　料　　　　　　　4　賃

13 連休の最中なので、映画館には親子（　　　）が多い。

　　1　行き　　　　　　2　連れ　　　　　　3　組み　　　　　　4　巻き

問題4 （　　　）に入れるのに最もよいものを、1・2・3・4から一つ選びなさい。

14 ダイエットを成功させたいなら、（　　　）のとれた食事をとることが重要だ。

1　プロセス　　　　2　ポイント　　　　3　バランス　　　　4　システム

15 新しい会社に入ってから本当に忙しかったが、やっと（　　　）する時間がとれた。

1　休息　　　　　2　廃止　　　　　3　休業　　　　　4　解消

16 弟はお母さんにしかられて一日中（　　　）していた。

1　ぐったり　　　　2　しょんぼり　　　　3　ぐっすり　　　　4　びっしょり

17 彼女は試験が終わってから、もっと勉強したらよかったと（　　　）している。

1　誤解　　　　　2　苦戦　　　　　3　後悔　　　　　4　対抗

18 母から電話がかかってきたが会議中だったので、終わってから（　　　）。

1　折り返した　　　2　くり返した　　　3　追い返した　　　4　引き返した

19 都心は家賃が高いので、少し会社から遠くても（　　　）に引っ越したほうが良い。

1　外側　　　　　2　屋外　　　　　3　郊外　　　　　4　外部

20 どんなに好きだと思っていても、彼は（　　　）なので私の気持ちに気付かない。

1　敏感　　　　　2　鈍感　　　　　3　短気　　　　　4　気楽

問題5　＿＿＿の言葉に意味が最も近いものを、1・2・3・4から一つ選びなさい。

21 好きな人に告白するときは、タイミングをよく考えるべきだ。

1　気持ち　　　　　2　内容　　　　　3　相手　　　　　4　時期

22 上司が私をにらんでいるような気がする。

1　するどい目で見ている　　　　　2　心配そうに見ている

3　期待して見ている　　　　　　　4　たまに見ている

23 彼女の髪色はいつも派手だ。

1　きれい　　　　　2　明るい　　　　3　すてき　　　　4　汚い

24 寝坊したせいで、母に怒られてしまった。

1　寝るのが遅かった　　　　　　　2　授業中に寝てしまった

3　起きるのが遅かった　　　　　　4　すぐ寝てしまった

25 私の母はとてもそそっかしい人だ。

1　落ち着きがない　　　　　　　　2　忙しい

3　口が悪い　　　　　　　　　　　4　適当な

問題6　次の言葉の使い方として最もよいものを、1・2・3・4から一つ選びなさい。

26 中断

1　雨が降ってきたので、試合を<u>中断</u>してしばらく様子を見ることにした。

2　このケーキは<u>中断</u>すると、中からチョコレートが出てくるように作られている。

3　イベントに誘われたが、参加できるかどうかはっきりわからなかったので<u>中断</u>した。

4　仕事帰りに少し<u>中断</u>して、友達と3人で新しくできたカフェに行った。

27 あわただしい

1　雨が降った後は、川の流れが<u>あわただしく</u>なるので注意してください。

2　今日は、電話の対応に<u>あわただしくて</u>昼食をとる時間もなかった。

3　6時から7時の間はお客さんがたくさん来るので、一番<u>あわただしい</u>時間だ。

4　留守にしている間に、知らない人が家に入っているなんて考えるだけで<u>あわただしい</u>。

28 日課

1　平日のお昼の時間は<u>日課</u>なら会社で仕事をしているが、今日は休みをとって家で過ごしている。

2　朝は太陽が出るまでに起きて、犬の散歩をしてからコーヒーを飲むのが<u>日課</u>だ。

3　交通事故にあって少し入院したが、<u>日課</u>の生活では困らないくらいのけがで済んだ。

4　上司から突然苦情の対応をするよう指示されたが、その仕事は私の<u>日課</u>ではない。

29 妥当

1　今日は雨が降ると予想していたが、やっぱり<u>妥当</u>した。

2　<u>妥当</u>な大学生は、3年生の秋から就職活動の準備を始めるらしい。

3　この性能なら、安くもなく高くもなく<u>妥当</u>な金額と言えるだろう。

4　彼は目が赤く顔も疲れていて、<u>妥当</u>な健康状態のようには見えなかった。

30 捉え直す

1　リモコンの電池がなくなったので、新しいものに捉え直した。

2　壁に飾っている絵が傾いていたので、正しい位置に捉え直した。

3　問題点を正しく捉え直すことで、新しい改善点が見えてくるはずだ。

4　彼とは性格が合わないので別れようと思っていたが、やっぱりもう一度捉え直すことにした。

問題7 次の文の（　　　）に入れるのに最もよいものを、1・2・3・4から一つ選びなさい。

31 話題のチーズケーキを買うために一時間も並んだ（　　　）、目の前で売り切れて買うことができなかった。

1　限り　　　　　　2　上で　　　　　　3　うちに　　　　　4　あげく

32 「そうやって机に向かって教科書を開いているだけじゃ、勉強した（　　　）にはならないよ。」

1　もの　　　　　　2　こと　　　　　　3　わけ　　　　　　4　ため

33 美術館へ行くと、（　　　）どうやって作ったんだろうと思う作品がたくさんある。

1　いったい　　　　2　つい　　　　　　3　てっきり　　　　4　まるで

34 時代の変化（　　　）、人々の働き方や職業もどんどん変化している。

1　に限って　　　　2　に比べて　　　　3　に伴って　　　　4　に関わって

35 店員「彼、新人だけどお客様への言葉遣いが完璧ですね。」
店長「そうだな。やっぱりホテルで働いていた（　　　）、お客様への対応について
　　　注意するところは全くないよ。」

1　だけあるが　　　2　だけあって　　　3　だけでなく　　　4　だけでなければ

36 「さっきまであの席に座っていた女性について、何か（　　　）。」

1　お見えですか　　2　お参りですか　　3　ご遠慮ですか　　4　ご存知ですか

37 優秀賞をいただけたのも、両親や友人、そして先生の支えがあったから（　　　）。

1　に限ります　　　　　　　　　　2　に限ってありません

3　だけあります　　　　　　　　　4　にほかなりません

38 彼は普段怒ってばかりいるが、恋人に（　　　）やさしい。

1 ついてだけ　　　2 とってのみ　　　3 対してだけ　　　4 関してのみ

39 この時計は、非常時に電気として利用できる（　　　）。

1 そうだと思います　　　　　　2 みたいになっています
3 ようになっています　　　　　4 らしいと思います

40 祖母の家にはあまり行きたくない。体に良いからと言って、嫌いなにんじんを
（　　　）からだ。

1 食べさせられるに違いない　　　2 食べてもおかしくない
3 食べてもらうに違いない　　　　4 食べられてもおかしくない

41 彼は勉強のことを考えすぎて、勉強する夢を（　　　）。

1 見ないことになった　　　　　2 見てしまうようになった
3 見てしまわないようだった　　4 見てしまいたくなくなった

42 一年間も帰れなくなるのなら、もっと家族においしい料理を作って（　　　）。

1 あげればよかった　　　　　　2 あげられてよかった
3 くれればよかった　　　　　　4 くれるならよかった

問題8　次の文の　★　に入る最もよいものを、1・2・3・4から一つ選びなさい。

（問題例）

　　　私の ＿＿＿＿ ＿★＿ ＿＿＿ ＿＿＿ なることです。

　　　　1　に　　　　　　2　夢　　　　　　3　有名な歌手　　　4　は

（解答のしかた）

1. 正しい文はこうです。

私の ＿＿＿＿＿ ＿★＿ ＿＿＿＿ ＿＿＿＿ なることです。
2　夢　　4　は　　3　有名な歌手　　1　に

2. ＿★＿ に入る番号を解答用紙にマークします。

（解答用紙）　　例　　① 　② 　③ 　●

43　有名モデルと同じ化粧品を ＿＿＿ ＿＿＿ ＿★＿ ＿＿＿ なれるとは限らないこと
はわかっているが、つい買ってしまう。

　　1　したから　　　　2　といって　　　　3　美人に　　　　4　使用

44　私が好きだと告白すると、もう ＿★＿ ＿＿＿ ＿＿＿ ＿＿＿ ふりをしていた。

　　1　くせに　　　　　　　　　　　　2　彼は知らなかった
　　3　とっくに私の気持ちに　　　　　4　気付いていた

45 友達が ＿＿＿ ＿＿＿ ＿＿＿ ＿★＿ 学校へ行っても楽しくない。

1　このクラスにはいないので　　　　2　趣味が合う人が

3　わけではないが　　　　　　　　　4　全くいない

46 日本では ＿★＿ ＿＿＿ ＿＿＿ ＿＿＿ 来月韓国へ出張するついでに買ってこよう

と思う。

1　発売されたようなので　　　　　　2　韓国では

3　発売されなかった　　　　　　　　4　デザインのバッグが

47 あと半年で結婚式。美しい ＿＿＿ ＿★＿ ＿＿＿ ＿＿＿ お花のデザインのドレス。

試着してみると一番私に似合っていた。

1　薄いピンクで　　　　　　　　　　2　中で

3　彼が選んでくれたのは　　　　　　4　ドレスが何着もある

問題9　次の文章を読んで、文章全体の内容を考えて、　48　から　52　の中に
入る最もよいものを、1・2・3・4から一つ選びなさい。

雪かき

　昔、祖母の住んでいる北海道で雪かきというものをしたことがあります。東京で生
まれ、あまり雪を見ずに育った私は、雪かきがどういったものなのか全く知りません
でした。雪かきというのは、積もった雪を取り除く作業のことです。北海道では雪が
降るたびに行うもので、自分の家の周りだけでなく、場合によっては近所の雪かきも
手伝うことが　48　。

　雪かきは、本当に力のいる仕事です。そんな力仕事を、雪が降るたびにしなければ
ならない北海道の人たちは、本当に大変だと思いました。　49　、雪かきをしない
とどうなってしまうのでしょうか。

　雪かきをしないととても危険です。例えば、雪かきをせずに道路に雪が積もったま
まになっているとします。すると、太陽の光で、雪が少しずつ溶けて水になっていき
ます。そのまま夜になって気温が下がると、水が固まって氷になって　50　。これ
は事故の原因となり、とても危険です。また、やわらかそうに見える雪ですが、屋根
に積もると巨大なかたまりとなります。それが氷になって固まるとどうでしょう。大
きな石のようになってしまいます。それが屋根から落ちてくると、本当に危険です。

　このような事故が起こらないように、雪が降ったら必ず雪かきをしなければなりま
せん。自分の家の前の道路や屋根の上はもちろん、近所におじいさんやおばあさんが
いれば、その家の雪かきを手伝うのは当たり前だそうです。　51　、北海道の人々
は雪とうまく付き合いながら生活をしているのです。

　以前は雪がたくさん降る地方は楽しそうで、とてもうらやましいと思っていまし
た。しかし、祖母の家で雪かきを体験したときに、雪と共に生きることは本当に大変
なことだと　52　。

48
1　あるべきです　　　　　　　　2　あったとします
3　あるからです　　　　　　　　4　あるそうです

49
1　では　　　　　　2　よって　　　　3　つまり　　　　4　したがって

50
1　しまうものです　　　　　　　　2　しまうというわけです
3　しまうところです　　　　　　　4　しまうわけにもいきません

51
1　あんなような　　　　　　　　　2　どのように
3　このようにして　　　　　　　　4　あのように

52
1　思わせてあげます　　　　　　　2　思わせられました
3　思わせました　　　　　　　　　4　思わせてほしいです

問題10 次の（1）から（5）の文章を読んで、後の問いに対する答えとして最もよいものを、1・2・3・4から一つ選びなさい。

（1）

　何か新しいことがしたいと思い、会計の勉強を始めた。会計士になる予定や金融系の会社に入る気もないのに、勉強自体が楽しくなってもう数か月続けている。その理由は、昔に比べて勉強方法が多様になったためである。昔は教科書とノートを使って、決まった時間に決まった場所で勉強するというのが常識だった。

　でも、今は違う。携帯電話を使っていつでもどこでも勉強することができる。有名な先生のすばらしい授業がどこにいても安く受けられるのだ。アプリの種類も様々で、ゲーム感覚で楽しく問題を解くことができる。会計の勉強だけではなく、語学や数学、歴史など学生たちにとって最高の授業がすぐに手に入る時代だ。こんな時代に生まれた学生たちは、本当に恵まれていると思う。

（注）アプリ：アプリケーションソフトウェアの略。利用者の目的にあった専用ソフトウェアのこと。

53　筆者の学生時代は、勉強とはどのようなものだったか。

1　決められた方法でするもの

2　勉強する場所や時間に制限があるもの

3　ゲームのように遊びながらするもの

4　会計士や金融系の会社に入るためにするもの

(2)

以下は、ある出版社がホームページに掲載したお知らせである。

MJ出版 > ご報告とお詫び

2022年7月22日

「日本語の森の歴史」に関するご報告とお詫び

弊社の出版物「日本語の森の歴史」に印刷ミスがありました。

先月、京都府のはんなり書店（丸々デパート5階）と大阪府のなにわブック（大阪駅改札内）に納品した50冊に印刷のミスがあることがわかりました。

大変申し訳ありませんが、先月対象の書店で「日本語の森の歴史」を購入されたお客様がいらっしゃいましたら、無料で新しいものを郵送させていただきますので、下記メールアドレスまでご連絡ください。

なお、上記書店での交換は行っておりませんので、お気をつけください。

MJ出版お客様窓口

メールアドレス：morijapanbook@.✕✕✕.✕✕

TEL：008-002-0005

---

54 このお知らせで最も伝えたいことは何か。

1　「日本語の森の歴史」に印刷ミスがないかどうか、確認してほしい。

2　「日本語の森の歴史」は全て無料で交換するので、連絡してほしい。

3　先月対象の書店で「日本語の森の歴史」を買った方に無料で本を送るので、連絡してほしい。

4　対象の書店で「日本語の森の歴史」を買った方は無料で本を交換するので、確認してほしい。

（3）

　子どものころに、何かを通して深い経験をした人は、大人になってもずっとその経験が活きるものです。例えば、スポーツチームに入って大会で優勝したとか、書道の段をとった^{（注）}とか、もしくは具体的な結果がなかったとしても、何か一つのことに夢中になって一生懸命頑張ったという経験です。そういう経験を持っている人は強いと思います。

　そのような経験は、大人になって困難なことや壁にぶつかるようなことがあったとしても、自分はできるんだという自信になり、チャレンジする勇気を与えてくれます。

（注）書道の段：書道のレベルを示す、資格のようなもの

[55] 筆者によると、困難なことにチャレンジするためには、何が必要か。

1　大人になってから夢中になることを見つけた経験

2　努力して自分のことを考え直す経験

3　子どものころに何かに熱中して努力した経験

4　子どものころに壁にぶつかった経験

（4）

以下は、ある動画サービスの会社から届いたメールである。

「映画の森」会員のお客様へのご案内

いつも映画の森をご利用くださりありがとうございます。

会員の方にはこれまで月額1,000円（利用開始日から1か月分）をお支払いしていただ
いておりましたが、来年1月1日より一年分まとめてお支払いしていただける新しいプ
ランが始まります。

年額（12か月分）は10,800円で、1か月あたり900円でご利用いただけるので、長期契
約の場合はお得です。

お客様は、今年の11月10日から契約されているので、一年分まとめてお支払いして
いただく場合、12月のお支払いは12月10日から31日の分の500円のみお支払いくださ
い。

動画サービス「映画の森」

---

56 この会員のお客様は、今年の12月から来年12月までの会費をどのように支払うとお得
になるか。

1　今年の12月分の500円と、来年1年分の10,800円を支払う。

2　今年の12月分の500円と、来年の1月分の900円を支払う。

3　今年の12月分の500円と、来年の1月分の1,000円を支払う。

4　今年の12月分の500円と、来年1年分の12,000円を支払う。

（5）

　多様な食品をたくさんの選択肢の中から選ぶことができる現代社会では、「食品ロス」(注1)が社会問題となっている。もちろん、生活を豊かで便利にするために、選択肢が多いのは良いことなのだが、選択肢が多いために、選択されずに賞味期限が切れた食品、また形や色が悪い野菜などは大量に廃棄されているのが現状だ。(注2)

　これは、消費者が質の高い食品を求めすぎているのも一つの原因と言えるだろう。食品ロスの悪循環を止めるためには、まずは消費者個人の意識を改めなければいけないのではないか。(注3)

（注1）食品ロス：食品が食べられないで捨てられること
（注2）廃棄：捨てること
（注3）悪循環：互いに影響しあって、どんどん悪くなること

[57] 筆者の考えに合うのはどれか。

1　食品の色や形にこだわることは、意識を変える上で重要だ。

2　たくさんの選択肢の中から食品を選べることは、大きな問題だ。

3　悪循環を止めるには、もっと質の良い食品を求めるべきだ。

4　消費者の考え方を変えることが、食品ロスを減らすことにつながる。

問題11 次の（1）から（3）の文章を読んで、後の問いに対する答えとして最も
よいものを、1・2・3・4から一つ選びなさい。

（1）

　以下は子どもの発達と親の教育について述べた文章である。

　子どもは小学生ほどの年齢になると、運動能力や知識もあるので、色々なことにチャレ
ンジしてみたいと思うようになる。色々なことに関心を持ち、やってみるのは良いことだ
が、児童期の子どもはまだ「やっていいこと」と「やってはいけないこと」の区別ができ
ない。そのため、この時期に親や教師などの身近な大人が、物事の善悪について教えてい
く必要がある。そうすることで、児童期の子どももだんだんと「人としてやっていいこ
と」、「人としてやってはいけないこと」の区別がつくようになるのである。

　思春期は大人のような体へ変化していく段階である。体の発達に伴い、心も大人に近づ
こうとする。これから社会に出るにあたって、「自分の存在意義は何か」「自分の生きる
目的は何か」という自分の思考に意識を向けるようになる。このことをアイデンティティ
ー（自我同一性）の確立と言う。アイデンティティーが確立されると、将来社会へ出てか
ら、自分が社会でどのような役割を果たしたいのかがわかり、自分が今なにをすべきかが
自ずと明確になる。しかし、最近はアイデンティティーを確立することなく、体だけ大人
へと成長してしまう人も少なくないという。そうすると、大人になっても自分自身で行動
を選択できなかったり、無力感に陥ってしまったりするという。思春期の親は将来子ども
が一人で生きていけるように、自己について考える時間を与える必要がある。

（注1）児童期：小学生ごろ

（注2）善悪：良いことと悪いこと

（注3）思春期：中学生ごろ

（注4）自ずと：自然に

（注5）無力感に陥る：自分には能力がなく価値がないと思う気持ち

72

58 筆者によると、児童期の子どもに物事の善悪を教えていく必要があるのはなぜか。

1　物事の善悪について小学校では教えないから。

2　物事の善悪をきちんと判断することができないから。

3　色々なことに関心をもつことで良い大人になれるから。

4　色々なことにチャレンジすることは人としてやってはいけないことだから。

59 思春期とはどのような時期か。

1　自分の外見を気にするようになる時期

2　自分の生きる目的について大人と考える時期

3　体が大人のように変化すると同時に心も成長しようとする時期

4　体だけが大人のように成長する時期

60 筆者によると、アイデンティティーを確立しないまま大人になるとどうなるか。

1　大人になっても体だけが成長してしまうようになる。

2　大人になっても自分の思考に意識を向けなければならなくなる。

3　大人になっても自分のやるべきことがわからず、自分には何もできないと感じる。

4　自分が今すべきことがはっきりとわかるようになる。

(2)

　「泣ける映画」は「いい映画」なのだろうか。確かに、人々を泣かせるというだけで、人の心に響く感動的なストーリーなのだと思う。しかし、泣いてはいても「なんだかわざとらしいな」とか「これは、観客を泣かせようと必死だな」と観客に感じさせる映画もある。①そんな映画を観た後は、なんだか空虚(注1)な気持ちになる。

　どうして空虚感が生まれるのか。その理由の一つに、非現実的で、自分の経験に重なるところがないというのもあるだろう。現実的に描かれたストーリーは、自分の経験を客観的に見ることができる。すると、すぐに理解できるところと、「わからない」と疑問に思うところが出てきて、映画に引き込まれる。

　そんな映画に出会ったときは、何度観ても飽きることなく、むしろ②観るごとに味わいを増していく。おもしろいのは、10代のときに観た映画を20代になってもう一度観ると、感じ方が全く違ったりすることだ。それは、その映画を通して自分自身の知識、人生経験を見直すことにつながる。

　社会における立場や、人生の経験によって見方が変わる映画は、いい映画だと感じる。自分の中のいい映画を見つけた人は、その映画を観るたびに、自分へのフィードバック(注2)を得て、また人生を歩んでゆく。だから、「いい映画」は人それぞれ違うだろう。

　人によっては「いい映画」が非現実的なストーリーであることもあるだろう。しかしその人自身が「いい映画」と感じたのなら、それはその人にとっての「現実的」なんだと思う。

(注1) 空虚：なにもないこと、内容がないこと
(注2) フィードバック：ここでは、反省すべき点

61 ①そんな映画とは何か。

1　わざとらしい映画

2　現実的な映画

3　理解できる映画

4　泣ける映画

62 ②観るごとに味わいを増していくとあるが、なぜそう考えられるのか。

1　その映画をたくさん観ると、ストーリーが記憶に残るから。

2　観れば観るほど、自分自身の知識や経験が増えるから。

3　自分の今までの経験によって、感じることが変わるから。

4　その映画に飽きてもおもしろいところを探そうとするから。

63 筆者によると、「いい映画」とはどのような映画か。

1　誰の経験にも重なるような現実的な映画

2　その人自身の成長に合わせて、受け取り方が変わる映画

3　人の心を動かす感動的なストーリーの泣ける映画

4　非現実的でも誰もが理解できて、人気がある映画

（3）

　留学さえすれば言語が習得できるというものではない。実際に留学経験のある私は、それを身をもって感じた。赤ちゃんや小さな子どもなら、その環境にいるだけで言葉が話せるようになるだろう。しかし、私たちはもう大人だ。自分から必死になって言葉を習得しようとする姿勢がなければ、簡単に言葉が話せるようになるなんてことはありえないのだ。

　学生時代、初めてアメリカへ留学した私は「一年くらい経てば勝手に英語が話せるようになっているだろう」と楽観的に考えていた。勉強は周りの友人と同じくらいはしていたが、特に努力したとは言えない毎日を送っていた。一年後、やはり私の英語力はそれほど伸びないまま日本へ帰国することとなった。

　そんな苦い経験から5年後、私は再びアメリカへ行くことになった。海外赴任が決まったのである。私の英語力は学生のころのままだったが、会社から命令されては断るわけにもいかず、アメリカでの生活が始まった。

　英語でのコミュニケーションは本当に大変だった。特に会社では失敗が許されないため、情報を正しく相手に伝えなければならない。そこで私は、誰に何を話したいかを文字で書いて、それを何度も練習してから会社に行くようにした。これを繰り返していくうちに、私の英語はたった3か月で驚くほど上達した。

　この経験から、やはり言語の習得には、必死になって学ぼうと思える環境にいることが大切だとわかった。そして何より、「伝えたいことがある」ということが大切なのだ。伝えたいという気持ちが強ければ強いほど、言語を習得するのにかかる時間は短くなるだろう。

（注1）身をもって：自分の体で

（注2）楽観的：物事がうまく進むだろうと考えて、心配しない様子

（注3）海外赴任：会社からの命令によって海外で勤務をすること

64 留学さえすれば言語が習得できるというものではないと筆者が考えるのはなぜか。

1　留学したとしても、積極的に勉強に取り組まなければ言語は習得できないから。

2　留学するためには、自分から学ぼうとする姿勢が必要だから。

3　留学先の環境に合わせて、赤ちゃんのように必要な言語を習得することができるから。

4　留学先によっては、落ち着いて勉強できる環境ではない可能性があるから。

65 筆者の英語力が伸びたのはなぜか。

1　アメリカへ留学して、一年間周りの友達と同じように勉強したから。

2　海外赴任が決まって、仕事のために3か月間アメリカで生活したから。

3　失敗して恥ずかしい思いをしたくないという気持ちで毎日過ごしていたから。

4　コミュニケーションをうまくとるために、毎日準備をして出社していたから。

66 筆者によると、言語を習得する上で大切なことは何か。

1　できるだけ短い時間で、集中して言語を習得すること。

2　伝えたいという気持ちを持ち、それを実現するために積極的に学ぶこと。

3　少しでもいいから、とにかく毎日その言語に触れること。

4　背中が曲がらないように、勉強するときの姿勢を良くすること。

問題12　次のＡとＢの文章を読んで、後の問いに対する答えとして最もよいものを、
　　　　　　1・2・3・4から一つ選びなさい。

A

　どうやったらスポーツができるようになるのか。もともと才能がある人だけが、スポーツができるのだと落ち込むことはない。スポーツ選手にインタビューをすると、自分が選手になれたのは才能ではなく努力だと語る人が多い。しかし、練習を続けていれば、必ず上手になれるのかと言われるとそうではない。なんとなく練習するのでは意味がないのだ。頭の中に成功のイメージがあることが大切だ。そして、どんなときでもそのイメージを形にできるように、体に覚えさせる練習をすることが大切なのである。そのためには、まず上手な人のプレーを何度も見て、プレーする際の体の形や体を動かすタイミングをしっかり記憶する必要があるのだ。

（注）タイミング：あることをするのにちょうど良いとき

B

　スポーツをする上で大切なことは、まず基礎体力をつけることである。どのスポーツも筋力や持久力などの基本的な力が必要とされている。基礎体力をつけると、それぞれのスポーツで最大の力を発揮することができるようになる。しかし、チームスポーツではそれ以上に判断力が必要とされる。今自分は動くべきか、そうではないか。誰にボールを渡すべきか。周りの状況を一瞬で見て、その状況に合った判断をしなければならない。試合に強いチームは普段からチームでコミュニケーションをとり、色々な場面を想定した練習を何度もするようにしているようだ。考えるより先に体が動くまで練習することで、どの試合でも動きが合ったプレーをすることができるようになるという。

（注1）筋力：筋肉の力
（注2）持久力：長時間運動を続けることができる力

67 スポーツが上達しない人の問題点として、AとBが指摘している点は何か。

1　Aは能力がないことだと述べ、Bは基礎体力がついていないのにチームでの練習ばかりしてしまうことだと述べている。

2　Aは一度練習したら満足してしまうことだと述べ、Bはその場に適した動きができないことだと述べている。

3　Aは練習を継続しないことだと述べ、Bは周りの人の動きまで考えないことだと述べている。

4　Aはうまくいった自分の姿を想像しないで練習することだと述べ、Bは自分の動きのことしか考えていないことだと述べている。

68 スポーツが上達するのに、AとBが共通して必要だと述べていることは何か。

1　コミュニケーションをとること

2　手本になるプレーを繰り返し見ること

3　基礎体力をつけること

4　体が自然に動くまで練習すること

問題13　次の文章を読んで、後の問いに対する答えとして最もよいものを、1・2・3・4から一つ選びなさい。

　時代が変わるとともに、人々の生活や価値観は大きく変わり続けてきました。そして、世の中で必要とされる仕事にも大きな変化がありました。時代が変わったことによって、世の中から消えた職業や、反対に新しく生まれた職業があります。

　「エレベーターガール」は、時代の流れによって消えてしまった職業の一つです。「エレベーターガール」というのは、百貨店などの商業施設についているエレベーターに乗って、お客様を案内する仕事です。女性が多い職業だったため、このような名前がつけられました。昔のエレベーターは今のように誰でも簡単に操作できるものではありませんでした。昇ったり降りたりするにも特別な操作が必要でしたし、とびらの開け閉めも自動でできなかったため、それもエレベーターガールが行っていたそうです。

　しかしエレベーターの自動化が進んだことで、エレベーターガールという仕事は必要なくなってしまいました。操作が簡単になったことで、<u>お客さんが自分で行きたい場所に行けるようになった</u>からです。このように、技術の進歩によって消えた仕事は他にもたくさんあります。
　　　　　　　　　　　　　　　　①

　反対に、技術の進歩によって新しく生まれた職業もあります。「プログラマー」は、コンピューターを動かすためのプログラミング言語というものを使って、様々なシステムを開発する職業です。この仕事は、コンピューターというものが誕生しなければ生まれなかったものです。現在はプログラマーとして働く人は数多くいますが、パソコンやインターネットが普及する前の時代では<u>全く想像できなかった</u>ことだと思います。
　　　　　　　　　　　　　　　　　　②

　時代とともに技術が進むことで、必要な仕事も変化します。そして、技術が進歩するスピードはどんどん速くなっています。ほとんどの仕事が、機械を使って自動でできる時代になりました。このまま技術が進むと、もはや人間に残されている仕事はゼロになるのではないかと不安の声をあげる人もいます。ロボットに人間の仕事が全て奪われてしまわないように何か対策をするべきだという人もいますが、私はその必要はないと思っています。何も焦る必要はありません。機械にできることは機械に任せましょう。それによって作られた自由な時間で、大切な人と大切な時間を過ごせば良いのです。

（注）もはや：もうすでに

69 ①お客さんが自分で行きたい場所に行けるようになったとはどういうことか。

1　エレベーターがなくても、お客さんが目的の場所まで自分で行けるようになったということ

2　お客さんがエレベーターの使い方を勉強して、自分で動かせるようになったということ

3　エレベーターガールのおかげで、お客さんが目的の場所まで行けるようになったということ

4　技術が進んだことで、お客さんでも簡単にエレベーターを動かせるようになったということ

70 ②全く想像できなかったのはなぜか。

1　プログラマーは、昔は存在しなかったものを使って仕事をするから。

2　プログラマーという職業に就いている人がとても少なかったから。

3　ウェブサイトやソフトウェアの作り方について、誰も知らなかったから。

4　プログラマーという仕事がどういうものか、誰も理解していなかったから。

71 この文章で筆者が最も言いたいことは何か。

1　機械に仕事を取られてしまう前に、新しい知識や技術を手に入れる努力をするべきだ。

2　技術が進歩し続けると、世の中に存在する仕事は全てロボットが行うようになるはずだ。

3　将来の仕事を心配している人のために、できる限りの対策をとるべきだ。

4　機械ができる仕事は人間がやらないようにして、他のことに時間を使った方が良い。

**問題14　右のページは、ある山のスキー場の利用案内である。下の問いに対する
　　　　　答えとして最もよいものを、1・2・3・4から一つ選びなさい。**

72　トッカリ町の高校に通っているイさんは、トッカリ町のスキー場の特別期間の利用券を
購入したいと思っている。初心者コースがあるスキー場が良い。イさんの希望に合う
スキー場はどれで、払うことになる料金はいくらか。

1　Bの5,500円か、CかDの7,000円

2　Dの9,000円か、Eの7,500円

3　CかDの7,000円

4　Dの7000円か、Eの5,500円

73　ゴックさんは2032年2月1日に「トッカリオハナ・グランド」を利用した。2032年4月2日
にも同じスキー場を利用したい場合は、どのように申し込まなければならないか。

1　2月15日から2月31日の間に「トッカリオハナ・グランド」のリフト券売り場に
行き、申し込み書を提出し、身分証明書と使用したリフト券を提示する。

2　2月15日から2月31日の間に「トッカリオハナ・グランド」のリフト券売り場に
行き、申し込み書を提出し、身分証明書を提示する。

3　2月15日から2月31日の間にトッカリホテル横リフト券売り場に行き、申し込み書を
提出し、身分証明書と使用したリフト券を提示する。

4　3月1日から3月30日の間にトッカリホテル横リフト券売り場に行き、申し込み書を
提出し、身分証明書と使用したリフト券を提示する。

2031-2032シーズン特別期間利用料金

2032年3月30日でスキー場の営業を終了する予定でしたが、2032年4月1日から2032年4月10日まで、特別にトッカリ町のスキー場の営業を延長し、10日間のスキー場利用券を販売します。

	スキー場	特別期間利用料金（10日間）				設備
		町民*の方		町民*以外の方		
		大人	中学生以下 （15歳以下）	大人	中学生以下 （15歳以下）	
A	トッカリユナイテッド	6,000円	4,000円	8,000円	5,000円	ナイターあり 初心者コースなし
B	トッカリSHISAMUリゾート	5,500円	3,500円	7,500円	4,500円	ナイターあり 初心者コースなし
C	トッカリ国際スキー場	7,000円	5,000円	9,000円	6,000円	ナイターあり 初心者コースなし
D	トッカリオハナ・グランド	7,000円	5,000円	9,000円	5,000円	ナイターあり 初心者コースあり
E	馬頭山スキー場	5,500円	3,500円	7,500円	4,500円	ナイターなし 初心者コースあり

※ナイターは17:00〜の営業のことです。（照明がつきます。）
※町民は、以下の①〜③のいずれかに当てはまる方です。
　①トッカリ町にお住まいの方　②トッカリ町に通勤されている方　③トッカリ町に通学されている方

【申し込み期間】
トッカリ町のスキー場を利用したことがある方：2032年2月15日から2月31日まで
初めて利用される方：2032年3月1日から3月30日まで

【申し込み窓口】
A・B：トッカリホテル横リフト券売り場（受付：午前8時〜午後7時まで）
C〜E：各スキー場のリフト券売り場（受付：午前7時〜午後6時まで）

【申し込み方法】
・指定の申し込み窓口で、申し込み用紙を提出してください。提出する際には、身分証明書をご提示ください。
・トッカリ町のスキー場を利用したことがある方は、そのとき使用したリフト券をご提示ください。

【支払い】
その場でお支払いいただくか、3月31日までに指定の金融機関で利用料金をお支払いください。

トッカリ町スキー場運営委員会　リフト券係
電話：123－456－789

Listening

N2

聴解

(50分)

注　意
Notes

1. 試験が始まるまで、この問題用紙を開けないでください。
   Do not open this question booklet until the test begins.

2. この問題用紙を持って帰ることはできません。
   Do not take this question booklet with you after the test.

3. 受験番号と名前を下の欄に、受験票と同じように書いてください。
   Write your examinee registration number and name clearly in each box below as
   written on your test voucher.

4. この問題用紙は、全部で12ページあります。
   This question booklet has 12 pages.

5. この問題用紙にメモをとってもかまいません。
   You may make notes in this question booklet.

受験番号 Examinee Registration Number	

名前 Name	

もんだい
問題1

　問題1では、まず質問を聞いてください。それから話を聞いて、問題用紙の1から4の中から、最もよいものを一つ選んでください。

れい
例

1　先生にもうしこみしょを出す
2　友達と一緒にもうしこみしょを出す
3　もうしこみしょに名前を書いて箱に入れる
4　けいじばんに名前を書く

1番

1　近くのお店に持っていく
2　本社に送る
3　買ったお店でこうかんする
4　はいたついんにわたす

2番

1　健康的な食事をしているか
2　毎日運動をするようにしているか
3　十分なすいみん時間がとれているか
4　身長と体重のバランスはよいか

3番

1　カメラを買う
2　大山せんぱいと話す
3　プレゼントがある店をさがす
4　プレゼントを買いに行く

4番

1　写真をとる
2　しんせいしょを書く
3　合格しょうめいしょを用意する
4　がくせいしょうをもらいに行く

5番

1　新入生の交流会に参加する

2　たいいくかんに机をならべる

3　たいいくかんをそうじする

4　ごみをたいいくかんの前に置く

もんだい
問題2

　問題2では、まず質問を聞いてください。そのあと、問題用紙のせんたくしを読んでください。読む時間があります。それから話を聞いて、問題用紙の1から4の中から、最もよいものを一つ選んでください。

れい
例

1　課題が多くて寝ていないから

2　アルバイトがいそがしいから

3　かれしに会えないから

4　気分が悪いから

1番
<ruby>番<rt>ばん</rt></ruby>

1 <ruby>家族<rt>かぞく</rt></ruby>で<ruby>入<rt>はい</rt></ruby>れるおふろがあるから
2 <ruby>外<rt>そと</rt></ruby>に<ruby>子<rt>こ</rt></ruby>どもが<ruby>遊<rt>あそ</rt></ruby>べる<ruby>場所<rt>ばしょ</rt></ruby>があるから
3 <ruby>料理<rt>りょうり</rt></ruby>がごうかでおいしいから
4 <ruby>大<rt>おお</rt></ruby>きな<ruby>窓<rt>まど</rt></ruby>から<ruby>見<rt>み</rt></ruby>える<ruby>景色<rt>けしき</rt></ruby>がきれいだから

2番
<ruby>番<rt>ばん</rt></ruby>

1 <ruby>子<rt>こ</rt></ruby>ども<ruby>向<rt>む</rt></ruby>けだったから
2 <ruby>大人<rt>おとな</rt></ruby>と<ruby>子<rt>こ</rt></ruby>どもに<ruby>好<rt>す</rt></ruby>かれる<ruby>内容<rt>ないよう</rt></ruby>だったから
3 テレビで<ruby>人気<rt>にんき</rt></ruby>だったから
4 <ruby>子<rt>こ</rt></ruby>どもが<ruby>関心<rt>かんしん</rt></ruby>を<ruby>持<rt>も</rt></ruby>った<ruby>映画<rt>えいが</rt></ruby>だったから

3番

1　けんこうてきな食事をとる

2　おさけをたくさん飲まない

3　十分にすいみんをとる

4　運動を毎日する

4番

1　こんでいて　せきに座れないこと

2　電車の中がとてもしずかなこと

3　みんな寝ていること

4　けしょうをしている人が多いこと

5番

1　今日の午前中

2　今日の午後

3　あさっての午前中

4　あさっての午後

6番

1　11時出発の普通席

2　11時出発のリラックス席

3　8時出発の普通席

4　8時出発のリラックス席

もんだい
問題3

　問題3では、問題用紙に何もいんさつされていません。この問題は、全体としてどんな内容かを聞く問題です。話の前に質問はありません。まず話を聞いてください。それから、質問とせんたくしを聞いて、1から4の中から、最もよいものを一つ選んでください。

―メモ―

問題4では、問題用紙に何もいんさつされていません。まず文を聞いてください。それから、それに対する返事を聞いて、1から3の中から、最もよいものを一つ選んでください。

—メモ—

問題5

問題5では、長めの話を聞きます。この問題には練習はありません。
問題用紙にメモをとってもかまいません。

1番、2番

問題用紙に何もいんさつされていません。まず話を聞いてください。それから、質問とせんたくしを聞いて、1から4の中から、最もよいものを一つ選んでください。

― メ モ ―

3番
<ruby>番<rt>ばん</rt></ruby>

まず<ruby>話<rt>はなし</rt></ruby>を<ruby>聞<rt>き</rt></ruby>いてください。それから、<ruby>二<rt>ふた</rt></ruby>つの<ruby>質問<rt>しつもん</rt></ruby>を<ruby>聞<rt>き</rt></ruby>いて、それぞれ<ruby>問題用紙<rt>もんだいようし</rt></ruby>の1から4の<ruby>中<rt>なか</rt></ruby>から、<ruby>最<rt>もっと</rt></ruby>もよいものを<ruby>一<rt>ひと</rt></ruby>つ<ruby>選<rt>えら</rt></ruby>んでください。

質問1
<ruby>質問<rt>しつもん</rt></ruby>

1 <ruby>街<rt>まち</rt></ruby>エリア

2 レストランエリア

3 <ruby>国<rt>くに</rt></ruby>のお<ruby>仕事<rt>しごと</rt></ruby>エリア

4 <ruby>研究室<rt>けんきゅうしつ</rt></ruby>エリア

質問2
<ruby>質問<rt>しつもん</rt></ruby>

1 <ruby>街<rt>まち</rt></ruby>エリア

2 レストランエリア

3 <ruby>国<rt>くに</rt></ruby>のお<ruby>仕事<rt>しごと</rt></ruby>エリア

4 <ruby>研究室<rt>けんきゅうしつ</rt></ruby>エリア

模擬試験 第1回 正答表

言語知識（文字・語彙）

問題1	1 ③	2 ④	3 ②	4 ③	5 ①
問題2	6 ③	7 ②	8 ④	9 ①	10 ②
問題3	11 ③	12 ②	13 ①		
問題4	14 ②	15 ④	16 ①	17 ②	18 ④	19 ①	20 ②
問題5	21 ①	22 ③	23 ②	24 ①	25 ④
問題6	26 ②	27 ③	28 ①	29 ④	30 ③

言語知識（文法）

問題7	31 ③	32 ②	33 ④	34 ③	35 ③	36 ②
	37 ①	38 ④	39 ②	40 ④	41 ①	42 ④
問題8	43 ④ (3241)	44 ③ (4312)	45 ③ (3214)			
	46 ① (2413)	47 ② (4312)				
問題9	48 ②	49 ③	50 ①	51 ③	52 ②	

読解

問題10	53 ②	54 ④	55 ①	56 ②	57 ③			
問題11	58 ④	59 ①	60 ③	61 ②	62 ④	63 ③	64 ②	65 ④	66 ③
問題12	67 ③	68 ③						
問題13	69 ①	70 ①	71 ②					
問題14	72 ②	73 ③						

聴解

問題1	1 ④	2 ①	3 ①	4 ②	5 ④	
問題2	1 ①	2 ③	3 ③	4 ③	5 ②	6 ②
問題3	1 ②	2 ④	3 ④	4 ①	5 ③	
問題4	1 ①	2 ②	3 ①	4 ③	5 ③	6 ①	7 ①
	8 ③	9 ③	10 ②	11 ①			
問題5	1 ②	2 ①	3(1) ④	3(2) ③			

模擬試験 第1回 採点表

実際のテストは相対評価のため、この採点表の点数とは異なる可能性があります。

	問題	配点	満点	正解の数	点数
文字語彙	問題1	1点x5問	5		
	問題2	1点x5問	5		
	問題3	1点x3問	3		
	問題4	1点x7問	7		
	問題5	1点x5問	5		
	問題6	1点x5問	5		
文法	問題7	1点x12問	12		
	問題8	1点x5問	5		
	問題9	1点x5問	5		
合計			52		

予想点数の計算方法：言語知識(文字語彙・文法) [　　　]点÷52×60=[　　　]点

	問題	配点	満点	正解の数	点数
読解	問題10	1点x5問	5		
	問題11	1点x9問	9		
	問題12	1点x2問	2		
	問題13	1点x3問	3		
	問題14	1点x2問	2		
合計			21		

予想点数の計算方法：読解 [　　　]点÷21×60=[　　　]点

	問題	配点	満点	正解の数	点数
聴解	問題1	1点x5問	5		
	問題2	1点x6問	6		
	問題3	1点x5問	5		
	問題4	1点x11問	11		
	問題5	1点x4問	4		
合計			31		

予想点数の計算方法：聴解 [　　　]点÷31×60=[　　　]点

模擬試験 第1回 聴解スクリプト

問題1

例　　　　　　　　　　　　　　　正答 ③

学校で先生が話しています。学生は、英会話の先生と昼食を食べたいとき、どのように申し込みますか。

男：ええと、英会話の先生と昼食を食べたい人は、必ず朝の10時までに申込書を出してください。

女：どこに出したらいいですか。

男：職員室の入り口の前に箱がありますので、そこに入れてください。それから、申込書には必ず名前を書いてくださいね。友達と一緒に参加したい場合は、一人一枚書いて出すようにしてください。

女：はい。

男：あと、先生たちのスケジュールは、食堂の前の掲示板に貼ってあります。毎週金曜日に貼り替えるので、そこで確認してくださいね。

女：毎日申し込んでもいいですか？

男：もちろんいいですよ。

学生は、英会話の先生と昼食を食べたいとき、どのように申し込みますか。

1　先生にもうしこみしょを出す
2　友達と一緒にもうしこみしょを出す
3　もうしこみしょに名前を書いて箱に入れる
4　けいじばんに名前を書く

1番　　　　　　　　　　　　　　正答 ④

会社で男の人と女の人が話しています。男の人はこのあと何をしますか。

男：お疲れ様です。

女：お疲れ様。そうだ、お願いしたいことがあるんだけど。

男：あ、それ今日の会議資料ですよね。毎月の報告会の。各部に配るんですか。

女：うん。でもその前に、数が足りないからもう少し印刷しないといけなくて、今からするところ。

男：お忙しそうですね。よかったら、後で僕が配りに行きますよ。

女：これは皆さんに取りに来てもらうことになっているから大丈夫だよ。あと、飲み物を買ってあるんだけど、会議が始まる前にそれぞれの席に置いておきたくて。数が多いから、一緒にやってくれない？

男：はい、わかりました。今日の会議も無事終わるといいですね。

女：うん、ありがとう。

男の人はこのあと何をしますか。

1　しりょうを各部にくばる
2　しりょうをもっといんさつする
3　飲み物を買ってくる
4　飲み物を机に置く

2番　　　　　　　　　　　　　　正答 ①

学校で先生と女の学生が話しています。女の学生はこのあと、何をしなければなりませんか。

男：今、大丈夫？再来週の文化祭で、クラスでたこ焼き屋をやることになっていたよね。会計の担当って…。

女：はい、私です。計算間違っていましたか？

男：それは大丈夫なんだけど、少し予算を超えていて。それから職員会議でたこは管理が難しいから避けた方が良いんじゃないかってことになったんだ。

女：そうですか。

男：申し訳ないんだけど、もう一度クラスで何をやるか話し合ってもらいたいんだ。

女：はい。

男：私は今から他のクラスの授業があるから、委員長の伊藤くんに、この件についてクラスの皆と話し合って、決まったことを先生に報告するように伝えといてもらえると助かるよ。授業が終わったら職員室にいるから。

女：わかりました。

女の学生はこのあと、何をしなければなりませんか。

1　いいんちょうに伝言をする
2　計算まちがいを直す
3　他のクラスの授業に参加する
4　職員室に報告しに行く

3番 正答 ①

美容院で、美容師と男の人が話しています。美容師は男の人の髪型をどのように仕上げますか。

女：お客様、こんな髪型、お似合いだと思いますよ。

男：いいですね。それにします。ただ、髪の量が多いので、少し軽くしてもらえますか？

女：かしこまりました。では、全体的に毛の量を少なくしますね。

男：あの、この写真では前髪が長いんですが、目の上くらいまで短く切ってもらえますか？すぐ伸びてきて邪魔なんです。

女：あ、はい。

男：お願いします！あと、前に来たときは髪の色を明るくしてもらいましたが、暗めにしてもらいたいです。

女：髪の色を暗くしても、一週間くらいでまた明るくなりますよ。髪も傷みますし。

男：うーん。あした面接だから、しょうがなくて。

女：わかりました。ではそうしますね。

美容師は男の人の髪型をどのように仕上げますか。

1 まえがみを切り　かみの色を暗くする
2 まえがみを切り　かみの色を明るくする
3 まえがみは切らず　かみの色を暗くする
4 まえがみは切らず　かみの色を明るくする

4番 正答 ②

女の人がせっけんの紹介をしています。リラックスしたい人は、どのせっけんを選びますか。

女：自然のものだけで作った、香り付きのせっけんをご紹介します。こちらにご用意しているのは、青・緑・黄・赤の4色のせっけんです。色によって香りが違いますよ。青色は海をイメージしたさわやかな香りで、集中力を高めることができます。緑は森の香り、心を落ち着かせたいときに使ってください。黄色は元気が出るオレンジの香りです。やる気を出したいときにおすすめですよ。風邪を予防するには、お花の香りがする赤色のせっけんがぴったりです。

リラックスしたい人は、どのせっけんを選びますか。

1 青色のせっけん
2 みどりいろのせっけん
3 きいろのせっけん
4 赤色のせっけん

5番 正答 ④

女の人と男の人が話しています。男の人は、ダンス発表会の当日に何をしますか。

女：だいすけくん！来週の日曜日空いてる？ダンス発表会のスタッフが足りないの。

男：来週なら空いてるよ。スタッフって何をしたらいいの？

女：よかった。出演者とスタッフのお弁当をお弁当屋さんまで取りに行って、みんなに配ってほしいの。

男：それなら僕にもできそうだよ。

女：あともう一つ、照明担当か案内担当をお願いしたいんだ。照明担当は、ダンスの曲に合わせてライトを動かして、案内担当は、お客さんを席やお手洗いに案内することになっているよ。

男：僕、声が大きいからそういうの得意だよ。

女：ありがとう。そしたら決まり。でも…お弁当担当だと、食べ終わった後の片付けもしなきゃいけないもんね。案内も同時にするのは難しいし…。やっぱりだいすけくんにはお弁当の担当じゃなくて、発表会の後の片付けをやってもらおうかな。発表会のあと時間ある？

男：うん。じゃ、その日は一日空けておくね。

女：ありがとう。

男の人は、ダンス発表会の当日に何をしますか。

1 ア　ウ
2 ア　エ
3 イ　ウ
4 イ　エ

問題2

例　　　正答 ②

大学で、男の人と女の人が話しています。女の人はどうして元気がないのですか。

男：どうしたの？なんか元気がないね。最近、課題が多くてあまり寝ていないんじゃない？

女：それはいつものことだから慣れたよ。最近アルバイトを始めたって話したと思うんだけど。

男：ああ、パン屋さんの。残ったパンが無料でもらえて嬉しいって言ってたよね。

女：でも店が人気すぎて忙しいから大変なんだよ。もう辞めようかな。

男：ああ、わかった。彼氏に会う時間が少なくなって嫌なんでしょ。

女：それは関係ないよ、毎日連絡してるし。ああ、アルバイトのことを考えてたら気分が悪くなっちゃう。

女の人はどうして元気がないのですか。

1　かだいが多くて寝ていないから
2　**アルバイトがいそがしいから**
3　かれしに会えないから
4　気分が悪いから

1番　　　正答 ①

大学で、女の学生と男の学生が就職活動について話しています。男の学生は女の学生にどんな方法を勧めましたか。

女：もう就職活動の時期なのに、まだ自分がどんな企業へ行きたいかイメージできていないんだよね。大川くんはどう？

男：僕もだよ。でも、最近気になる企業に応募して、応募者向けの説明会に参加してるよ。まずは色々な企業に応募してみたら？

女：なるほどね。インターネットには自分のことを分析してみるといいって書いてあったけど、どうやったらいいかもわからないし、とりあえずそうしてみようかな。

男：この前友達がいろんな企業の説明が聞ける合同説明会に参加してすごくよかったって言ってたから僕も行ったんだけど、企業があまりに多すぎて、どこから行けばいいかわからなくて。

女：そっか。これからやるべきことがわかった気がするよ。何かあったらまた情報を共有し合おうね。

男の学生は女の学生にどんな方法を勧めましたか。

1　色々な会社におうぼする
2　自分のことをぶんせきする
3　ごうどう説明会に参加する
4　きぎょうの情報をきょうゆうする

2番　　　正答 ③

学校で女の人と男の人が話しています。男の人は、何が一番大変だったと言っていますか。

女：タンさん、この前の写真コンクールの写真、すごくよかったです。確か、特別賞でしたよね。

男：僕も意外だったよ。

女：先生も、タンさんの作品、部屋に飾りたいって言っていましたよ。

男：うれしいなあ。先生には、撮影場所を探すのを手伝ってもらったんだよ。先生のおかげで場所は見つかったんだけど、その日は大雨でね。大雨だからいい写真がとれたっていうのもあるんだけど、カメラが濡れないようにきれいな写真を撮るのが何よりも大変だったんだ。もう、こんな写真撮れないよ。

女：そんなことないですよ。タンさんだったらもっといい写真が撮れますよ。新しいチャレンジをしていきましょう！

男：そうかな、ありがとう。

男の人は、何が一番大変だったと言っていますか。

1　写真コンクールでとくべつしょうをとったこと
2　さつえい場所をさがしたこと
3　**雨の日に写真をとったこと**
4　新しいチャレンジをしたこと

3番 正答 ③

女の人と男の人が、新しくできた店について話しています。男の人はこの店のどんなところがいいと言っていますか。

女：最近できたJマート、もう行った？

男：ああ、あの新しい店ね！僕はオープンの日に行ったよ。

女：そうなんだね。

男：駅から遠くてちょっと行くのが面倒だったけど、たくさんいいものが売ってたよ。

女：へえ。どんなものが売ってるの？食べ物？

男：食べ物ももちろん売ってるよ。でも一番有名なのは、ペンやノートがすごくおしゃれで使いやすいってことかな。

女：え、文房具ってどれも同じじゃないの？

男：僕も最初はそう思ってたんだ。実際にノートを買ってみたんだけど、書きやすい紙で作られていて、デザインがいいから勉強のやる気が出るんだ。でももっとすごいのは、そんなに値段が高くないところなんだよ。

女：へえ、それは使ってみたいな。

男：それから、お店の隣にカフェもあるんだけど、そこのコーヒーがおいしくって。飲み物と一緒にお菓子も売っているんだけど、それはまあまあだったかな。

女：そうなんだ。私も早く行きたいな。

男の人はこの店のどんなところがいいと言っていますか。

1　行きやすい場所にあるところ

2　ふだん使っているぶんぼうぐが売っているところ

3　質がよいわりにねだんが安いところ

4　コーヒーとおかしがおいしいところ

4番 正答 ③

女の人と男の人が話しています。女の人は流行している病気について、ニュースでどんなことを聞いたと言っていますか。

女：夕方のニュースで最近流行っている病気について特集してたの。

男：最近流行っている病気って、ウイルスがうつるとかぜのように熱が出たり、せきが出たりするってやつ？

女：そう。若い人は軽い症状で済むって言うでしょ。実は、軽い症状はぎりぎり入院しなくてもいいっていうレベルなんだって。かぜの何倍もつらいらしいわ。

男：へえ。甘く考えていたよ。

女：自分が誰かにうつして、その人が重い症状になったらと思うともっとこわいわ。ウイルス対策はしっかりしないとね。

女の人は流行している病気について、ニュースでどんなことを聞いたと言っていますか。

1　なぜ　かぜのしょうじょうが出ないのか

2　どうやってこのウイルスが流行ったか

3　軽いしょうじょうとは　どのようなものか

4　どのようにウイルスたいさくをするか

5番 正答 ②

講演会で専門家が話しています。専門家は教育について、どのようにしていく必要があると言っていますか。

女：日本のビジネスの世界では、外国企業と取引をしたり、外国企業と共同で開発を行ったりと、国際化が進んできました。その一方で、教育は一昔前とあまり変わっていないようです。デジタル化が進んでいるにもかかわらず、海外の大学の講義を受けたり、一緒に研究を行ったりするなどの国際的な教育が取り入れられていません。教育はこれからの可能性を広げるものであり、ビジネスにおいて海外との関わりがある日本には必要な分野ですから、日本が今後世界から遅れないようにするためにはそれが必要だと思うのです。

専門家は教育について、どのようにしていく必要があると言っていますか。

1　こうぎをデジタル化する

2　こくさいてきなきょういくをする

3　ビジネスの授業を取り入れる

4　様々な分野について勉強させる

6番 正答 ②

事故があった道路で、アナウンサーが話しています。事故の原因は何ですか。

女：こちらは、今朝交通事故が起きた道路です。道路には事故によって壊れた自動車と自転車の一部が落ちています。事故にあったのは通学中の高校生二人で、曲がってきた車とぶつかったため怪我をして、病院へ運ばれました。幸い、命に関わる怪我ではないようです。事故を見ていた人の話によると、自動車が信号を無視し、スピードを出して進んでいたとのことで、警察は自動車の運転手に責任があるとみて、調査を進めています。

事故の原因は何ですか。

1 自転車が信号をむししたこと
2 自動車が信号をむししたこと
3 自転車が早いスピードで走っていたこと
4 自動車がスピードをゆるめたこと

問題3

例　　　　　　　　　　　　　　　正答 ③

テレビでアナウンサーが自宅で仕事をすることに関するインタビューの結果を話しています。

女：近年、多くの会社で自宅で仕事をするスタイルが取り入れられています。インターネットを使えば、同じ場所にいなくても簡単に情報を共有できる便利な時代になりました。しかし、今回のインタビューで「家に家族がいるので仕事に集中できない」「わからないことがあってもすぐに相談ができない」「人との関わりがなくなり、ストレスがたまる」などの意見があることがわかりました。

何について、インタビューしていますか。

1 家で仕事をする理由
2 家での働き方
3 家で仕事をすることの問題点
4 家で仕事をする良い点

1番　　　　　　　　　　　　　正答 ②

動物保護のイベントで、ある団体の女の人が話しています。

女：私は、動物を保護する活動を行っています。飼い主が飼えなくなってしまった動物を、一時的にあずかり、次の飼い主を探します。犬や猫はかわいくて、人のことを癒してくれます。しかし、生き物ですから、毎日運動をさせてあげないといけないですし、仕事に行っている間、長時間一匹だけにしておくとストレスがたまります。予想以上に大きく成長するかもしれないですし、病気になったら病院に連れて行かなければいけません。飼う前に、きちんとお世話できるのか、よく考えてみましょう。

女の人は、何について話していますか。

1 人々を癒す方法
2 動物を飼う大変さ
3 この活動をしている理由
4 動物を飼うために必要な能力

2番　　　　　　　　　　　　　正答 ④

テレビで学生が話しています。

男：楽しかった大学生活も半分が過ぎ、もう3年生になってしまいました。こうなると、もう遊んでばかりもいられません。卒業後の将来の方向性について真面目に考えなければならないのです。私は、大学を出たら会社で働くのが普通のことだと思っていました。そのためにいろんな会社について調べたり、先輩に話を聞いたりしてきました。でも、周りの友達を見ていて、就職だけがゴールではないと最近思い始めました。私の周りには、興味のあることをもっと勉強するために大学院へ行く人や、海外へ留学する人、また自分で会社を立ち上げるという人もいます。しかし急いで決める必要もなく、働きながら自分のやりたいことを見つけるのも一つの方法だと私は思います。

学生は主に何について話していますか。

1 大学生活が残り少ないこと
2 真面目に就職活動をする方法
3 大学を出て就職する大切さ
4 卒業後にできることがたくさんあること

3番　正答 ④

テレビで書店の店員が話しています。

女：これまでは、書店というと紙の本を購入する場所というイメージしかなかったと思います。電子の本が登場し、紙の本の需要が減り、書店の利用者も減りました。それによって、書店は紙の本を購入する場所から紙の本を楽しむ場所に変化していったのです。書店内にカフェがあるところも増え、ソファー席でゆったりと紙の本が読めるようになりました。書店は紙の本ならではの味わいや素晴らしさを伝える場所として多くの人に親しまれています。

店員は何について話していますか。

1　書店が人に与える影響
2　書店が減っている理由
3　書店の店員がお勧めする本
4　**書店の新しい役割**

4番　正答 ①

ラジオで、アナウンサーが登山家にインタビューをしています。

女：今日は、登山家の大山奏さんにお話を伺います。どうぞよろしくお願いいたします。大山さん、最近、登山を趣味にする人が増えているそうですね。

男：はい、今までは登山は危ないというイメージがありましたが、安全に楽に登れる山もあるのでいろんなところに行って登山を楽しんでほしいですね。でも登山家としては、ただ登って終わるだけにしてほしくないなと思うんです。

女：どういうことですか。

男：私は昔から、山の変化をじっくり感じることが好きで、季節や時間帯によって山の雰囲気が変わるのが魅力的だと感じていました。最近は友達同士で喋りながら登ったり、写真を撮ったりすることに夢中になってしまう人がいますが、それじゃあ本当の山の良さは感じられないと思うんです。

女：なるほど。

男：美しい山の中で過ごす時間を、もっとじっくり味わってほしいです。

登山家が言いたいことは何ですか。

1　山の変化を楽しみながら登ってほしい
2　上まで登りきってほしい
3　会話しながら登山してほしい
4　山登りをすることに夢中になってほしい

5番　正答 ③

会社の会議で社長が話しています。

男：皆さま、今年も一年お疲れ様でした。みなさまの努力のおかげで、今年は会社の売り上げが前年度の二倍にもなり、企業としてますます成長した一年となりました。来年からは新しい事業、特にIT技術を使った最新の電気製品やAIロボットの開発に力を入れていこうと張り切っている人も多いと思います。確かに新しい事業に早く取り組むことは大切ですが、以前から休憩時間をもっと伸ばしてほしいという声が挙がっています。休む時間が少ないと、やる気や集中力が落ちてしまうので、社員の持っている本来の能力を発揮できるように会社での働き方の見直しが必要です。電気製品は先週新作が出ましたし、AIロボットの開発は今取り組んでいる企画が終わらないとできないと思います。社員ができるだけストレスを感じない職場を目指したいと思います。

社長が言いたいことはなんですか。

1　IT技術を使うべきだ
2　AIロボットを売るべきだ
3　**もっと休む時間を増やすべきだ**
4　新しい企画を考えるべきだ

問題4

 例　正答 ③

女：午前中にこの資料まとめといってって言ったじゃん。

男：1　はい、部長のおかげです。
　　2　もうまとめてくれたんですね。
　　3　間に合わなくて、すみません。

1番 正答 ①

男：このカメラ、去年のイベントで使ったっきりなんだけど。

女：1 せっかく買ったので、もっと使いたいですよね。
　　2 本当にいつも使ってますよね。
　　3 一度も使ってないんですね。

2番 正答 ②

男：林さん、この映画、旅行に行ったつもりになれるのでおすすめですよ。

女：1 あ、旅行行ったんですね。どうでした？
　　2 旅行の気分が味わえるのはいいですね。
　　3 いつ旅行に行く予定なんですか？

3番 正答 ①

女：ここの教室って、今日は使えないことになっているよね？

男：1 うん、昨日先生が言ってたよね。
　　2 うん、今日はこの教室を使おう。
　　3 あ、もう使えるようになったんだね。

4番 正答 ③

女：すみませんが、昨日の8時ごろはどこにおいでになりましたか。

男：1 はい、地下鉄を使って来ましたけど。
　　2 いえ、私は行っていないですよ。
　　3 あー、自宅にいましたけど。

5番 正答 ③

男：到着時間が変更になったから、至急お客様に電話して。

女：1 はい、明日でいいんですね。
　　2 あ、やらないことになったんですか。
　　3 はい、今すぐ電話します。

6番 正答 ①

女：明日の会議の資料、忘れないようにしてね。

男：1 わかった。メモしておくよ。
　　2 わかった。誰にも言わないよ。
　　3 もちろん、家に置いておくよ。

7番 正答 ①

女：バス停に人がいないところを見ると、バスはもう行っちゃったんだね。

男：1 走ったのに間に合わなかったね。
　　2 ぎりぎり間に合ってよかったね。
　　3 ふう、まだバスは来てないみたいだね。

8番 正答 ③

女：いやあ、明日プレゼンすることになって、飲み会どころではないよ。

男：1 あ、昨日行ったばかりなんだ。
　　2 よかった、参加できるんだね。
　　3 大変だね。手伝おうか？

9番 正答 ③

男：すみません、この資料メールで送っていただけませんか。昨日印刷し忘れてしまって。

女：1 あ、もうメールで送ってもらったよ。
　　2 印刷してくれたんだ。助かるよ。
　　3 うん、今送るからちょっと待ってね。

10番 正答 ②

男：来月サークルで行く旅行、行く場所はともかく、まず参加する人数を確認しないといけないよね。

女：1 もう日にちが決まったんですね。
　　2 そうですね。みんなに連絡しましょう。
　　3 なるほど。じゃあ北海道にします？

11番 正答 ①

女：参加者がこの人数じゃ、今回のイベントは中止せざるを得ないな。

男：1 残念ですが、仕方ないですね。
　　2 想像以上に人気ですね！
　　3 はい、計画通り準備を進めますね。

問題5
1番 正答 ②

男の人と女の人が雑誌を見ながら話しています。

男：このレストランすごいよ。いくつかお店を出してるみたい。どれか行ってみない？

女：いいね。ちょうど今週はあなたの誕生日だから、お祝いしよう。

男：ありがとう。どこも良さそうだね、どれにしようか。

女：素敵な音楽を聴きながら食事ができて、洋食が食べられるところがいいな。あとは、駅から近いところ。お酒飲むから電車で行くでしょ？

男：もちろん！南店なら駅から徒歩3分って書いてあるよ。ピアノの演奏を聴きながら食事することができるんだって。料理は和食みたいだけど。あとは、同じ距離のところに東店もあるよ。そこはイタリア料理があるし、バイオリンの演奏を聴きながら食事を楽しむことができるんだって。

女：へえ。

男：それと、北店は駅から近いから歩いていけるよ。それにフランス料理もあるし、歌を聴きながら食事をすることもできるみたい。ここいいかもしれないね。

女：あ、この前友達が行ったって言ってたな。テレビに出てるような有名な歌手が来るんだってね。予約が取れないからお店に入るまで待つかもしれないね。

男：そうだね。あとは西店。和食も洋食もあって料理の種類が豊富なん

だって。色々な楽器の演奏が楽しめるらしいよ。ここは駅から離れてるから、車で行かないといけないね。

女：うーん。やっぱり駅から近くて洋食が食べられるところがいいかな。音楽を聴きながら食事もしたいけど、お店で待つのは嫌だし。ここにしようか。

女の人はどの店に行きたいと言っていますか。

　　1 南店
　　2 東店
　　3 北店
　　4 西店

2番 正答 ①

テレビ局で、部下二人と課長が話しています。

男1：課長、グエンさん、ちょっといいですか。今日の午後2時から課長とグエンさんと私の3人で、来月から始まる料理番組の会議をすることになっていましたよね。

男2：うん、その予定だけど。泉さん、どうしたの？

男1：あの、明日予定していたデパートの食品売場の取材が、出演者の都合で、今日になってしまいまして。それで、今から大東京デパートに行かなければならないので、ちょっと2時までに戻るのは厳しいんです。3時前には会社に戻れると思うんですが。

男2：うーん、仕方ないな。新番組の会議は3時からにしましょう。

女：えっと、私3時半から別番組の会議がありまして。資料の準備もしないといけないので、その時間はちょっと。あ、明日休みなのって私だけですよね？明日会議するのはどうでしょうか。

男2：申し訳ないが、明日静岡県で旅組の撮影があってね。それと、仕事にまじめなのはいいけど、グエンさんも休日はしっかり休まないと。

女：はい…。そうなると、今日中に話し合わないと明後日の出演者との打ち合わせに間に合わないですね。泉さんの取材って、早めに切り上げられないんですか。

男1：今のスケジュールでもぎりぎりなんです。むしろデパートに無理を言ってこの時間空けてもらったぐらいだから。

男2：じゃ、泉さんは戻り次第、打ち合わせに参加してもらうということで。とりあえず2時に私とグエンさんの二人で打ち合わせを始めよう。グエンさんが出ないといけない時間になっても終わっていなかったら、残りは私と泉くんの二人でやるよ。

女：わかりました。

男1：打ち合わせの内容はしっかり記録して、明後日の出演者との打ち合わせでは全員ちゃんと対応できるようにしておきましょう。

男2：うん、じゃあこの流れでよろしく。

3人での打ち合わせの日時はどうなりましたか。

1　予定通りの時間に行う
2　予定していた時間の一時間後に行う
3　明日の同じ時間に延期する
4　明後日の同じ時間に延期する

質問2　女の人はどの公園に行きたいと言っていますか?

1　川上公園
2　岩谷公園
3　ハート池公園
4　アスパラ公園

3番　　　　　　　　　正答 1④　2③

ラジオでレポーターが、週末に行くのにおすすめの公園について話しています。

女1：今週末は気温が上がって、外にお出かけするにはちょうど良い天気となるでしょう。まず、川上公園は、川の横にある公園で、川遊びやバーベキューが楽しめます。2つ目は、山の方にある岩谷公園です。この公園では、芸術家が石を切って作った芸術的なすべり台やガラスのピラミッドがあり、非日常的で素敵な写真を撮ることができます。そして、ハート池公園は、外にコンサートができるステージがあり、週末は地域の音楽家たちがそこでコンサートを開くそうです。最後にご紹介するのは、海の近くにあるアスパラ公園です。夏には花火が見えるこの公園にはお花畑があり、一年を通して色々なお花を見ることができます。さらに夜にはきれいな景色も見られます。

男：今ラジオで言っていた公園で、今度写真を撮ってみたいんだ。
女2：へえ、いつもは自然を撮っているから、芸術家が作ったものを撮るのもいいね。
男：あー、その公園じゃなくて、海の近くで夜の景色を撮ってみたいんだよ。今週末は天気がいいからチャンスかもしれない。
女2：そっか、私は外で演奏を聴いてみたいんだよね。今週末じゃなくていいから、今度一緒に行こうよ。
男：外でずっと音楽を聴いたら、暑くて倒れちゃうよ。川で遊べるんだったら涼しそうでいいけどね。
女2：屋根があるから、そんなに暑くないと思うよ。

質問1　男の人はどの公園に行くつもりだと言っていますか?

1　川上公園
2　岩谷公園
3　ハート池公園
4　アスパラ公園

模擬試験 第2回 正答表

言語知識（文字・語彙）

問題1	1 ③	2 ②	3 ④	4 ①	5 ②
問題2	6 ③	7 ②	8 ③	9 ①	10 ②
問題3	11 ④	12 ①	13 ②		
問題4	14 ③	15 ①	16 ②	17 ③	18 ① 19 ③ 20 ②
問題5	21 ④	22 ①	23 ②	24 ③	25 ①
問題6	26 ①	27 ③	28 ②	29 ③	30 ③

言語知識（文法）

問題7	31 ④	32 ②	33 ①	34 ③	35 ② 36 ④
	37 ④	38 ③	39 ③	40 ①	41 ② 42 ①
問題8	43 ②（4123）	44 ③（3412）	45 ①（4321）		
	46 ③（3421）	47 ②（4231）			
問題9	48 ④	49 ①	50 ②	51 ③	52 ②

読解

問題10	53 ②	54 ③	55 ③	56 ①	57 ④
問題11	58 ②	59 ③	60 ③	61 ①	62 ③ 63 ② 64 ① 65 ④ 66 ②
問題12	67 ④	68 ④			
問題13	69 ④	70 ①	71 ④		
問題14	72 ④	73 ①			

聴解

問題1	1 ②	2 ③	3 ②	4 ②	5 ③	
問題2	1 ④	2 ②	3 ④	4 ②	5 ③	6 ②
問題3	1 ②	2 ②	3 ②	4 ①	5 ③	
問題4	1 ③	2 ③	3 ①	4 ①	5 ③	6 ① 7 ②
	8 ①	9 ③	10 ②	11 ③		
問題5	1 ①	2 ①	3(1) ④	3(2) ③		

模擬試験 第2回 採点表

実際のテストは相対評価のため、この採点表の点数とは異なる可能性があります。

	問題	配点	満点	正解の数	点数
文字語彙	問題1	1点x5問	5		
	問題2	1点x5問	5		
	問題3	1点x3問	3		
	問題4	1点x7問	7		
	問題5	1点x5問	5		
	問題6	1点x5問	5		
文法	問題7	1点x12問	12		
	問題8	1点x5問	5		
	問題9	1点x5問	5		
合計			52		

予想点数の計算方法：言語知識(文字語彙・文法) [　　　　]点÷52×60=[　　　　]点

	問題	配点	満点	正解の数	点数
読解	問題10	1点x5問	5		
	問題11	1点x9問	9		
	問題12	1点x2問	2		
	問題13	1点x3問	3		
	問題14	1点x2問	2		
合計			21		

予想点数の計算方法：読解 [　　　　]点÷21×60=[　　　　]点

	問題	配点	満点	正解の数	点数
聴解	問題1	1点x5問	5		
	問題2	1点x6問	6		
	問題3	1点x5問	5		
	問題4	1点x11問	11		
	問題5	1点x4問	4		
合計			31		

予想点数の計算方法：聴解 [　　　　]点÷31×60=[　　　　]点

問題1

例　　　　　　　　　　　　　　　　　　　　　正答 ③

学校で先生が話しています。学生は、英会話の先生と昼食を食べたいとき、どのように申し込みますか。

男：ええと、英会話の先生と昼食を食べたい人は、必ず朝の10時までに申込書を出してください。

女：どこに出したらいいですか。

男：職員室の入り口の前に箱がありますので、そこに入れてください。それから、申込書には必ず名前を書いてください。友達と一緒に参加したい場合は、一人一枚書いて出すようにしてください。

女：はい。

男：あと、先生たちのスケジュールは、食堂の前の掲示板に貼ってあります。毎週金曜日に貼り替えるので、そこで確認してくださいね。

女：毎日申し込んでもいいんですか？

男：もちろんいいですよ。

学生は、英会話の先生と昼食を食べたいとき、どのように申し込みますか。

1　先生にもうしこみしょを出す
2　友達と一緒にもうしこみしょを出す
3　**もうしこみしょに名前を書いて箱に入れる**
4　けいじばんに名前を書く

1番　　　　　　　　　　　　　　　　　　　　正答 ②

電話で女の人と服屋の店員が話しています。女の人はサイズが小さい服をどうしますか。

女：すみません。先日、そちらのお店の商品を友人からプレゼントでもらったんですが、着てみたらサイズが小さくて…。この服を近くにあるお店に持っていけば、大きいサイズのものと交換してもらえるんでしょうか。

男：交換の場合は本社とやり取りしていただくか、その商品を買ったお店に行っていただくことになります。

女：そうなんですね。友人からいただいたものなので、どこで購入したかわからないんですよね。週末に着たいんですが。

男：でしたら、商品の写真を撮って、本社にメールで送ってください。すぐに大きいサイズのものを送ります。新しい商品を受け取りましたら、今持っている商品を本社に郵送してください。

女：ありがとうございます。それなら間に合いそうです。

男：今後、交換したいものがある場合、お急ぎでないときは配達員が取りに行きますので交換する服を配達員に渡してください。

女：わかりました。

女の人はサイズが小さい服をどうしますか。

1　近くのお店に持っていく
2　**本社に送る**
3　買ったお店でこうかんする
4　はいたついんにわたす

2番　　　　　　　　　　　　　　　　　　　　正答 ③

クラスの集会で、保健室の先生が話しています。学生はこのあと、何に気を付けて生活しますか。

女：先週行った健康診断の結果を渡します。アンケートも書いてもらいましたが、みなさん健康的な食事をしていることを知り安心しました。前にもお話したように、毎日運動することは大切です。それを意識している人が多いのは良かったんですが、睡眠時間が足りていない人が思ったよりたくさんいました。睡眠は日常生活にも影響が出ますので、自分の生活を見直してみましょう。そのほか、個人的に気を付けた方がいいところは、今からお渡しする健康カードに書いておきました。身長と体重は人それぞれなので、気にする必要はありませんよ。

学生はこのあと、何に気を付けて生活しますか。

1　健康的な食事をしているか
2　毎日運動をするようにしているか
3　**十分なすいみん時間がとれているか**
4　身長と体重のバランスはよいか

3番
正答 ②

大学のテニスサークルの男の学生と女の学生が話しています。男の学生はこのあとまず何をしますか。

女：4年生の先輩たち、もうすぐ卒業しちゃうね。本当に寂しい。特にお世話になった先輩に、何かプレゼントしようよ。

男：いいね。佐藤先輩と村上本先輩には本当にお世話になったから、二人には何かあげたいな。

女：だよね！でも何が欲しいかな。

男：びっくりさせたいから、何が欲しいか直接聞くのもなあ…。

女：先輩たち、最近趣味で動画を撮影して編集してるって言ってたよ。ちょっといいカメラとかどうかな。

男：昨日佐藤先輩に会ったけど、新しいカメラ買ったって言ってた。

女：うーん。そうだ！大山先輩に聞いてみよう。佐藤先輩の彼氏だから、何か欲しいものがわかるかもしれない。

男：それいいね。今日ゼミで会う予定だから聞いておくよ！

女：うん！よろしくね。わかったら教えて。どこで売ってるか調べてみるよ。

男：ありがとう。決まったら僕が買うね。

男の学生はこのあとまず何をしますか。

1　カメラを買う
2　**大山せんぱいと話す**
3　プレゼントがある店をさがす
4　プレゼントを買いに行く

4番
正答 ②

大学の事務室で男の学生と職員が話しています。男の学生はこのあとまず何をしますか。

男：4月からこの大学に通うのですが、学生証はここでもらえますか。

女：はい。まず学生証に貼る写真を撮ってください。それから、申請書を書いて、合格証明書と一緒に提出してください。

男：あの、写真はもう撮ったのですが、合格証明書がありません。合格証明書がもらえる留学生センターが工事で一週間休みなので、すぐには用意できないんです。

女：学生証を渡すには合格証明書が必ず必要なのですが。

男：来週には用意できると思います。

女：わかりました。では、今日は申請書を書いてから、写真を貼って出してください。合格証明書が用意できたら、学生証を取りに来てください。

男：はい。

男の学生はこのあとまず何をしますか。

1　写真をとる
2　**しんせいしょを書く**
3　合格しょうめいしょを用意する
4　がくせいしょうをもらいに行く

5番
正答 ③

学校で、男の先生と女の学生が話しています。女の学生は明日の昼、まず何をしなければなりませんか。

男：あ、斉藤さん。さっきバスケットボール部のコーチにも伝言を頼んだんですけど、明日空いてますか？

女：明日ですか？すみません、まだコーチに会えてなくて。

男：体育館で新入生の交流会を開くんですよ。それで、体育館に机を並べるんです。

女：ああ、すみません。明日はクラブで会議があって…。

男：あっそうじゃなくて。体育館の掃除をしてほしいんです。今日はまだ体育館を使用するので、明日の昼12時から13時の間にお願いします。

女：ああ！私たちも交流会に参加するのかと思いました。

男：それは、新入生だけなので大丈夫ですよ。明日の昼、できそうですか？無理なら他のクラブに任せます。

女：はい、昼ならできます。

男：ありがとうございます。あっ、ごみは体育館の前に置いておいてください。私が後で捨てておきますから。

女：はい、わかりました。

女の学生は明日の昼、まず何をしなければなりませんか。

1　新入生の交流会に参加する
2　たいいくかんに机をならべる
3　**たいいくかんをそうじする**
4　ごみをたいいくかんの前に置く

1 家族で入れるおふろがあるから
2 外に子どもが遊べる場所があるから
3 料理がごうかでおいしいから
4 大きな窓から見える景色がきれいだから

問題2

例　　　　　　　　　　　　　　　　　　正答 ②

大学で、男の人と女の人が話しています。女の人はどうして元気がないのですか。

男：どうしたの？なんか元気がないね。最近、課題が多くてあまり寝ていないんじゃない？

女：それはいつものことだから慣れたよ。最近アルバイトを始めたって話したと思うんだけど。

男：ああ、パン屋さんの。残ったパンが無料でもらえて嬉しいって言ってたよね。

女：でも店が人気すぎて忙しいから大変なんだよ。もう辞めようかな。

男：ああ、わかった。彼氏に会う時間が少なくなって嫌なんでしょ。

女：それは関係ないよ、毎日連絡してるし。ああ、アルバイトのことを考えてたら気分が悪くなっちゃう。

女の人はどうして元気がないのですか。

1 かだいが多くて寝ていないから
2 **アルバイトがいそがしいから**
3 かれしに会えないから
4 気分が悪いから

1番　　　　　　　　　　　　　　　　　正答 ④

男の人と女の人が旅行について話しています。女の人は、この前行った旅行の場所を選んだ理由は何だと言っていますか。

男：田中さん、この前温泉旅行に行ったって言ってたよね。うちも来月家族で温泉旅行に行く予定なんだけど、田中さんが行ったところはどうだった？感想を聞かせてくれない？

女：そうだなあ、この前行ったところは家族で入れるお風呂もあったし、自然がきれいで疲れがとれたよ。うち、小さい子どもがいるから外に子どもが遊べる場所があるのも良かったかな。

男：そうなんだ！

女：そこは、料理がとにかく豪華でおいしいのが人気の理由みたいなんだけど、私は部屋からきれいな景色を見ることができるのがいいなと思ったんだ。

男：部屋から見える景色？

女：うん。部屋に大きな窓があって、そこから紅葉を楽しむことができるんだ。夜は近くの湖で花火が上がって、子どもたちも大喜びだったよ。

男：すごいね。家族で行ったら楽しそう。

2番　　　　　　　　　　　　　　　　　正答 ②

テレビでアナウンサーと女の人が今回の人気映画アンケートの結果について話しています。女の人は一位を取ったアニメ映画の人気の理由は何だと言っていますか。

男：村上さん、今回の人気映画アンケートの結果についてどう思われますか。

女：今までアニメ映画は、子ども向けのものとして人気がありましたが、「はっぱ君」という作品は映画アンケートで一位を取りましたね。内容が素晴らしかったんですね。

男：そうですね。同じ時期に公開されたもう一つのアニメ映画はテレビで人気になったアニメでしたが、アンケートにはありませんでした。それはどう思われますか。

女：私は、大人にも子どもにも関心を持ってもらうことが大切だと思います。アニメ映画というと子ども向けという印象が強いですからね。

男：確かにそうですね。

女：これはどのアニメ映画にも言えることですが、アンケートになかったアニメ映画は、どれも子どもに人気があるものでした。しかし一位を取ったアニメ映画は大人からの人気もすごかったんです。

男：それが一位を取った理由ですね。

女：そうだと思います。

女の人は一位を取ったアニメ映画の人気の理由は何だと言っていますか。

1 子ども向けだったから
2 **どの年代にも好かれる内容だったから**
3 テレビで人気だったから
4 子どもが関心を持った映画だったから

3番
正答 ④

会社で男の人と女の人が病気の予防について話しています。女の人は自宅で今後何をする必要があると言っていますか。

男：最近風邪を引きやすくなった気がして。健康に気をつけないとなあと思っているんです。中本さんは普段から健康に気をつけているんですか。

女：前まで、料理が苦手でコンビニの弁当ばかり食べていたんですが、最近は料理動画を見ながら自分で料理を作るようになって、ちゃんと健康的な食事をするようになりました。一人だとお酒も飲まないので、半年くらい飲んでないですね。

男：すごいですね。僕も頑張らないとなあ。

女：まあ、このくらいあたりまえにやっている人も多いんでしょうけどね。お酒を飲まなくなってから、睡眠不足も解消されたし、体の調子が良くなった気がします。

男：へえ。僕は体をきたえるのが趣味なので、それだけは続いています。

女：すごいじゃないですか。私も家で軽い運動をするんですけど、気が向いたときしかできていないので、毎日続けないといけないなと思っていたんですよ。

男：仕事するだけでも疲れちゃいますけど、汗をかくのは気持ちがいいですよ。

女の人は自宅で今後何をする必要があると言っていますか。

1　けんこうてきな食事をする
2　おさけをたくさん飲まない
3　十分にすいみんをとる
4　運動を毎日する

4番
正答 ②

日本語学校で、学生が日本での生活についてスピーチしています。学生は電車に乗ったとき、どんなことに驚いたと言っていますか。

男：私は毎日電車で学校に来ていますが、東京の電車は朝も夜も座れないほど混んでいます。それは私の国も同じなのですが、どんなに人が多くても電車の中はとても静かなんです。みんな寝ているからだと思ったのですが、周りを見てみると、友達同士で乗っていても会話をしていない人がほとんどでした。私の国では混んでいても、電車の中で大きな声で会話するのは普通です。また私の国では、電車の中で化粧する人が多いですが、日本でも何人か見たときは、どこの国も同じだなと思いました。

学生は電車に乗ったとき、どんなことに驚いたと言っていますか。

1　こんでいて　せきに座れないこと
2　電車の中がとてもしずかなこと
3　みんな寝ていること
4　けしょうをしている人が多いこと

5番
正答 ③

電話で女の人が美容院の予約をしようとしています。女の人が美容院に行くのはいつですか。

女：もしもし、予約をしたいんですが。

男：はい、いつがよろしいですか。

女：できれば今日行きたいと思っているんですが。

男：今日は、もう空いてないんですよ。明後日はどうですか。

女：明後日は用事があるけど、午後なら。

男：午後だと、4時なら空いてますよ。えっと、4時でご予約しますか。

女：あ、やっぱり用事の前の方がいいかな。午前中にしてもらえますか。

男：はい、わかりました。

女の人が美容院に行くのはいつですか。

1　今日の午前中
2　今日の午後
3　あさっての午前中
4　あさっての午後

6番　正答 ②

男の人と女の人が飛行機の予約について話しています。二人はどの席を申し込もうとしていますか。

男：沖縄でのセミナーまであと一か月だし、そろそろ飛行機を予約しておいた方がいいよね。

女：そうだね。このサイトでどの席が空いているか見られるよ。

男：本当だ。ホテルに入れるのが、だいたい午後3時だから…。午前11時に東京を出る飛行機が良さそうだね。

女：うん。普通席が6,000円でリラックス席が8,000円みたいだね。私、飛行機ではゆっくりしたいから、リラックス席がいいな。

男：残念だけど、もう埋まっているみたい。8時の飛行機だと空いているみたいだよ。

女：でも、空港まで遠いからこの時間に出発は厳しそう。

男：そうだね。じゃあ11時の普通席を取っちゃおうよ。

女：いや、キャンセルする人もいるかもしれないから、席が空くのを一週間待ってみてもいいかな。

男：いいよ。一週間後は少し料金が高くなると思うけど、それでもいい?

女：うん、いいよ。ありがとう。

二人はどの席を申し込もうとしていますか。

1　11時出発の普通席
2　11時出発のリラックス席
3　8時出発の普通席
4　8時出発のリラックス席

問題3

例　正答 ③

テレビでアナウンサーが自宅で仕事をすることに関するインタビューの結果を話しています。

女：近年、多くの会社で自宅で仕事をするスタイルが取り入れられています。インターネットを使えば、同じ場所にいなくても簡単に情報を共有できる便利な時代になりました。しかし、今回のインタビューで「家に家族がいるので仕事に集中できない」「わからないことがあってもすぐに相談ができない」「人との関わりがなくなり、ストレスがたまる」などの意見があることがわかりました。

何について、インタビューしていますか。

1　家で仕事をする理由
2　家での働き方
3　家で仕事をすることの問題点
4　家で仕事をする良い点

1番　正答 ②

街でアナウンサーが女の人にインタビューしています。

男：最近、料理の宅配サービスが流行っていますが、利用したことはありますか。

女：ええ、ありますよ。使っている人はとても多いんじゃないですか。外に出なくてもいいのは、とても便利ですよね。だけど、私は料理をする時間がないときだけですね。スーパーでまとめて料理の材料を買って、自分で作ったほうが安く済みますから。いくら便利だとしても、毎日は使えないですね。

女の人はどのように思っていますか。

1　便利で、値段が魅力的だ
2　便利だが、値段は安くない
3　不便だが、値段が安い
4　不便で、値段も安くない

2番　正答 ②

ラジオで女の人が話しています。

女：先日、和食器を作っている人と話をしたんですが、手作業で作ることで、一つ一つの作品に思いを込めることができるそうです。和食器に関わらず、機械で作られたものよりも職人が作るものには価値を感じますよね。そういえば、先日母から荷物が届き、開けてみると母の字で書かれた手紙も一緒に入っていたんです。メールでやりとりはしていましたが、手紙を読んだときに手で書いた文字だからこその温かさを感じました。…これも同じことだったんですね。

女の人が言いたいことは何ですか。

1　機械で作った食器は質が悪い
2　手作りのものはすばらしい
3　食器作りはもっと早くなる
4　手紙を書くことの大切さ

この話のテーマは何ですか。

1　野菜の種類分け
2　夏にとれる野菜の紹介
3　果物と野菜の違い
4　野菜の色分け

3番　　　　　　　　　　　　　　正答 ②

女の人と男の人が、男の人が今住んでいる場所について話しています。

女：田中くんって、今のアパートに住んでもう5年くらい経った？
男：うん。もう少しで6年経つよ。家賃のわりに部屋も広いし、アパートの周りには自然がたくさんあって、家に帰るとすごく落ち着くからこれからも引っ越さないと思うな。
女：そうなんだ。
男：ただ、駅から遠い場所にあるから、引っ越す前は色々悩んだんだけどね。住んでからわかったんだけど、家の周りが本当に静かなんだ。駅の近くに住んでいたときは通勤が楽だったけど、夜も電車の音や車の音が聞こえてきて、よく眠れなかったんだよね。今は、朝も駅まで歩けば運動になるし、僕にとっては不便ではないよ。

男の人は今住んでいるアパートについてどう言っていますか。

1　駅から近くて通勤が楽だから満足だ
2　駅から遠いが夜は静かだから満足だ
3　駅から近いので夜はうるさいという不満がある
4　駅から遠いので通勤しづらいという不満がある

4番　　　　　　　　　　　　　　正答 ①

テレビでアナウンサーが話しています。

女：夏の野菜は、他の季節に比べて鮮やかな色の野菜が採れますよね。この野菜たち、実は仲間がいるって知っていましたか。夏の野菜といえば真っ赤なトマトですよね。実はトマトはなすやじゃがいもの仲間に分けられます。色も形も違うのに不思議ですよね。そして、きれいな緑色のきゅうり。これはかぼちゃと同じ仲間なんです。それから、すいかは果物だと思われることが多いのですが、実は野菜できゅうりの仲間なんですよ。

5番　　　　　　　　　　　　　　正答 ③

講演会で医者が話しています。

男：和食は、手間はかかりますが栄養がバランス良くとれる素晴らしい食事スタイルです。今では日本の伝統料理として、世界で高く評価されています。しかし、洋食の手軽さから、若者を中心に和食を食べない人が増えてしまいました。すると、日本では洋食の食べ過ぎによって病気にかかる人が増えました。なぜなら、日本に住む人と、アメリカやヨーロッパに住む人では体の性質が違うからです。同じ食事を取っていても日本人は脂肪がつきやすい性質を持っているので、本来脂肪が少ない和食を食べるべきなのです。今の日本の食文化を見直すべきではないでしょうか。

医者は何について話していますか。

1　日本人が洋食を好む理由
2　洋食を食べるメリット
3　日本人に和食が合っている理由
4　和食が世界に与える影響

問題4

例	正答 ③

女：午前中にこの資料まとめといってって言ったじゃん。

男：1　はい、部長のおかげです。
　　2　もうまとめてくれたんですね。
　　3　間に合わなくて、すみません。

1番　　　　　　　　　　　　正答 ③

女：そのようなご質問には、お答えしかねます。

男：1　はい、よろしくおねがいします。
　　2　答えていただけてうれしいです。
　　3　そうですか。わかりました。

2番　　　　　　　　　　　　正答 ③

女：最近できたあのおすし屋さん、なかなかの味だったよ。

男：1　そうなんだ。行くのやめようかな。
　　2　えー、楽しみにしてたのになあ。
　　3　本当？明日行ってみるね。

3番　　　　　　　　　　　　正答 ①

男：隣に引っ越してきた方のお名前、ご存知ですか。

女：1　はい。昨日少しお話しましたよ。
　　2　へえ、知らなかったです。
　　3　実は、そうなんですよ。

4番　　　　　　　　　　　　正答 ①

男：その新しいパソコン、使いやすい？

女：1　前のより、かなりいいですよ。
　　2　はい、今使っています。
　　3　思ったよりは安かったです。

5番　　　　　　　　　　　　正答 ③

女：村上さん、カラオケ大会で優勝しただけあって、やっぱり歌がうまいなあ。

男：1　次こそ、絶対に優勝したいです。
　　2　いえいえ、優勝なんてできないですよ。
　　3　うれしいです。ありがとうございます。

6番　　　　　　　　　　　　正答 ①

女：佐藤さん、体調悪そうじゃない？彼女、病気がちだからなあ。

男：1　たしかに。よく学校休んでるもんね。
　　2　うん、心配してくれてありがとう。
　　3　病気になりにくいなんて、いいなあ。

7番　　　　　　　　　　　　正答 ②

男：中本さんでなければ、その量の仕事を一日で終わらせるなんて絶対むりですよ。

女：1　うーん、あの中本さんでも難しいか。
　　2　そうだよね。彼女、本当に仕事ができるからね。
　　3　それ、一日で終わらなかったんですか。

8番　　　　　　　　　　　　正答 ①

男：最近犬を飼い始めたんだけど、もうかわいくてたまらないんだよ。

女：1　そうなんだ。よかったね。
　　2　そんなにうるさいんだ。
　　3　そっか。それは残念だね。

9番　　　　　　　　　　　　正答 ③

女：まだ勉強を始めたばかりなんだから、試験に落ちたくらいで悲しむことはないですよ。

男：1　はい、悲しいことってあまりないですよね。
　　2　勉強ばかりしても、合格できないですよね。
　　3　そうですね。もっと頑張ります。

10番　正答 ②

女：次の日本語能力試験受けようと思ってるんだけど、ダットくんも
　　受けるつもり？

男：1　うん、受けなかったよ。
　　2　うーん、でもお金がかかるからなあ。
　　3　うん。受けたらしいよ。

11番　正答 ③

男：やっぱり海を見ると泳ぎたくなるなあ。ああ、水着買っておけば
　　よかった。

女：1　じゃあ、水着を着て泳ごうか。
　　2　ここにいるから、泳いできていいよ。
　　3　次は絶対に水着を持って来ようね。

問題5

1番　正答 ①

男の学生と女の学生が話しています。

男：伊藤さんって、ホテルでアルバイトをしているよね。

女：うん。

男：僕今やっているチラシ配りのアルバイトを辞めて、何か新しいこと
　　がしたいんだ。将来外国で働きたいから、英語力が身に付くアルバ
　　イトがいいなと思っているんだけど、何がいいと思う？お金も貯め
　　たいから、最低でも一日5時間は働けて、家から自転車で行けるとこ
　　ろがいいんだよね。

女：それなら、私のアルバイト先はどう？外国人のお客様も多いし、研
　　修もしっかりしているから正しい英語が身に付くはず。それか、出
　　版社で翻訳の仕事を手伝うのもいいかも。

男：人と関わるのが好きだから、ホテルでの接客は僕に向いているか
　　も。翻訳の仕事も勉強しながらできて魅力的だけど、ずっと座って
　　いるのはちょっと苦手なんだよね。

女：どちらも一日5時間以上働けると思うよ。でも、私の働いているホ
　　テルは隣の町だから、村上くんの家からは少し離れているかな。

男：隣の町じゃ一時間はかかるな。そこまで遠いと、自転車では通えな
　　いな。

女：そっか。あ、コンビニなら伊藤くんの家の近くにもあるよね。あそこ
　　のコンビニなら外国人のスタッフも多くていいんじゃない？その上
　　の階にある学習教室で英語を教えるのも良さそう。

男：たしかに、外国人と働けるのはいいなあ。

女：うん。でも、仕事では日本語を使うから、あまり勉強にならないか
　　な。学習教室の先生のほうは、英語が使えるし時給がいいみたいだ
　　けど、私の妹もそこの学習教室に通ってて、最近生徒が少ないか
　　ら一日一時間しか授業がないって言ってたよ。

男：そうなんだ。それならやっぱり多少遠くてもバスで行けばいいし、
　　長い時間働けて、外国人と直接関われる仕事に応募してみるよ。い
　　ろいろ教えてくれてありがとう。

男の学生はどのアルバイトを選びましたか。

1　ホテル
2　出版社
3　コンビニ
4　学習教室

2番

キッチン用品の会社で、部長と社員二人が話しています。

男1：この包丁、すごく軽くて使いやすいのになかなか売れないんです
　　　よね。お店に来たお客さんに興味を持ってもらって、買ってもらえ
　　　る方法はないですか。

男2：私もこの包丁家で使ってるんですけど、軽くて切りやすいから本
　　　当に便利なんですよね。私が使ってみた感想を、商品の横に書い
　　　て置いておくのはどうでしょう。

男1：実際に使った人の意見を書いておくのは、効果がありそうですね。
　　　簡単だから、今日からでもできそう。

女：もっとお店の真ん中に商品を置いてアピールするのはどうでしょう。
　　やっぱりまずはお客様に見て触ってもらわないと、興味を持っても
　　らえないので。

男1：うーん、今は新商品の鍋を店の真ん中に置いておきたいからなあ。

男2：店の前で呼び込みをするのはどうですか。大きな声で、包丁の良
　　　さをお客様に伝えるんです。

男1：それもいいですね。でも、そういうのあまり好きじゃないお客さん
　　　もいると思うな。

女：じゃあ、思い切って値下げをするのはどうですか。他の商品よりも
　　目立つとは思います。

男1：値段を変えるのは難しいな。うん、まずはすぐにできて効果があり
　　　そうなものから試してみましょう。

包丁がもっと売れるように、何をすることにしましたか。

1　社員が使った感想を商品の横に書いておく
2　商品をもっと真ん中のほうに置く
3　店の前で包丁の良さを伝える
4　包丁の値段を下げる

3番

テレビで職業体験の紹介を聞いて、女の人と男の人が話しています。

女1：明日オープン予定のお仕事ランドでは、4つのエリアで様々な仕
　　　事を体験することができます。街エリアでは、警察官や消防士の
　　　仕事を体験できます。犯人をつかまえたり、消防車に乗って火事
　　　の現場に行ったりしましょう。レストランエリアでは、料理人とな
　　　って働くことができます。実際に料理を作って食べたり、作った
　　　料理を販売することもできますよ。次は、国のお仕事エリア。政
　　　治家になったつもりで、自分で一から憲法を作りましょう。最
　　　後は研究室エリアです。ここでは白衣を着て、新しい薬を作るた
　　　めの研究を行います。チケットはエリアごとに販売しています。
　　　ぜひ家族みんなでお越しください。

女2：明日友達の子どもと一緒にお仕事ランドに行くんだ。薬の研究が
　　　できるエリアに行くつもり。

男：そうなんだ。いいなあ、楽しそう！

女2：その子は消防士になるのが夢だって言ってたから、それが体験で
　　　きるエリアに行きたかったんだけど、やっぱり人気でチケットが売
　　　り切れててさ。

男：そうなんだ。自分で国のルールを作ったり、好きな料理を作ったり
　　するのもすごくおもしろそう！来週、隣に住んでいる小学生を連
　　れて行こうかな。一緒に行く？

女2：いいね。料理も良さそうだけど、小学生なら自分がリーダーだった
　　　らどんな国にしたいかを考える方が楽しめるかも。

男：確かに！そっちにしよう。チケットは買っておくね。

質問1　女の人は友達の子どもとどのエリアへ行く予定ですか。

1　街エリア
2　レストランエリア
3　国のお仕事エリア
4　研究室エリア

質問2　二人は小学生とどのエリアへ行く予定ですか。

1　街エリア
2　レストランエリア
3　国のお仕事エリア
4　研究室エリア

JLPT N2この一冊で合格する

2024年9月13日　第3刷発行

著者　　日本語の森　日本語研究所

発行所　日本語の森株式会社

〒160-0023

東京都新宿区西新宿3-7-21

03-5989-0589

https://nihongonomori.com/

発売　　日販アイ・ピー・エス株式会社

〒113-0034

東京都文京区湯島1-3-4

03-5802-1859

印刷　　シナノ印刷株式会社

N2

言語知識 (文字・語彙・文法)・読解

名前
Name

あなたの名前をローマ字のかつじたいで書いてください。
Please print in block letters

受験番号を書いて、その下のマーク欄にマークしてください。
fill in your examinee registration number in this box, and then mark the circle for each digit of the number.

受験番号
(Examinee Registration Number)

せいねんがっぴをかいてください。
Fill in your date of birth in the box.

せいねんがっぴ(Date of Birth)

ねん Year	つき Month	ひ Day

問題 1

1	①	②	③	④
2	①	②	③	④
3	①	②	③	④
4	①	②	③	④
5	①	②	③	④

問題 2

6	①	②	③	④
7	①	②	③	④
8	①	②	③	④
9	①	②	③	④
10	①	②	③	④

問題 3

11	①	②	③	④
12	①	②	③	④
13	①	②	③	④

問題 4

14	①	②	③	④
15	①	②	③	④
16	①	②	③	④
17	①	②	③	④
18	①	②	③	④
19	①	②	③	④
20	①	②	③	④

問題 5

21	①	②	③	④
22	①	②	③	④
23	①	②	③	④
24	①	②	③	④
25	①	②	③	④

問題 6

26	①	②	③	④
27	①	②	③	④
28	①	②	③	④
29	①	②	③	④
30	①	②	③	④

問題 7

31	①	②	③	④
32	①	②	③	④
33	①	②	③	④
34	①	②	③	④
35	①	②	③	④
36	①	②	③	④
37	①	②	③	④
38	①	②	③	④
39	①	②	③	④
40	①	②	③	④
41	①	②	③	④
42	①	②	③	④

問題 8

43	①	②	③	④
44	①	②	③	④
45	①	②	③	④
46	①	②	③	④
47	①	②	③	④

問題 9

48	①	②	③	④
49	①	②	③	④
50	①	②	③	④
51	①	②	③	④
52	①	②	③	④

問題 10

53	①	②	③	④
54	①	②	③	④
55	①	②	③	④
56	①	②	③	④
57	①	②	③	④

問題 11

58	①	②	③	④
59	①	②	③	④
60	①	②	③	④
61	①	②	③	④
62	①	②	③	④
63	①	②	③	④
64	①	②	③	④
65	①	②	③	④
66	①	②	③	④

問題 12

67	①	②	③	④
68	①	②	③	④

問題 13

69	①	②	③	④
70	①	②	③	④
71	①	②	③	④

問題 14

72	①	②	③	④
73	①	②	③	④

N2

聴解

あなたの名前をローマ字のかつじたいで書いてください。

Please print in block letters

受験番号を書いて、その下のマーク欄にマークしてください。
Fill in your examinee registration number in this box, and then mark the circle for each digit of the number.

受験番号 (Examinee Registration Number)

名前
Name

せいねんがっぴをかいてください。
Fill in your date of birth in the box.

せいねんがっぴ(Date of Birth)

ねん Year	つき Month	ひ Day

問題 1

	①	②	③	④
例	①	②	③	●
1	①	②	③	④
2	①	②	③	④
3	①	②	③	④
4	①	②	③	④
5	①	②	③	④

問題 2

	①	②	③	④
例	①	●	③	④
1	①	②	③	④
2	①	②	③	④
3	①	②	③	④
4	①	②	③	④
5	①	②	③	④
6	①	②	③	④

問題 3

	①	②	③	④
例	①	②	●	④
1	①	②	③	④
2	①	②	③	④
3	①	②	③	④
4	①	②	③	④
5	①	②	③	④

問題 4

	①	②	③	④
例	①	②	●	④
1	①	②	③	④
2	①	②	③	④
3	①	②	③	④
4	①	②	③	④
5	①	②	③	④
6	①	②	③	④
7	①	②	③	④
8	①	②	③	④
9	①	②	③	④
10	①	②	③	④
11	①	②	③	④

問題 5

		①	②	③	④
1		①	②	③	④
2		①	②	③	④
3	(1)	①	②	③	④
	(2)	①	②	③	④

N2

言語知識（文字・語彙・文法）・読解

受験番号
(Examinee Registration Number)

せいねんがっぴ(Date of Birth)

ねん Year	つき Month	ひ Day

あなたの名前をローマ字のかつじたいで書いてください。

Please print in block letters

名前
Name

よい れい Correct Example	わるい れい Incorrect Examples
●	○ ⊘ ○ ◐ ○

問題 1

1	① ② ③ ④
2	① ② ③ ④
3	① ② ③ ④
4	① ② ③ ④
5	① ② ③ ④

問題 2

6	① ② ③ ④
7	① ② ③ ④
8	① ② ③ ④
9	① ② ③ ④
10	① ② ③ ④

問題 3

11	① ② ③ ④
12	① ② ③ ④
13	① ② ③ ④

問題 4

14	① ② ③ ④
15	① ② ③ ④
16	① ② ③ ④
17	① ② ③ ④
18	① ② ③ ④
19	① ② ③ ④
20	① ② ③ ④

問題 5

21	① ② ③ ④
22	① ② ③ ④
23	① ② ③ ④
24	① ② ③ ④
25	① ② ③ ④

問題 6

26	① ② ③ ④
27	① ② ③ ④
28	① ② ③ ④
29	① ② ③ ④
30	① ② ③ ④

問題 7

31	① ② ③ ④
32	① ② ③ ④
33	① ② ③ ④
34	① ② ③ ④
35	① ② ③ ④
36	① ② ③ ④
37	① ② ③ ④
38	① ② ③ ④
39	① ② ③ ④
40	① ② ③ ④
41	① ② ③ ④
42	① ② ③ ④

問題 8

43	① ② ③ ④
44	① ② ③ ④
45	① ② ③ ④
46	① ② ③ ④
47	① ② ③ ④

問題 9

48	① ② ③ ④
49	① ② ③ ④
50	① ② ③ ④
51	① ② ③ ④
52	① ② ③ ④

問題 10

53	① ② ③ ④
54	① ② ③ ④
55	① ② ③ ④
56	① ② ③ ④
57	① ② ③ ④

問題 11

58	① ② ③ ④
59	① ② ③ ④
60	① ② ③ ④
61	① ② ③ ④
62	① ② ③ ④
63	① ② ③ ④
64	① ② ③ ④
65	① ② ③ ④
66	① ② ③ ④

問題 12

| 67 | ① ② ③ ④ |
| 68 | ① ② ③ ④ |

問題 13

69	① ② ③ ④
70	① ② ③ ④
71	① ② ③ ④

問題 14

| 72 | ① ② ③ ④ |
| 73 | ① ② ③ ④ |

N2

聴解

受験番号
(Examinee Registration Number)

せいねんがっぴ(Date of Birth)

ねん Year	つき Month	ひ Day

名前
Name

問題 1

	①	②	③	④
例	①	②	●	④
1	①	②	③	④
2	①	②	③	④
3	①	②	③	④
4	①	②	③	④
5	①	②	③	④

問題 2

	①	②	③	④
例	①	●	③	④
1	①	②	③	④
2	①	②	③	④
3	①	②	③	④
4	①	②	③	④
5	①	②	③	④
6	①	②	③	④

問題 3

	①	②	③	④
例	①	②	●	④
1	①	②	③	④
2	①	②	③	④
3	①	②	③	④
4	①	②	③	④
5	①	②	③	④

問題 4

	①	②	③	④
例	①	②	●	④
1	①	②	③	④
2	①	②	③	④
3	①	②	③	④
4	①	②	③	④
5	①	②	③	④
6	①	②	③	④
7	①	②	③	④
8	①	②	③	④
9	①	②	③	④
10	①	②	③	④
11	①	②	③	④

問題 5

		①	②	③	④
1		①	②	③	④
2		①	②	③	④
3	(1)	①	②	③	④
	(2)	①	②	③	④